JN427680

미국·중국·일본·러시아의 대북 국가이익

National Interests of the United States, China, Japan, and Russia vis-à-vis North Korea

남광규 편저

ARI Interdisciplinary Research Series 2

National Interests of the United States, China, Japan, and Russia vis-à-vis North Korea
Edited by Kwangkyu Nam

Published by the Asiatic Research Institute (ARI) Press,
Korea University
145, Anam-ro, Seongbuk-gu, Seoul, 02841, Korea
www.asiaticresearch.org

Copyright @ 2021 by the Asiatic Research Institute
All rights reserved

목차 Contents

아연 협동연구 시리즈 발간사

아연은 늘 시대와 함께 호흡하면서 새로운 시대의 요구에 화답해왔다. 한국에서 가장 오래된 대학 부설 연구기관인 아세아문제연구소가 2019년 아세아문제연구원으로 거듭나면서 추진한 야심 찬 연구 프로젝트가 이번에 발행되는 〈아연 협동연구 시리즈〉이다. 아연의 연구 전통을 살린 인문학과 사회과학을 아우르는 협동연구는 21세기의 도전에 직면해 있는 세계질서 속에서 아연의 역량을 최대로 발휘할 수 있는 주제를 선정하고 파급력 있는 메시지를 한국 사회와 국제 사회에 던지기 위해 준비되었다.

〈협동연구 시리즈〉는 연구자 1인의 단독 저술이 아닌 같은 학문 분야에 속하는 원내외 연구자 간의 '공동연구' 및 학제간 '협동연구'를 포괄해 dual track 방식의 공저 출간물 발간을 목표로 한다. 이것은 아연 내부 연구인력의 역량을 극대화하면서 필요한 외부 연구인력을 아웃소싱하는 최적의 연구전략이라고 할 수 있다.

연구주제에서도 아연 설립 이후 강점을 보인 북한 및 동북아지역 관련 연구에 중점을 두되, 아연의 '브랜드 아이덴티티(brand identity)'를 살리고 아연의 인지도와 위상을 높이기 위해 연구주제의 시의성과 활용 가능성을 중시했다. 우선, '디지털 전환(digital transformation)'이라는 글로벌 메가트렌드에 부응하기 위해 "동북아 주요국의 디지털 전환: 전략경쟁과 협력구도"을 핵심 사업으로 추진했다. 아연이 전통적으로 강점을 보인 북한 연구에 있어서도 "미국 · 중국 · 일본 · 러시아의 대북 국가이익"이라는 주제로 한반도를 둘러싼 동맹관계의 이완, 미 · 중 대립의 향방, 북핵 문제를 중심으로 미-북 관계 및 주변 4강과의 양자관계의 변화 등을 살펴볼 것이다. 신춘추오패(新春秋五霸)라는 제목을 가진 또 다른 협동연구는 미국의 세기라는 20세기가 끝나고 미국과는 정체성이 다른 패자(霸者)들의 시대, 즉 다패(多覇)의 시대가 21세기에 시작되었다고 상정한다. 이 협동연구는 미국과 중국 간 패권 경쟁이 진행 중인 상황에서 강대국 간에 조성된 새로운 국제질서뿐만 아니라 한국의 미래전략 구상에도 많은 시사점을 던진다.

올해 말 발간을 목표로 추진되는 2차연도 사업은 "현재와 미래의 시각으로 본 중국공산당 100년: 위험한 제국이 될 것인가?"라는 주제 아래 중국의 부상에 따르는 동아시아 질서의 재구성 과정에 초점을 맞출 것이다. 특히 2021년이 중국 공산당 창당 100주년인 점을 감안해 "100년 역사를 통해서 본 중국공산당"이라는 공동연구를 수행해 올해 발간할 예정이다.

집필진은 한국 전문가는 물론 미국, 중국, 일본, 러시아, 인도, EU 등 세계 여러 나라의 학자들이 포함되어 있어, 아연이 추진해 온 연구네트워크의 국제화와도 궤를 같이한다. 코로나19로 인해 공동연구가 진행되기 어려운 환경에도 불구하고 각국의 연구자들은 온라인을 통한 연구 논의와 중간발표를 겸한 세미나를 통해 연구내용의 공유와 연구 결과물의 방향에 대해서도 조율과정을 거쳤다.

이런 과정을 통해 출간되는 본 〈협동연구 시리즈〉가 코로나19라는 미증유의 위기 속에서 빠르게 변하고 있는 세계 질서와 한국이라는 국가가 처한 국제환경을 냉철하게 분석함으로써, 각 분야의 학문적 성과를 제고시키는 동시에 한국 외교의 방향과 국가정책에 작게나마 기여할 수 있기를 기대한다.

코로나19로 인한 어려운 상황과 바쁜 일정에도 불구하고 연구에 동참해 준 국내외 저자들과 출판 실무를 맡은 아연의 편집진에게도 감사의 말씀을 드린다. 끝으로 본 〈협동연구 시리즈〉가 발간될 수 있게 지원을 아끼지 않은 고려대학교 총장님과 대학 본부에도 다시 한번 감사의 인사를 드린다.

2021년 2월

아세아문제연구원 원장 김익수

서문

본서는 한반도 주변 동북아 4국의 북한에 대한 개별적인 국가이익을 핵문제 등을 비롯한 북한문제에 대한 입장을 중심으로 살펴보고 있다. 미국, 중국, 일본, 러시아가 현재 시점에서 독자적 관점에서 보는 북한에 대한 국가이익을 분석하고 결론을 도출하고 있으며 이를 통해 향후 한국의 외교방향과 대북정책에 도움이 되는 시사점을 발견하고자 하는 것이다. 여기에 덧붙여 유엔에서의 북한인권 문제를 담고 있다. 그런 점에서 북한에 대한 4국의 국가이익을 분석한 종합적인 연구가 없다는 점에서 본 연구는 일단 의미를 부여할 수 있다. 연구진 구성은 미국, 중국, 일본, 러시아를 각각 분석함에 있어서 일본을 제외하고 각각 한국의 연구자 1명과 해당 국가의 연구자 1명으로 구성되었으며 저자들은 해당 분야에 많은 연구 성과를 축적하고 있다. 코로나19로 인해 공동연구가 진행되기 어려운 환경에도 불구하고 공동연구자들은 온라인을 통한 연구 논의와 2차례에 걸친 연구진 검토회의, 중간발표를 겸한 세미나를 통해 연구내용의 공유와 구성에 있어 전체적인 조율과정을 거쳤다.

주지하듯 한반도는 역사적으로 19세기 말과 20세기 초 동북아의 국제관계가 서구적인 근대적 국제관계에 노출된 이후 예외 없이 주변 강대국들 사이 세력팽창의 직접적인 대결의 계기가 되었으며 현재도 그렇다. 현재 미중패권 양상이 진행되고 있는 상황 속에서 미국과 중국이 동북아에서 가장 첨예하게 부딪히고 있는 대외정책의 하나가 북한문제이고 특히 북핵문제가 어떻게 진행되느냐에 따라 동북아국제정치가 지금과는 다른 구조나 형태로 전환될 가능성이 높다. 따라서 북한문제가 핵문제뿐만 아니라 21세기 국제질서와 동북아 국제환경에 미칠 수 있는 촉발적 요인이 크기 때문에 본서를 통해 동북아 주요 4국의 북한에 대한 개별 국가 차원에서의 국가이익을 전체적으로 검토했다.

본서의 구성은 전체 10장으로 이루어져 있다. 1장은 도입 부분으로 연구목적과 동북아 4국의 기본적인 대북인식을 정리하고 있다. 2장과 9장까지가 본서의 본문에 해당하는데 2, 3장이 미국, 4, 5장이 중국, 6장이 일본, 7, 8장이 러시아를 다루고 있다. 9장에서는 유엔에서의 북한문제 3대 의제인 북핵문제, 인권문제, 인도적 지원 중 인권문제를 살펴보고 있다. 10장에서는 본문의 내용을 통해 우리에게 주는 시사점과 향후 한국외교와 대북정책이 나갈 방향성에 대한 모색으로 마무리하고 있다.

개괄적으로 본문의 내용을 살펴보면 본문의 2장은 미국의 대북 국가이익이 미국의 전체 세계전략 구도하에서 어떻게 변화해왔는지를 살펴보고, 북한에 대한 미국의 국가이익 내용을 분석한 후 한국에 미치는 함의를 말하고 있다. 3장은 북핵문제의 심화과정과 새로 출범한 미국

바이든행정부의 대북정책을 살펴보고 있다. 4장은 중국에게 있어 북한이 지닌 중요한 전략적 가치와 이익을 규명하고, 북핵문제에 있어 그것이 어떻게 투영되어 나타나고 있는가를 분석하고 있다. 이를 통해 중국의 대북한 및 북핵정책의 선택범위에 대한 마지노선을 규명하고 북핵문제에 대해 한국이 중국과 협력을 모색하는 데 있어서 가능한 정책적 협력 범위와 한계를 밝히고 있다. 5장은 중국 입장에서 중조관계의 역사적 흐름과 변화과정을 살펴본 후 중국이 한반도에 대한 장기적인 전략을 수립하고 이에 따라 북한에 대한 외교정책을 추진해야 한다는 점을 말하고 있다. 6장은 일본의 대북관계 개선을 위한 수교 협상이 답보상태에 놓여 있는 요인을 일본이 처해 있는 국제체제, 안보, 외교의 세 가지 측면에 초점을 맞추어 분석하고 있다. 그리고 이런 요인들이 일본의 국가이익과 관련하여 북한에 대한 정책결정에 어떤 영향을 미치고 어떤 방식으로 국내정치에도 활용되고 있는지를 규명하고 있다. 7장은 러시아의 대북 국가이익의 성격을 감안하여 한반도 차원에서 러시아가 일관되게 갖고 있는 국가이익 및 전략을 북한에 대한 안보 및 군사적 차원에서 살펴보고 있다. 8장은 북러관계를 냉정하게 평가하고 양국이 몇몇 주목할 만한 관심과 이익을 공유함에도 불구하고 결코 가까워지지 않은 이유와 북한문제와 관련해 러시아가 주변적인 국가로 남을 수밖에 없는 이유를 설명하고 있다. 9장은 인권문제에 대해 유엔이 해당 국가 정부와의 인권대화 또는 기술적 협력을 통해 관여하는 방안, 국별 인권결의안 채택 등을 통한 국제적 압박, 보호책임 원용, 국제형사재판소 회부 등을 통한 보다 새로운 강압적 방안들이 북한인권문제에 어떻게 적용되는지를 살펴보고 있다.

우리는 140여 년 전 한말 동북아를 둘러싼 국제세력들의 경합에서 결국은 일본의 식민지로 전락했던 실패와 2차 세계대전 이후 분단의 비극을 반복하지 않아야 할 뿐만 아니라 동북아 국제질서의 변화 속에서 냉전적 유산과 한계를 극복하는 창조적 도전이 필요한 시기에 살고 있다. 코로나19라는 미증유의 세계적 도전 속에서 한치 앞을 내다볼 수 없는 국제관계 현실에서 본서가 우리의 대외정책과 대북정책에 작으나마 기여할 수 있기를 기대한다.

1장
서언

남광규
(고려대학교)

Ⅰ. 동북아 4국의 북한에 대한 독자적인 국가이익 분석의 필요성

현재 국제질서는 초강대국의 자국우선주의로 기존의 다자협력과 동맹관계에 균열이 발생하고 있으며 미중대립이 격화되는 가운데 2020년 초부터 전 세계로 확산한 코로나19의 충격으로 인해 정치, 경제뿐만 아니라 사회, 문화 전반에 걸쳐 어려움이 가중되고 있다. 북한의 핵능력 고도화와 두 차례에 걸쳐 있었던 북미정상회담 등 북미관계의 양상도 향후 한반도문제의 성격 변화에 큰 영향을 미칠 것으로 보인다. 이에 따라 지금까지 주로 핵문제에만 한정되었던 한반도 주변 동북아 4국의 대북관계도 좀 더 다양한 이슈들을 중심으로 재정립될 가능성도 배제할 수 없다.

이러한 국제사회의 배경을 바탕으로 본서는 북한에 대한 동북아 4국의 개별적인 국가이익을 핵문제 등을 중심한 북한문제에 대한 입장을 중심으로 살펴보고 있다. 즉, 각자도생과 진영대립의 구도가 교차하고 있는 국제정치 현실에서 동북아 4국이 각각 북한에 대한 자국의 국가이익을 어떻게 규정하고 있는가 하는 점을 분석하고 있다. 동북아 4강인 미국, 중국, 일본, 러시아가 독자적 관점에서 보는 북한에 대한 국가이익을 분석하고 결론을 도출하고 있으며 이를 통해 향후 한국의 외교방향과 대북정책에 도움이 되는 시사점을 발견하고자 하는 것이다.

한편 , 동북아 4국 공동의 분석 대상인 북한은 김정은 집권 이후 4차례의 핵 실험을 강행하면서 핵능력 고도화를 통해 사실상의 핵보유국으로 진입하고 있다. 북한은 2012년 4월 헌법을 개정해 '핵보유국'을 명문화했으며 2013년 3월 당중앙위 전원회의에서는 '경제건설과 핵무력 병진노선'을 제시했고 2016년 5월 제7차 당대회에서 병진노선을 재확인했다. 트럼프 재임 시 초유의 북미정상회담이 2차례에 걸쳐 있었지만 현재까지 북한은 핵보유국으로 북한만의 비핵화를 위한 대화와 협상에는 나서지 않겠다는 입장을 견지하고 있다(남광규 2018, 89-90). 유엔을 중심한 국제사회의 대북제재가 2017년 이후 전례 없이 강력하게 시행되고 있지만 북한이 제재에 단련된 폐쇄체제인지라 근본적인 변화를 이끌어 내는데 한계를 보이고 있다. 북한은 2019년 2월 베트남 하노이 북미정상회담이 결렬된 이후 같은 해 12월 31일 당중앙위 전원회의 결정문에서 대미관계 개선은 장기전으로 진행될 것이라면서 자력갱생노선을 통한 정면 돌파 정책을 채택했다. 따라서 북한은 미국과는 '대립과 협상'을 통한 전략적 편승(bandwagoing), 중국과는 '밀착과 견제'를 통한 이중전술을 지속할 가능성이 크다. 이는 공세적인 대미정책을 통해 미국을 압박하면서 중국과의 경제적 의존의 심화가 정치적 종속으로 나가지 않도록 조절하는 것이다(문순보 2012, 22).

주지하듯 20세기말 탈냉전과 세계화의 진행 이후 나타난 국제질서의 새로운 변화와 중국의 세계적 부상, 미국의 아시아중시정책과 시진핑 이후 중국의 신형국제관계 제기로 격화되고 있는 미중대립의 격화는 세계질서는 물론이고 동북아 국제관계도 한 치 앞을 내다볼 수 없게 만들고 있다. 특히 코로나19로 인해 강대국의 리더십이 흔들리고 세계화, 자유무역의 퇴조 가능성과 국가주의, 보호무역의 대두 가능성도 증가하고 있다. 코로나19에 대한 각국의 대응능력은 국가 내부의 사회공동체 안전과 사회기반체계의 기능에 심각한 영향을 미치는 신흥안보'(emerging security)의 대표적인 사례로 대두되고 있다(김상배 2020, 2). 이에 따라 세계경제도 자유무역의 위축과 함께 4차 산업을 기반으로 한 국제산업구조의 재편이 가속화될 것으로 보인다. 단기적으로도 코로나19 사태는 1997년 동아시아 경제위기나 2008년 글로벌 경제위기보다 훨씬 더 큰 충격을 세계정치경제에 가하고 있다. 국내정치적으로도 국가들의 방역능력에 따라 자유주의의 퇴조와 4차 산업을 기반으로 하는 통제적 감시사회의 대두 가능성도 제기되고 있다. 중국을 비롯해 동북아 국내정치체제의 성격에 있어 국가의 귀환(return of state), 혹은 빅브라더(big brother) 정부의 등장 가능성도 배제할 수 없다(이상현 2020).

이와 함께 코로나19 국면에서 미중 국력의 상대적 격차에 주목하던 기존의 관점이 미중 양국의 정치체제가 지닌 위기해결 역량 차이로 이동한 것도 주목할 부분이다(김상배 2020, 2-4). 코로나19 사태를 통해서 미국 리더십의 약화는 두드러지고 있으며 중국도 글로벌 리더십 발휘에 대한 국제사회의 신뢰를 상실하였고 전체주의적 정치체제의 실상이 부각되었다. 따라서 국제정치에 있어서 코로나19사태가 국제적 협조체제를 절실히 필요로 하는 문제임에도 불구하고 미중 경쟁 속에 글로벌 거버넌스는 공백상태에 빠져 있다(김상배 2020, 71-73). 그런 점에서 한편으로는 강대국 주도의 글로벌 거버넌스를 넘어서는 새로운 모델에 대한 관심도 제기되면서 한국과 같은 중견국들의 역할이 상대적으로 관심과 시험을 받을 수도 있다(조한승 2020, 2).

이런 가운데 한반도는 북핵문제를 중심한 북미관계의 변화 속에서 기존의 동맹관계를 포함해 남북한과 동북아 4국 사이 양자관계가 변화의 조짐을 보이고 있다. 자국 관점의 이익과 주변 국제환경의 위기 증가로 자국의 이익을 극대화하기 위한 행동이 과거 어느 때보다 일반화되면서 장기적 추세로 동북아도 국가 간, 지역 간, 행위자 간 힘과 영향력 변화가 불가피해지고 있다. 초강대국 미국도 '미국 우선주의'(America First)로 자국 주도의 국제질서를 유지하면서 기존의 동맹국들에게 동맹유지 비용을 압박하고 있으며 중국의 대국굴기(大國崛起)에 대응하는 미국의 '힘을 통한 평화' 가 충돌하면서 동북아지역의 긴장도 높아지고 있다. 또한 각국의 국내정치 환경에서 국제문제에 대한 정책적 정당성 확보가 중요해지면서 대외정책과 국내정치의 상호 영향력은 날이 갈수록 증대하고 있다.

이런 국제적 환경 속에서 동북아 주요 4국의 개별 국가적 차원에서의 대북관계에 대한 기존 연구들은 많으나 전체 국가이익의 관점에서 북한에 대한 4국의 관점을 분석한 종합적인 연구는 없다. 한반도 주변 동북아 4국과 북한이 부분적으로 연관되어 있는 기존 연구들도 대부분 북핵문제를 중심한 국제안보와 외교 · 군사문제에 편중되어 있다. 그런 점에서 본서에서 다루는 내용들은 동북아 4국의 대북관계에 대한 독자적인 이익 및 인식과 함께 이를 우리의 대북정책 모색에 시사하고 있다는 점에서 본서에서 기존연구들과는 다른 본서의 독창성을 발견할 수 있다.

Ⅱ. 한반도를 둘러싼 동북아 국제질서의 특징과 변화 요인들

한 · 중 · 일 동북아 3국은 영토분쟁과 역사문제로 오랫동안 갈등을 겪고 있으며 초강대국으로 성장하고 있는 중국, 군사력 사용의 확대를 통해 '정상국가'로 변화하려는 일본, 핵국 지위를 추구하는 북한과 이를 막기 위한 한국의 대응으로 안보위기와 함께 급속한 군비경쟁이 진행되고 있다. 동북아가 전 세계 무역에서 차지하는 비중이 해를 거듭할수록 높아지고 있음에도 불구하고 경제적 상호협력과 이를 통한 협력관계의 심화보다는 지역적 불안전성이 증대하고 국가들 간 상호 불신과 대립도 더욱 깊어지고 있다. 이처럼 동북아는 군사적으로 냉전구조가 지속되는 가운데 지역 국가들 간 근현대사의 역사적 유산, 상이한 정치체제,

민족주의 정서의 팽배 등으로 국가 간 갈등이 심화되고 있으며 북한의 핵개발로 인해 안보위기가 계속 높아져 왔다.

이런 상황에서 미중대립이 고조되면서 국제사회의 구심점이 약화되고 개별 국가들 사이에 각자도생의 분위기가 확산되자 국제정치를 설명하는 고전적 이론인 지정학(地政學, geopolitics)이 다시금 주목받고 있다. 중국의 급속한 성장으로 인한 미중대립의 노골화와 자국중심 대외정책의 보편화로 국제정치의 현실과 함께 오랫동안 잊혀져왔던 과거의 이론들을 재소환하게 하면서 전통적인 패권이론(hegemony theory)과 함께 지정학, 지정학에 경제적 요소를 강조하는 지경학(地經學, geoeconomics), 동맹의 성격변화와 약화 등이 부각되고 있다. 그런 점에서 지정학적 관점으로 볼 때, 한반도는 해양세력과 대륙세력이 만나 충돌하는 지점에 위치해 있다. 역사적으로 대륙세력에게 있어 한반도는 해양으로 나가는 길목이고 해양세력에게는 한반도가 대륙으로 진출하는 진입로가 되었다. 그런 이유로 인해 한반도 정세가 불안하면 동북아 국제정세도 흔들린 것이 19세기 말 이후 우리가 겪은 반복된 역사적 경험이다.

역사적으로 19세기 말과 20세기 초 동북아의 국제관계가 서구적인 근대적 국제관계에 노출된 이후 예외 없이 한반도는 강대국들 사이 세력팽창의 직접적인 대결의 계기가 되었다. 한반도를 중심한 동북아 지역에 포진한 주요 강대국간 세력불균형은 필연코 한반도에 대한 독점적 영향력행사를 초래해 동북아지역 불안정의 주요 요인이 되었다. 동북아 강대국들 간 세력불균형은 한반도에 심각한 영향을 미쳐 한반도가 주요 패권국가의 직접적 혹은 간접적 영향력 하에 종속되게 하였다. 과거 중국이 이 지역의 패권국이었을 때 조선의 위치, 청일전쟁과 러일전쟁의 승전국인 일본의 조선 지배, 해방 이후 남북한에 대한 미소의 영향력 등이 바로 그 역사적 경험의 예가 된다. 1860년 서구 제국주의세력에 대한 청의 패배, 1876년 일본에 대한 조선의 개항 이후 동북아 내 강대국들간 투쟁은 클라우제비츠적인 현실정치를 한반도에 갖다 주었다(강성학 2010). 당시 한반도 지배권을 둘러싸고 전개된 청나라와 일본의 전쟁, 러시아와 일본의 전쟁은 이후 세계대전의 원인(遠因)으로 작동한 동북아지역 내 촉발 요인으로 평가할 수 있다.

한반도에 대한 국제사회의 인식도 그러했다. 한말 한반도에 관한 국제사회 뉴스의 경우 '극동문제'(極東問題)라는 지역 담론의 틀 안에서 한반도문제는 거론되었다. 그러다보니 한반도에 대한 서구 언론의 관심은 중국이나 일본을 이해하기 위한 '방계적'이고 '보조적'인 접근에 불과했다(안동림 · 황문수 1991, 1305). 역사적으로 대부분의 약소국들은 언제나 자기의 독립을 유지하기 위하여 세력균형에 의존하든가, 어느 한 보장세력의 우월한 권력에 의존하든지, 또는 제국주의국가들의 관심을 끌지 못하는 지리적 여건을 활용했다. 한국에 대한 세력균형에도 이의 모든 요인들이 작용했는데 한말 중국과 일본의 경쟁, 2차 세계대전 후 한국에 대한 미소의 지배권경쟁 등은 곧 강대국의 세력균형에 의해 결정되어 왔다(Morgenthau 1973, 176-177). 20세기 초 일본의 한반도 강점과 제2차 세계대전 이후 미국의 지배적 역할은 19세기 이전까지 중국이 수행한 역할 이상으로 한반도에 대한 새로운 형태의 헤게모니

(Hegemonie)로 기능했던 것이다(강성학, 1995).

이처럼 한반도와 같이 주변 국제정치세력의 이익이 노골적으로 교차하는 국가의 국제정치적 운명은 불가분 국제정치세력과 어떠한 관계로 결합되느냐에 의해 좌우될 수밖에 없다. 한반도는 19세기 이전까지는 중국의 일제국(一帝國) 지배체제 속에서 중국과는 보호국-피보호국의 관계로 주권과 자주성이 취약했다. 그러다 중일전쟁, 러일전쟁 등 중국-러시아-일본의 불완전 경합체제 양상을 보이다가 결국은 일본의 승리로 일제의 지배체제로 전락하였다. 1945년 8월 15일 일제강점으로부터 해방된 이후에는 미소양극체제하에 남북한이 대립, 경쟁하는 냉전 시기를 겪었다. 1990년대 초 전 세계적인 냉전이 해체되었지만 한반도 중심의 동북아는 아직 냉전적 질서가 잔존하고 있다. 그러나 1990년대 초 한국이 구소련, 중국과 외교관계를 맺고 남북한이 유엔에 가입함으로써 현재는 동북아 4강 체제하에 남북한 2개의 국가가 경합하는 양상을 보이고 있다(이호재 1987, 1부).

이런 흐름 속에서 현재 동북아는 1990년대 초 이후 탈냉전을 거쳐 21세기 들어 미국의 아시아 재균형정책과 중국의 신형대국관계론 간 갈등이 지속되면서 격화된 미중경쟁이 치열하게 부딪히고 있다. 중국의 아시아패권에 대한 의도에 대해 미국은 일본의 우경화에 대한 묵인과 미일동맹과 한 · 미 · 일 3각 협력체 구축을 강화하고 있다. 중국은 러시아를 포함한 주변국과의 연대, 아시아 신안보관 제창 등을 통해 미국배제 전략을 통한 신형대국관계론을 강화하고 있다. 시진핑(習近平)은 일대일로(一帶一路) 전략을 통해 경제영역에서 미국에 대해 상대적 주도권을 선점해 나갔다. 이처럼 중국의 부상에 따른 미중 갈등구도는 정치, 경제뿐만 아니라 4차산업 주도권을 둘러싼 기술패권으로까지 확대되고 있으며 여기에 코로나19로 인한 책임 공방과 보건안보외교를 통한 코로나19 이후의 국제사회 주도권 경쟁으로까지 나가고 있다. 디지털경제패권을 둘러싼 미중경쟁도 치열한데 기축통화 보유국인 미국과 중국의 디지털통화 경쟁도 가속화되고 있으며 현재 상대적으로 중국이 미국에 상당히 앞서 있다(이왕희 2020, 7).

중국의 국력 증대에 따른 팽창과 공세 외교는 강대국 현상변경의 전형을 보여주고 있다. 등소평의 개혁, 개방 이후 국제문제에 나서지 않는다는 원칙을 폐기하고 중국은 국제문제에 적극 나서서 자국의 입장을 주장하는 외교(主动进去, 主场外交) 정책으로 선회했다. 2017년 4월 시진핑이 트럼프와의 첫 정상회담에서 미국에 요구한 신형대국관계는 적어도 아시아에서의 중국 패권을 미국이 인정하라는 것이었다. 이와 같은 중국의 공세적 부상에 대해 미국은 중국을 에워싸는 동북아에서의 견제라인을 강화해 나가고 있다. 이런 가운데 미국, 중국과 군사적, 경제적 협력관계에 있는 관련국들의 이해추구를 위한 강대국 편승전략으로 인해 동북아 지역정세의 불안정이 가중되고 있다.

이처럼 미중패권 양상이 진행되고 있는 상황 속에서 미국과 중국이 동북아에서 가장 첨예하게 부딪히고 있는 대외정책의 하나가 북한문제이고 특히 북핵문제가 어떻게 진행되느냐에 따라서 동북아국제정치가 지금과는 다른 구조나 형태로 전환될 가능성이 높다. 따라서 북한문제가 핵문제를 중심으로 21세기 국제질서와 동북아 국제환경에 미칠 수 있는 촉발적 요인이 크기 때문에 동북아 주요 4국의 북한에 대한 개별 국가 차원에서의 국가이익과 인식을 전체적으로 검토할 필요가 있다. 현실주의 국제정치학의 대가인 모겐소(H. J. Morgenthau)는 국가의 외교정책을 결정하는 기본요인을 국가이익(national interest)의 개념으로 규정하면서 국가이익은 한 국가가 처한 객관적 조건들에 의해 결정된다고 보았다. 이를 통해 정치적 현실주의의 개념을 권력으로 정의되는 국가이익의 개념으로 정립했다. 이에 따르면 모든 국가는 권력으로 정의되는 국가이익의 관점에서 생각하고 행동하며 타국도 자국과 같은 양식으로 행동한다는 것이다. 그런 점에서 국가이익은 한 나라 외교정책의 기준을 마련해 주기(Morgenthau 1973, 711-712) 때문에 동북아 4국의 대북 국가이익을 살펴보는 것은 북한문제와 관련해 동북아 4국에 대한 우리의 대외정책과 대북정책 방향 설정에 필요한 작업이라 할 수 있다.

Ⅲ. 동북아 4국의 대북 국가이익의 설정 요인과 주요 내용

이런 연구배경을 바탕으로 본서의 2장부터 9장까지 본문의 내용을 개괄하면 우선 미국의 대북 국가이익이 미국의 전체 세계전략 구도하에서 어떻게 변화해왔는지를 살펴보고, 북한에 대한 미국의 국가이익 내용을 분석한 후 한국에 미치는 함의를 말하고 있다. 이어 중국에게 있어 북한이 지닌 중요한 전략적 가치와 이익을 규명하고, 북핵문제에 있어 중국의 전략적 가치와 이익이 어떻게 투영되어 나타나고 있는가를 분석하고 있다. 이를 통해 중국의 대북 및 북핵정책의 선택범위에 대한 마지노선을 알아보고 북핵문제에 있어 한국이 중국과 협력을 모색하는 데 있어서 가능한 정책적 협력범위와 한계를 밝히고 있다. 일본의 대북 국가이익 분석에 있어서는 일본의 대북 수교협상이 답보상태에 놓여 있는 요인을 일본이 처해 있는 국제세제, 안보, 외교의 세 가지 측면에 초점을 맞추어 분석하고 이러한 요인들이 일본의 국가이익과 관련하여 북한에 대한 정책결정에 어떤 영향을 미치고 이것이 어떤 방식으로 국내적으로 활용되는지를 규명하고 있다. 러시아 부분에 있어서는 러시아의 대북 국가이익의 성격을 감안하여 한반도 차원에서 러시아가 일관되게 갖고 있는 국가이익 및 전략을 북한에 대한 안보 및 군사적 차원에서 살펴보고 있다. 이와 함께 북러관계를 냉정하게 평가하고 양국이 몇몇 주목할 만한 관심과 이익을 공유함에도 불구하고 결코 가까워지지 않은 이유와 러시아가 북한문제와 관련해 왜 주변적인 국가로 남을 수밖에 없는가를 말하고 있다.

이와 같은 동북아 4국의 북한에 대한 국가이익 분석과 함께 추가적으로 유엔에서의 북한문제에 있어서는 인권문제를 살펴보고 있는데 이를 좀 더 구체적으로 정리하면 다음과 같다.

1. 미국

미국의 대한반도 정책은 미국의 세계전략과 동북아전략의 일부이기 때문에 미국의 세계전략과 동북아전략의 이해가 우선적으로 고려된다. 미국의 동북아전략에서 핵심은 중국과 일본이고(Brzezinski 2000,

199-200) 한반도는 종속적 지위를 차지하고 있다. 미국은 아시아에서 아시아-태평양재균형정책(Asia-Pacific Re-balancing Policy)을 통해 중국의 공세적 부상을 막기 위해 미일동맹을 강화해 중국을 견제하고 북한의 군사적 위협을 억제하고 있다. 냉전 붕괴 이후 유일 패권국가가 된 미국은 개입과 확대전략(engagement and enlargement strategy)를 통해 전진 배치한 군사력을 바탕으로 미국의 위기관리능력을 향상시키면서 전 세계 지역안보문제에 지속적으로 관여했고 이를 통해 자유시장경제와 민주주의를 확산시켜 왔다. 동북아에서의 개입과 확대전략은 중국의 변화를 유도하면서 지역질서를 안정적으로 이끄는 것이었다. 이를 위해 미국은 미일동맹의 강화가 필요하기 때문에 일본을 파트너로 동북아 세력안정을 꾀하면서 중국을 보다 개방되고 민주적인 체제로 변화시킨다는 것이었다.

그러나 9 · 11사태 이후 미국은 아프가니스탄, 이라크와의 전쟁을 거치면서 미국의 자국 안보를 최우선하는 정책으로 선회하기 시작했다. 특히 트럼프시대 이후 미국은 '미국 우선주의'로 외교 · 안보 · 통상문제를 자국 이익 중심의 관점에서 재정립함에 따라 제2차 세계대전 이후 미국이 주도한 자유주의 국제질서와 이에 기반으로 하는 동맹이 약화되고 있다. 트럼프대통령이 내세웠던 '미국 우선주의'는 경제적으로는 보호무역주의를 강화하고 외교적으로는 미국 주도의 국제질서를 유지하되 미국의 동맹국들에게 질서유지비용을 압박하는 모습으로 나타났다. 트럼프의 대외정책은 철저한 현실주의 대외노선으로 미국의 이익을 지키기 위해서는 미국의 우월한 경제력과 군사력을 최대한 활용하는 '힘의 정치'로 볼 수 있다. 2020년 5월 대중국 보고서에서 미국은 중국에 대해 협력보다는 공개 압박과 사실상의 봉쇄전략 등의 '경쟁적 접근'(competitive approach)을 하겠다고 선언했다(The White House May 26, 2020) 트럼프행정부에 이어 새로 출범한 바이든 행정부의 대중정책도 기본적으로는 이런 기조를 유지할 것으로 보인다.

따라서 미국의 대북 국가이익은 국제정치의 거시적 맥락에서 결정되어 왔으며 북한에 대해서는 적극적 이익보다는 소극적 이익 추구가 더 크다. 현재도 북한의 비핵화와 핵확산 방지가 당면한 대북 국가이익이지만 비핵화를 넘어 적극적인 이익을 추구하는 것은 아직 구체적으로 인식하고 있지 않다. 그렇기 때문에 미국의 기본적인 대북이익은 북한의 군사력에 대한 한국의 방어 및 억지, 동맹국 일본의 방어다. 따라서 한국과 일본 등 미국의 동맹국에 대한 북한의 군사적 공세를 막고 북중 간의 관계 긴밀화를 최대한 방지하여 동북아에 있어 미국의 지정학적 이익이 악화되는 것을 막고자 한다. 따라서 미중 전략경쟁이 가속화되는 시기에 북중동맹의 결속 및 북중관계 강화를 막는 것도 미국의 대북 국가이익이라고 할 수 있다(전재성 2020).

한편으로는 미국의 한반도 전략이 대중전략의 영향하에 놓이게 되면서 북한문제에 대한 초점이 약화될 가능성도 배제할 수 없는데 장기적으로 남북한을 아울러 한반도를 관리하는 영향력 확보가 미국의 국가이익이 될 수도 있다. 미국은 과거 아시아정책에서 친일본, 친중국 정책을 번갈아 하면서 수시로 변해 왔기 때문에 한반도도 변화 가능성을 배제할 수 없다. 역으로 북한이 적극적으로 미국과 전략적 타협을 하게 되면 미국은 북한을 통해 중국을 견제하는데 필요한 협력을 얻을 수도 있다(전재성 2020). 북한과의 타협과 관련해서는 길게 봐서 북핵문제의 해결과 주한미군철수 교환도 가능한 시나리오가 될 수 있으며 북핵문제 해결이 안 되면 북한을 미국 말을 듣는 핵보유국으로 만드는 것도 하나의 가능성이 될 수 있다. 나아가 한반도를 북한이 주도할 경우, 친미국가가 되는 베트남 경우도 완전 배제할 수는 없다. 즉, 북한이 미국 말을 듣는 핵보유국으로 만드는 것으로 만약 북한 주도로 통일되고 친미국가가 될 경우는 베트남의 경우와 같이 되는 것도 가능한 시나리오 중의 하나이다(전재성 2020).

2. 중국

중국의 대한반도 정책도 기본적으로 지정학적 관점에서 국가이익을 바탕으로 하면서도 과거 중국과 현재 강대국 중국의 관점에서는 시간적으로 차이가 날 수 밖에 없다. 지정학적으로 한반도는 해양세력의 중국 진출을 막는 방파제 역할을 해왔다. 명(明), 청(淸), 장개석(蔣介石), 모택동(毛澤東)의 과거 한반도 파병과 일제로부터 조선의 독립 지지에서 나타나듯 중국의 한반도에 대한 지정학적 이익은 역사적으로 변하지 않고 지속되는 중국의 대한반도 국가이익의 기본적 속성이다(Cai 2020). 2017년 4월에 있었던 미중정상회담이 끝난 후 트럼프대통령은 언론과 인터뷰에서, 미중정상회담 중에 시진핑 주석과 개인적 대화에서 시진핑이 “한반도는 중국의 일부였다”는 발언을 했다고 공개한 적이 있다(Washington Times April 28, 2017). 중-러-북의 북방

3각 동맹이 냉전 붕괴 이후 해체되었지만 미-일-남의 남방 3각 동맹은 건재한 상황에서 미국의 재균형정책추진과 인도-태평양전략(indo-pacific strategy)에 중국과 북한은 전략적 대응의 필요성을 공유하고 있다. 이처럼 중국은 미국과 전략적 경쟁이라는 틀 안에서 북한 문제를 인식하기 때문에 구조적 차원에서 미중관계의 변화가 있기 전에 중국 스스로 대북정책의 근본적인 전환을 꾀하지는 않을 것으로 보인다. 다만 변화의 계기 마련은 미중관계와 한미동맹의 변화, 주한미군 철수 등 전략적 변화가 최우선 전제조건이 될 수 있다(이정남 2020).

따라서 중국의 북한에 대한 기본적인 인식은 동북아 교량국가와 완충지대 역할이며 북한체제의 붕괴나 한국 주도의 통일은 절대로 막아야 한다는 인식에 기초하고 있다. 북한 핵이 동북아에 초래할 전략적인 불안과 갈등으로 인해 중국이 북핵에 대해 강력한 비판과 비핵화원칙을 유지하고 있지만, 동시에 그 과정에서 북한체제의 붕괴를 막고자 한다. 뿐만 아니라 북핵문제 해결과정에서 중국의 주도적인 위치 상실로 인해 초래될 수도 있는 동북아에서의 영향력 약화를 극도로 경계하고 있다(이정남 2020). 그렇기 때문에 기존 중국의 대북전략 목표는 북한정권에 대한 외부압력으로부터 북한을 보호하고 정권을 유지시키는 것이라고 평가할 수 있다(Anne Wu 2005, 35-48). 현재도 북한을 중국안보의 완충지대로 삼아 미국과의 협상력을 높이려고 하는 대북정책을 견지하고 있다.

그러나 한반도문제에 대해 한편으로 중국은 어려운 절충에 직면하고 있는데 그것은 중국 입장에서 중미관계뿐만 중조관계에서도 연유한다.

현실적으로 중국의 대한반도 제1의 전략 요점은 한반도 평화와 안정유지, 한반도 비핵화이기 때문에 북한의 핵보유는 장기적으로 중국의 이익을 해치고 전쟁, 군비경쟁, 동북아 지역 내 핵확산의 우려가 있다(Cai 2020). 따라서 북핵문제에 있어서 중국은 북한이 핵실험을 중지하고 한국과 미국은 연합훈련을 중지하는 쌍중단(雙中斷)과 한반도 비핵화 프로세스와 북·미 평화협정체제 협상을 병행 추진하자는 쌍궤병행(雙軌竝行) 입장을 취하고 있다. 물론 북한과 미국이 평화협정을 맺으면 주한미군이 필요 없을 수도 있고, 이는 중국이 가장 반길 일이지만 중국은 한반도문제에 있어서 북한을 잃어서는 안 되며, 한반도에 혼란이 발생해서는 안된다는 입장을 지속하고 있다(이정남 2020).

따라서 중국은 기본적으로 북한 핵은 없어야 하겠지만 북한체제는 존재하기를 바란다. 그러나 중국의 대북정책은 북한체제유지에 더 강조점을 두면서 북핵문제를 해결해야 한다는 입장이 자리 잡고 있다(중앙일보 통일문화연구소. 2017). 북핵문제는 미국을 견제할 수 있는 중국의 주요한 카드이기 때문에 북핵문제에서 중국이 비켜나지 말아야 한다는 입장에서 중국은 북핵문제 중재를 통해 중국의 영향력을 확보하면서 북핵문제를 중미 간 무역 갈등과 국제해상분쟁 등의 지렛대로 활용하고자 한다(이정남 2020). 중국은 북한이 미국으로부터 공격을 당하지 않도록 중재 및 보증을 하고 북한의 핵포기를 유도하면서 북한에 대한 경제지원, 투자 및 개발과 같은 다국적 지원을 지지한다는 것이다(Parkre 2003).

한편 북한은 북한 핵에 대해 중국과 미국의 이해관계가 다르다는 점을 잘 알고 있으며 그런 점에서 다른 한편으로는 핵개발을 통해 심지어 중국을 북한의 '인질'(hostage)로 이용하는 부분도 있다. 경제발전을 지속시켜야 하는 중국으로서는 세계 초강대국인 미국과 직접적인 대결을 피해야 하므로, 동북아에서 세력균형과 대미견제를 위해 북한의 존재를 적절하게 활용하려는 전략을 갖고 있다(한석희 2007, 356). 그런 점에서 중국은 북한 김정은 정권의 붕괴 또는 북한 내부의 정치적 · 사회적 혼란을 중국의 경제 · 안보의 이익에 위협요인으로 보고 이러한 사태의 발생을 예방하는 전략을 취하고 있다.

이처럼 중국과 북한이 갖는 공통의 이익요소들 때문에 중조우호관계는 유지될 것인데 북한이 핵 실험을 한지라도 북한은 중국의 안보파트너다. 북한은 동북아에 있어서 아직은 중국의 안전판(buffer zone)으로 중국은 남북, 북미 사이에서 균형유지를 원한다. 그렇기 때문에 중국은 스스로를 보호하고 한반도에서의 균형을 유지하기 위해 북한과의 관계를 강화할 더 나은 대안을 찾지 못하고 있다. 만약 한국 주도로 통일된다면 미국의 영향력이 중국 턱 밑까지 밀고 온다는 점에서 관리만 된다면 북한이 존재하는 것이 전략적으로 훨씬 이익이라고 생각한다. 그런 점에서 북한이 자신의 통제 아래에 있기만 하면 역설적으로 북한의 핵무장도 받아들일 가능성도 배제할 수 없다(Cai 2020).

3. 일본

일본은 19세기 말부터 20세기 초까지 지정학적으로 중요한 위치의 한반도를 일본의 적대세력하에 두지 않으려고 직접 침략해 지배하는 선택을 했다. 현재는 국제정치에서 일본이 처한 구조적 조건으로 미중대립 속에 일본의 입지를 강화하며 동북아에서 중국을 견제하려 한다. 이를 위해 미일동맹을 강화하여 미국의 안보전략에 편승하면서 중국을 견제하는 역할을 수행하고 있다. 신병으로 인해 총리를 사퇴했지만 아베(安倍晋三)는 미일동맹의 강화를 배경으로 일본의 군사역할 확대와 집단적 자위권을 가진 '보통국가'로의 전환을 지속적으로 실천해 왔다. 일본은 동북아에서의 자국의 군사역할 증대와 '보통국가화'를 위한 비용 부담을 적극적으로 수용하고 있기 때문에 미일동맹은 트럼프행정부에서 더 강화되어 왔고 바이든행정부에서도 그럴 것으로 예상된다. 거슬러 올라가면 '아시아 중시정책'(pivot to Asia)을 펼친 오바마행정부가 중국을 견제하고 북한의 도발을 억제하기 위해 미일동맹을 강화시키는 정책을 채택한 이후 지금까지 이어지고 있다. 아베에 이어 갑작스럽게 총리직을 맡은 스가(菅義偉)도 기본적으로는 아베의 대외노선을 따르고 있다.

그런 점에서 일본 입장에서 북한의 핵개발과 군사적 도발은 안보위기 요인이면서도 한편으로는 기회요인으로도 작동할 수 있는 이중성을 지니고 있다. 일본은 1998년 8월 북한이 대포동 1호 미사일 발사실험을 한 이후부터 북한을 일본의 최대의 안보위협으로 인식해 왔다. 일본은 〈신방위대강〉, 〈미일 가이드라인〉, 한반도 등 유사시를 대비한 〈주변사태법〉 등을 제정하는 과정에서 '북한 위협론'을 내세워 일본의 대외적 군사 역할을 확대해 왔다. 미국도 미일동맹 강화를 통해 중국을 견제하고 북한의 군사적 위협을 억제하려 하기 때문에 일본의 군사력 강화를 사실상 인정하고 있다.

역대 최장수 총리로 재직한 아베는 국내적으로는 북핵문제, 대북제재, 남북관계를 타개하는 수단으로 일본인 납치문제를 대북 교섭에서 중시해 왔다. 따라서 북한의 핵, 미사일 문제와 일본인 납치문제를 연계해 왔으나 2014년 북한과의 스톡홀름합의에서부터는 북한의 핵·미사일문제와 일본인 납치문제를 분리하기 시작했다(이기완 2020). 그런 점에서 북한과 관련해 일본이 가지고 있는 개별 국가이익은 동북아 지역에서의 정치적 영향력 확대, 안보 요인으로 북한의 핵·미사일 위협으로부터 발생하는 안보 위협의 해소, 외교 쟁점으로 북한이 자행한 일본인 납치문제의 해결로 정리된다. 장기적으로 일본인 납치문제와 핵·미사일 문제가 동시에 해결되는 상황에서 국교 정상화가 가능하다는 대북 상호주의 전략과 단계적 접근방식은 일본이 처해 있는 국제체제의 압력과 현실에 대한 냉철한 인식 위에서 선택한 국가이익이다. 일본은 미일관계의 특수성에서 기인하는 외교적 한계를 일본의 안보이익으로 전환시키는 실용주의적인 전략으로 중국위협론과 북한위협론에 맞서 미국과의 동맹관계를 심화시키고 있는 것이다(이기완 2020).

그러나 한일 갈등이 오랫동안 지속되면서 한일관계가 정체상태를 벗어나지 못한 상황에서 일본의 대한반도 정책도 한일관계와 북일관계의 분리를 통한 일본의 입지 확보와 함께 중단된 한일관계가 장기화되면서 일본의 독자적인 대북접근 가능성도 지속적으로 증가하고 있다. 북일간 주요 쟁점 타협 가능성이 현재로서는 낮지만 장기적으로 북일수교 협상촉진 요인으로는 북한과의 경제관계 확대 및 대북제재조치

해제를 통해 궁극적으로는 북일 국교정상화로 나가는 길이다. 북한이 일본에 대해 가장 바라는 것은 경제협력을 통한 북한경제의 재생을 촉진시키는 것으로 따라서 만약에 남북관계가 개선되어 남북경협이 활성화될 경우, 연동적으로 북일경협의 경쟁적 상승관계도 예상할 수 있다.

4. 러시아

러시아는 한반도문제에 있어서 특히 안보문제에 커다란 이해관계를 갖고 있으며, 이와 관련해서는 확고한 독자적 이익을 추구해 왔다. 러시아가 한반도에 관심을 갖기 시작한 19세기 이래 한반도 역사가 이를 입증하는데 러일전쟁, 북한정권 수립과 냉전 시기 소련의 역할, 2000년대 남북한에 대한 균형외교 등에서 지속적으로 작동되어 왔다. 현재 푸틴은 '강한 러시아' 기조 아래 전략핵무기 능력 증강 등 군사력 강화와 경제발전을 위한 '신동방정책'을 추진하고 있다. 러시아는 북한의 핵실험에 부정적 입장이고 유엔제재에 동참하지만 북한의 핵미사일을 안보관점에서 이해하고 북한과 경제협력을 유지해 왔다. 따라서 러시아의 대북관과 대북정책도 한반도 전체에 대한 러시아의 관점과 이익에 따라 결정하는 경향이지만 종종 북한만 고려 대상으로 삼아 대북관계를 유지하려는 특성도 내재되어 있다. 대표적으로 북한에 대한 무기거래와 군사협력이 사례다. 러시아는 한반도에서의 정치적 세력균형(status quo)을 유지하려고 노력하면서 남북한과 경제관계를 발전시키고, 정치적 접촉을 유지함으로써 자신의 영향력을 극대화하려 한다. 따라서 러시아의 북핵 비핵화에 대한 시각은 우선순위를 차지하지 못하고 있으며, 북핵을 수단적(instrumental)으로 접근하는 태도를 보이고 있다(우평균 2020).

러시아는 탈냉전 이후 한반도 문제에 대한 열세로 인해 자국의 입장이 불리하게 반영될 수 있다는 점과 미국과 중국의 영향력이 과도하게 발휘될 수 있다는 점에서 한반도문제에 있어서는 다자회담을 우선시해 왔다. 북핵문제에 대해서도 러시아의 원칙은 한반도 비핵화이지만 이를 실현하기 위한 방안으로는 대북재제 반대와 대화를 통한 평화적 해결의 입장을 고수해 왔다. 한반도와 관련한 러시아의 구체적인 국가이익은 극동아시아 지역의 안보적 위험요소 제거와 시베리아, 극동지역의 대규모 개발계획들, 한반도종단철도(TKR, Trans-Korean Railway)와 시베리아횡단철도(TSR, Trans- Syberia Railway)를 연결하는 사업, 시베리아 가스관부설프로젝트와 사할린 가스의 한반도종단 문제, 러시아-남북한-중국을 잇는 송전망 구축계획 수립에 차질을 빚을지 모르는 경제적 위험요소를 제거하는 것으로 정리할 수 있다. 이러한 입장을 바탕으로 러시아는 북러관계의 연장선에서 북한의 핵무기 개발 포기를 종용하여 핵무기 포기 후의 상황에 대한 보상 및 핵무기 포기를 위한 전제로서 북한에 대한 미국의 체제보장을 강조하고 있다. 한편으로 러시아는 북한의 핵개발 동기에 공감을 표시해 왔으며 유엔안보리의 대북제재를 무력화할 수 있는 북한과의 밀거래에 대해서도 적극적으로 제어하지 않았다(우평균 2003).

그러나 러시아가 북한의 대변자로 나설수록 국제사회의 지지를 받기는 어려울 것이며 이와 함께 러시아의 의도 못지않게 북한이 러시아를 얼마만큼 신뢰하는지도 의문이다. 따라서 북러관계는 서로를 필요로 하는 만큼만 신뢰하는 "제한된 협조"관계를 유지할 가능성이 높다. 러시아 입장에서 장기적으로 한반도와 연계되는 경제적 이익 추구를 위해 남–북–러 3각 협력과 북러경제협력, 연해주–하바롭스크–블라디보스토크 개발이 중요하나 현재로서는 경제적 현실성이 거의 없다. 그런 점에서 철도연결, 북한의 시장경제개혁에 러시아가 참여할 수 있는 기회모색과 실제 가능성 평가에서 있어서 심한 괴리가 나타나고 있으며 이와 함께 북한의 기회주의적 대러관계도 북러관계의 한계로 작용하고 있다(Lankov 2020).

러시아는 극동 · 시베리아지역 경제발전에 요구되는 동북아 안보환경의 안정과 이로부터 도출되는 경협지원 확보를 원하고 있다. 이는 러시아가 북한의 핵보유에 원칙적으로 반대하면서도 북한과의 협력을 계속 유지 · 강화하도록 유인해 온 동시에 한국과도 외교적 · 경제적 측면들에서 협력의 모멘텀을 유지하는 요인이 되어 왔다(이선우 2020). 그럼에도 1990년대부터 거의 30년 동안 거론되고 있는 각종 남 · 북 · 러 협력사업은 현실적으로 현재 상황에는 장밋빛 구상에 불과하다. 북핵문제가 해결되지 않은 상황에서 러시아가 자신도 일부 부담하면서 협력사업에 참여할 아무런 경제적 이익의 동기가 없기 때문이다. 예를 들면, 남 · 북 · 러협력사업으로 가스관 설치를 대표적으로 들고 있는데 러시아의 시행 주체사인 가즈프롬(Gazprom)은 전혀 관심이 없는 것이 현실이다(Lankov 2020).

5. 유엔에서의 북한문제

유엔은 창설 이후 50년 동안 한반도문제를 다루었고 남북대립과 경쟁의 장소였다. 그러나 지난 25년간 유엔 무대에서 한반도문제는 사라지고 오직 북한문제만 다루어지고 있다. 유엔 내 북한 문제는 핵문제, 북한인권, 인도적 지원문제로 압축되는데 이 세 가지 이슈는 유엔 기본 활동의 3축이라 할 수 있는 평화, 인권, 지원 분야에 모두 해당한다(오준 2020).

북한이 만약 핵 포기를 통한 경제발전을 선택할 경우나 실무협상 또는 향후 3차 북미정상회담 등으로 북한 비핵화와 상응조치에 관한 로드맵이 합의될 경우, 비핵화 이행, 적절한 단계에서의 국제제재 완화 및 해제, 한국 및 국제사회의 대북 경제지원 시작 등의 상황전개가 가능할 수 있다. 반면에 북한이 핵보유를 포기하지 않으면서 경제발전을 시도하려는 경우 북핵문제 해결은 장기화될 것이다. 그럴 경우, 유엔은 북한의 민주화를 통한 전반적 인권개선을 장기적 과제로 추구하면서 우선 북한 주민들의 삶의 질을 높이는 실질적 인권향상 추구할 것으로 보인다. 그러나 북한인권문제에 있어서 현실적으로는 시민적, 정치적 권리보다 경제적, 사회적 권리 향상이 전제되어야 한다는 점이 우선될 수 있다. 따라서 일단 대북제재가 해제되기 전에도 인도적 지원이 가능하므로, 국제기구를 통한 인도적 지원 재개 등 비정치적 접근은 언제든지 가능하다(오준 2020).

그럴 경우, 긴급구호나 취약계층을 대상으로 하는 유엔의 인도주의적 지원에는 지속주의를, 농업 협력과 같은 개발협력 지원에는 그 성과에 상응하여 지원의 규모와 속도를 조정하는 상호주의의 탄력적 적용이 필요하다. 긴급구호나 어린이, 노약자, 임산부 등의 취약계층에 대한 식량지원과 보건의료 지원 등 인도주의적 지원은 정경분리 원칙 하에서 지속적으로 추진할 수 있는데 대북제재가 해제되기 전에도 인도적 지원이 가능하므로 국제기구를 통한 인도적 지원 재개를 모색할 수도 있다.

참고문헌

강성학. 2010.『새우와 고래싸움 : 한민족과 국제정치』. 서울: 박영사.

강성학. 1995.『카멜레온과 시지프스 : 변천하는 국제질서와 한국의 안보』. 서울: 나남출판.

김상배. 2020. "코로나19와 신흥안보의 복합지정학 : 팬데믹의 창발과 세계정치의 변환."『한국정치학회보』54집 4호. pp. 53-82.

김상배. 2020. "코로나19와 신흥안보의 복합지정학."『국제문제연구소 이슈브리핑』. No.86(발간일: 5월 18일).

남광규. 2018. "북한의 '민족공조' 강화와 한미관계."『통일전략』제18권 제1호, pp. 83-113.

문순보. 2012. "김정은 체제하 북한의 대외관계 전망."『정세와 정책』통권 190호. pp. 21-24.

안동림·황문수, 1991. "한국관계 중요 구미 저서: 17세기 이후 1945년까지."『한국의 명저』. 서울:현암사,

이기완. 2020. "일본의 국가이익과 북일관계." 고려대 아세아문제연구원 학술

회의 발표문. 서울. 8월.

이상현. 2020. "코로나19 국제정치와 글로벌 거버넌스." 『세종정책브리프』. 2020-04.

이선우. 2020. "러시아 '푸틴 체제'의 현재와 미래(?) 그리고 한반도." 『JPI PeaceNet』. 2020-24.

이왕희. 2020. "미중 디지털 통화 경쟁: 디지털 위안 대 디지털 달러." 『EAI Special Report』. pp. 1-14.

이정남. 2020. "중국의 국가이익과 북중관계." 고려대 아세아문제연구원 학술회의 발표문. 서울. 8월.

이호재, 1987. 『한국외교의 이상과 현실』. 서울: 화평사.

오준. 2020. "유엔에서의 북한문제." 고려대 아세아문제연구원 학술회의 발표문. 시울. 8월.

우평균. 2020. "러시아의 국가이익과 북러관계." 고려대 아세아문제연구원 학술회의 발표문. 서울. 8월.

우평균. 2003. "북핵문제에 대한 러시아의 입장: 인식과 역할." 매봉통일연구소 국제학술회의. 서울. 8월.

중앙일보 통일문화연구소. 2017년 9월 5일 작성. '중국공산당 내부 문건.'

조한승. 2020. "코로나19와 보건안보 협력," 『국제문제연구소 이슈브리핑』 No.88 (발간일: 5월 19일).

전재성. 2020. "미국의 국가이익과 미북관계." 고려대 아세아문제연구원 학술회의 발표문. 서울. 8월.

한석희. 2007. "중국의 다극화전략, 다자주의외교, 그리고 동북아시아 안보." 『국제지역연구』 11권 1호, pp. 349-374.

CAI Jian. 2020. "Chna's national interests and the Changing Sino- DPRK relations." 고려대 아세아문제연구원 학술회의 발표문. 서울. 8월.

Lankov, Andrei. 2020. "Pipeline 2020." 고려대 아세아문제연구원 학술회의 발표문. 서울. 8월.

Morgenthau. Hans J., 1973. *Politics Among Nations*. New York: Knopf.

Parkre John S. 2003. "A Chinese Roadmap For Korea." *Asian Wall Street Journal*(June 30).

The White House. 2020. "United States Strategic Approach to the People's Republic of China." (May 26). Available at: <https://www.whitehouse.gov/wp-content/uploads/2020/05/U.S.-Strategic-Approach-to-The-Peoples-Republic-of-ChinaReport-5.24v1.pdf>(Accessed 26 September, 2020).

Wu, Anne. 2005. "What China Whispers to North Korea." *Washington Quarterly*. Vol. 28. No. 2. *Washington Times*. April 28, 2017.

木宮正史. 2016. "한반도의 평화와 통일과 일본의 역할." 『한국행정학회 학술발표논문집』. 서울.

2장
미국의 대북 국가이익

전재성
(서울대학교)

I. 서론

오바마 대통령은 두 번의 임기를 마치고 트럼프 대통령에게 백악관을 넘겨줄 때, 미국 외교안보의 가장 시급한 문제로 북핵 문제를 언급하였다. 북한의 핵, 미사일 능력이 미국 본토를 공격할 수 있을 만큼 발전되었고, 향후에도 더욱 강화될 것으로 전망되었기 때문이다. 트럼프 대통령이 임기를 마치고 바이든 대통령 당선인에게 정권을 넘기는 순간, 북한의 핵, 미사일 위협은 훨씬 더 증가되었다. 협상을 통해 북핵 문제를 해결할 수 있다는 전망이 강화되었다고 보기도 어렵다.

미국에게 북한은 적극적이고 긍정적인 안보 의제라기보다는 부정적이고 소극적인 의제이다. 북핵 문제가 해결되면 미국의 안보가 강화되는 것은 사실이지만 북한으로부터의 본토 공격과 한국과 일본 등 동맹국에 대한 핵공격 방지라는 성과 이외에 현재로서 기대할 수 있는 부분은 아직 미지수이다. 북한은 여전히 통상전력을 확보하고 있고, 설사 북미관계가 정상화되어 수교에 이르더라도 북미 간 관계 악화 및 주변국에 대한 군사적 위협은 여전히 실존하기 때문이다.

북한은 중국의 세계 유일의 동맹국이다. 중국은 동맹불체결의 전략적 입장을 고수하고 있지만 1961년 조 · 중우호협조 및 호상원조에 관한 조약이 체결되었다. 2조는 "중국과 북한은 모든 조치를 공동으로 맡으면서 체결국에 대한 특정 국가의 침략을 방지한다. 체결국 가운데 한쪽이 침략을 받으면 전쟁 상태로 바뀌는 즉시 군사적 원조를 제공해야 한다"고 명시하고 있다. 즉 동맹국의 침략에 대한 자동개입조항이다. 냉전 종식 이후 이러한 조항이 과연 효력을 발휘할 것인가의 의구심은 남아있다. 중국은 비공식적으로 북중 관계가 군사동맹 관계, 특히 군사자동개입에 기초한 동맹관계라기 보다는 정상적인 국가 대 국가 관계라고 언급하기도 하였다. 또한 북한의 핵, 미사일 실험이 지속되는 동안 북중관계는 교류가 제한된 상태에서 동결되기도 하였다. 그러나 미중 전략 경쟁이 가속화되는 현 시점에서 북중관계는 언제든 지정학적 연대로 강화될 수 있고 있는 미국에게 안보위협이 증대되는 결과가 될 것이다.

미국이 북한에 대해 가지는 국가이익은 미국 전체의 국가이익에 비추어 볼 때 사활적이고 핵심적이라고 할 수는 없다. 미국이 북한과의 관계에서 성취할 수 있는 이익의 극대화는 무엇일까? 우선 북한이 미국과 협상에서 미국이 만족할 수 있는 조건으로 완전한 비핵화를 달성하고 이후에 동북아 지정학 구도에서 미국에 협력적인 국가로 변모하는 상황을 들 수 있다. 북미 수교에 이어 양자 간 경제교류 협력이 활발해지고 이어서 지정학적 타협으로 중국에 대한 공동견제의 파트너가 되는 미래를 상상해 볼 수 있다. 혹은 북미 수교 이후 남북 관계가 순조롭게 진전되어 한국 중심의 통일로 나아가고 통일 한국이 미국과 동맹을 유지하면서 동북아의 우호세력으로 남는 미래를 생각해 볼 수 있다.

반면 최악의 상황은 북한이 미국에 적대적인 국가인 채 핵국가의 사실상, 법적 지위를 달성하고 이어 미국과 경쟁관계에 있는 중국과 강력한 동맹 관계를 추구하는 것이다. 북한의 핵, 미사일 무력 달성이 이미 돌이킬 수 없는 수준이 되고 북한이 스스로의 노력으로 상당한 경제내구성을 가지게 될 경우, 대북 경제제재가 별다른 효과를 발휘하지 못한 채 비핵화는 불가능해질 수도 있다. 북한의 핵, 미사일 능력 동결, 혹은 주변국에 대한 안보위협 중단을 내세우며 사실상, 더 나아가 합법적 핵국가의 지위를 인정받을 수도 있다. 북한과의 핵억지가 유지된 채 북한은 경제발전을 이루게 되고 통상전력에서도 상당한 수준의 군사력을 확보한 채 발전의 길로 나아가는 것이다. 이 과정에서 미국과 경쟁 관계에 있는 중국과 관계를 강화하여 동아시아에서 미국의 대중 전략에 커다란 저해 세력으로 남을 수도 있다. 물론 북미 관계가 극한적 대립으로 치달아 핵전쟁의 가능성도 상상해볼 수는 있지만 미국의 압도적 군사력을 생각해 볼 때 실현 가능성이 높지는 않다. 북한이 핵국가로서 상당한 국력을 소유하고 남북한 경쟁관계에서 점차 힘을 갖추어 갈 때 미국은 한국과 일본 등 동맹국의 안보를 책임지기도 어려워지고 군사적 부담 역시 증가할 것이다.

미국의 대북 이익은 미국의 핵심 이익을 흔들 만큼 크지는 않고 따라서 외교정책에서 우선순위가 항상 높은 것은 아니지만 그럼에도 불구하고 반드시 해결해야 할 문제이다. 북미 양자관계나 한국, 일본 등 동맹국 방어뿐 아니라 핵무기 비확산, 대중 경쟁 구도 등도 생각해야 한다. 이 글에서는 미국의 대북 국가이익이 미국의 전체 전략 구도 하에서 어떻게 변화해왔는지를 살펴보고, 미국의 대북 국가이익의 내용을 분석한 후 한국에 미치는 함의에 대해 살펴보고자 한다.

II. 미국 대북 국가이익의 역사적 맥락

북미 관계에서 미국의 대북 국가이익은 국제정치의 거시적 맥락에서 결정되어 왔다. 미국은 냉전이 시작되면서 소련의 지구적 팽창에 점차 민감한 대응을 준비했고 소련과 공산권에 대한 봉쇄정책을 시작하였다. 1940년대 후반 냉전 초기 미국은 동유럽에서 소련의 팽창을 경계하고 있었고 1949년 8월 소련이 핵 실험에 성공하자 미소 대립은 더욱 첨예해졌다. 미국이 냉전기 최초로 전쟁을 수행한 상대는 북한이다. 북한은 1950년대 초 스탈린으로부터 남침의 지원을 약속받고 한국전쟁을 발발했으며 미국은 한국전쟁이 소련의 지구적 팽창의 시초라고 인식하여 즉각적인 군사개입을 단행했다. 이후 미국은 1951년 일본과 동맹을 맺고, 1955년에는 서독의 재무장을 허용하고 나토 가입을 추진하였다. 결국 북한은 미국으로 하여금 군사적 냉전정책을 시작하게 한 시발점이었다. 이후 미국은 1953년 한미동맹을 맺고 북한의 동북아 지역 도발과 남침을 막기 위해 북한에 대한 강력한 방어와 억지를 하는 것을 대북 이익의 핵심으로 삼았다. 1954년 4월부터 약 두 달에 걸쳐 제네바에서 회담을 가졌지만 미국은 냉전이 심화되는 과정에서 북한에 대한 억지를 강화하는 목표를 달성하고자 했다.

1991년 소련이 해체되고 대부분의 공산권 국가들이 탈공산권 이행을 하는 과정에서 미국의 대북 이익은 명확하게 정의되지 않은 모습을 보였다. 한국은 1988년부터 소위 북방정책을 추구하였고 동유럽, 소련과의 수교와 더불어 북한과 고위급 회담을 통해 평화정착을 추구하였다. 한국의 목적은 한편으로는 북한과 협상을 통한 평화공존이었지만 다른 한편으로는 탈냉전이라는 새로운 국제환경 속에서 북한에 대한 압박을 통해 북한을 변화시키려는 목적도 일부 가지고 있었던 것으로 보인다. 이 과정에서 미국은 한소 수교에 대한 지원, 1991년 한국에서 전술핵무기 철수, 남북한 UN 동시 가입 지원 등 한국의 북방정책과 대부분 일치하는 정책을 폈지만 막상 북미 양자관계에서 어떠한 구체적인 전략을 가지고 있었는지는 명확하지 않다. 미국은 북한이 핵프로그램을 가지고 있다는 의심을 강하게 품고 있었고, 한국의 대북 화해정책에 대해서 일단 관망하는 자세를 취하고 있었던 것으로 보인다. 1992년 1월 22일에 뉴욕에서 열린 북한노동당 김용순 국제부장과 미국 국무부 아놀드 캔터 정무차관 사이의 회담은 최초의 북미 양자고위급 회담으로 미국의 대북 이익의 일단을 엿볼 수 있다. 미국은 무엇보다 북한이 국제원자력기구(IAEA)의 핵사찰을 받아들일 것을 강조했고, 이어서 남북 공동핵사찰이 북미 관계 정상화를 위한 수순이라는 자세를 견지했다. 흥미로운 것은 이 회담에서 김용순 국제부장이 "통일 이후에도 주한미군이 그대로 주둔할 수 있는 가능성을 배제하지 않았다"고 말한 것으로 후에 캔터 차관이 회고한 부분이다. 북한은 통일 이후에도 주한미군의 주둔을 용인하는 입장을 전달한 것이고 이는 통일 한국이 미국의 군사동맹국이 되어도 북한으로서는 받아들일 수 있다는 견해라고 볼 수 있다. 물론 더 이상이 논의가 진전되지는 않았지만 북미 간의 지정학적 타협의 가능성이라는 점에서 주목할 만한데, 이에 대한 미국의 대응은 매우 조심스럽고 별다른 반응이 없었다는 것이다.

1993년 3월 12일 북한이 NPT 탈퇴를 선언하면서 북핵 위기가 시작되었다. 이후 미국은 북한과 양자회담을 통해 1994년 10월 21일 제네바 합의를 체결하고 북핵 프로그램의 동결, 그리고 궁극적으로는 북핵의 완전한 폐기를 추구하게 된다. 여기서 북미 양국은 "핵이 없는 한반도의 평화와 안전을 위해 함께 노력"하기로 하고 "북한은 한반도 비핵화공동선언을 이행하기 위한 조치를 일관성 있게 취한다"고 선언하고 있다. 또한 북미 양국은 "국제적 핵비확산 체제 강화를 위해 함께 노력한다"고 약속하고 있다. 더불어 양국은 "정치적, 경제적 관계의 완전 정상화를 추구"하며, "상호 관심사항에 대한 진전이 이루어짐에 따라 양국관계를 대사급으로까지 격상시켜 나아간다"는 로드맵을 제시하고 있다. 결국 미국은 북한의 완전한 비핵화를 가장 중요한 목적으로 했으며, 동시에 북미 수교를 통한 새로운 관계 설정에 합의한 것으로 보인다. 문제는 미국이 북미 관계 수립에 따라 구체적으로 어떠한 이익을 생각하고 있었는지, 북한이 과연 미국에게 수교를 통해 많은 이익을 줄 수 있는 존재로 인식되고 있었는지 명확하지 않다. 북핵 문제가 미국에게 해결되어야 하지만 큰 이익은 주지 않는 의제(negative agenda)였지만, 해결을 통해 미국의 국익이 크게 향상되는 의제(positive agenda)가 아니었음을 심삭할 수 있다.

1990년대 미국은 세계 유일의 강력한 패권국가로 역사상 유례가 없는 강한 힘을 소유한 정치체가 되었다. 미국은 당시 세계 2위 이하 10위권 국가들과 대부분 동맹관계를 맺고 있었고 미국의 안보를 위협할 수 있는 세력은 거의 존재하지 않았다. 북한 역시 핵무기를 개발할 수 있다는 전망이 확실하지 않았고 다만 향후 10년 이상의 시간이 지나면 장거리 미사일과 핵무기를 개발할 가능성이 있다는 미국 공화당 군사전문가들의 견해가 대두되는 상황이었다. 북한은 1993년 5월 사정거리 1,300km에 이르는 노동1호 미사일을 시험 발사하였고 이후, 1998년 8월에는 광명성 1호라고 북한이 주장하는 최대 사정거리 2,200km의 로켓인 대포동 1호 미사일이 발사되었다. 이후 미국은 북한의 미사일 능력 제한을 중요한 국가이익으로 삼게 되었고 북한의 핵, 미사일 능력 제한을 위한 노력이 중요한 목표가 되었다.

2000년 6 · 15 남북정상회담은 제네바 합의 체제 속에서 남북관계 개선, 더 나아가 북미관계를 위한 디딤돌이 되었다. 흥미로운 것은 김대중 대통령과 김정일 위원장 간의 대화에서 김정일 위원장이 미군철수를 주장하지 않았다는 김대중 대통령의 발언이다. 1993년 10월호 월간조선과 인터뷰에서 김대중 전 대통령은 다음과 같이 회고했다:

즉, “북한은 미군 철수를 요구하지 않을 것입니다. 북한은 이미 미국측에 대해서 ‘상당기간 주한미군을 유지해도 좋다’고 통보했습니다. 저는 미국의 책임 있는 복수의 지도자들로부터 이를 확인했습니다. 미군이 철수해 한반도에 군사적 진공상태가 생기면 주변 강대국이 여기에 끼어들거나 서로 갈등을 빚을 것은 분명합니다. 나토를 보십시오. 소련의 목적이 소멸했는데 그대로 미군이 주둔하고 있습니다. 미군이 한반도에 그대로 있어야 나토 같이 미군이 균형추 또는 조정자 역할을 해낼 것입니다”라는 내용이다. 또한 김대중 대통령은 2000년 6 · 25전쟁 50주년 기념사에서 이렇게 말한 바 있다. “저는 주한미군에 대해서는 태도를 분명히 했습니다. 주한미군은 한반도에 완전한 평화체제가 이루어질 때까지는 물론이고 통일된 후에도 동북아시아의 세력균형을 위해서 필요하다는 것을 북측에 설명했습니다. 주한미군의 필요성에 대한 저의 설명에 북측도 상당한 이해를 보였다는 것을 저는 여러분에게 보고하면서 이것이 이번 평양방문의 큰 성과중 하나라고 말씀드립니다. 만일 한국과 일본에 있는 10만의 미군이 철수한다면 한반도는 물론 동아시아와 태평양의 안전과 세력균형에 커다란 차질을 가져올 것입니다. 우리는 우리의 국익을 위해서 주한미군이 계속 주둔하기를 바란다는 것을 저는 여러분에게 이 자리를 빌려 천명하고 싶습니다”라는 내용이다.[1] 이를 통해 북미 간에는 주한미군 철수, 북미 간의 안보협력 혹은 조정에 대한 논의가 가능한 상황이었다는 점을 짐작해볼 수 있다.

2000년 10월 워싱턴을 방문하여 클린턴 대통령과 회담을 가진 조명록

---

1) http://monthly.chosun.com/client/news/viw.asp?nNewsNumb=200008100006에서 인용.

차수는 "새로운 단계로 북미 양국 관계를 증진시키는 것이 양국 정부 앞에 놓여 있는 중요한 과제"라고 언급하였고, 미국 역시 이미 페리보고서에서 북핵 문제 해결을 전제로 한반도 냉전체제 종식, 즉 평화체제 수립을 언급한 바 있다. 10월 12일 북미공동코뮤니케에서는 "앞으로 과거의 적대감에서 벗어난 새로운 관계를 수립하기 위하여 모든 노력을 다할 것이라는 공약을 확언"하고 북한은 "새로운 관계 구축을 위한 또 하나의 노력으로 미사일 문제와 관련한 회담이 계속되는 동안에는 모든 장거리 미사일을 발사하지 않을 것이라는 데 대하여 미국측에 통보"하고 있다. 결국 1990년대를 거치면서 미국의 대북 국가이익이 비핵화와 동시에 북미 간 새로운 관계수립에 조금 더 접근하고 있었다는 점을 알 수 있다.

2001년 9 · 11 테러는 많은 것을 변화시켰다. 역사상 최초로 미국 본토에 대한 군사공격을 받은 미국의 부시대통령은 아프가니스탄, 이라크를 공격했으며 이 과정에서 이라크, 이란과 함께 북한을 "악의 축" 국가로 명명하였다. 부시대통령은 2002년 1월 29일 상하 양원 합동회의 연설에서 대량 파괴무기 개발을 시도, 세계 평화를 위협하는 악의 축 국가에 북한을 포함시킨 것이다. 북한이 "인민을 굶주리게 하면서 미사일과 대량살상무기로 무장하고 있는 나라"이며 이란, 이라크와 함께 대량 파괴무기 개발을 시도하고 테러를 지원함으로써 미국과 동맹국의 안보를 위협하고 있다고 인식함에 따라 미국의 대북 국가이익은 북한의 비핵화는 물론 북한을 압박하여 변화시키는 것으로 변모한 것이다. 또한 부시정부는 북한 정권과 주민의 분리를 통한 북한 인권의 증진을 언급하여 북한에 대한 미국의 이익에서 북한의 인권증진 또한 중요한 목표로 부상하게 되었다.

이후 2002년 10월 3일 제임스 켈리 미국 대표단장의 방북에서 우라늄 농축 의혹이 불거지고 2차 북핵 위기가 시작되면서 미국의 대북 이익은 북한의 비핵화와 핵확산 방지에 모든 강조점이 놓이게 된다. 노무현 정부가 들어서고 북미 관계에서 관계 재설정이 완전히 무시된 것은 아니다. 노무현 대통령과 부시 대통령은 2006년 11월 18일 하노이에서 정상회담을 했고, 이 자리에서 부시 대통령은 "북한이 핵을 포기하면, 종전선언과 평화조약을 체결할 용의가 있다"고 언급하기도 한 것이다. 그러나 이후 한미 간에 구체적인 종전선언에 대한 토론과 합의가 난관에 봉착하고 부시 정부의 대북 정책은 주로 비핵화에 초점을 맞추게 된다.

2006년과 2009년의 북한의 1, 2차 핵 실험은 오바마정부가 북한과 비핵화 협상을 하는데 큰 난관으로 작용했고, 6자 회담 역시 사실상 재개가 어려운 상태로 접어들었다. 미국은 북한에 대한 강력한 경제제재를 통해 북한의 비핵화를 추동하면서 중국과 협의를 계속하는데 치중했다. 2013년 6월 오바마 대통령과 시진핑 주석은 미중 간 소위 신형대국관계의 수립에 합의하고 양국의 핵심이익을 상호존중하면서 윈윈의 관계를 추구해나가기로 하였다. 이 과정에서 북핵 문제의 해결은 양국의 공통 관심사로 완전한 비핵화와 북미 간 새로운 관계 수립이 중요한 목표로 설정되었다. 북한이 사실상의 핵무기 국가가 되고 미사일 능력도 점차 발전하면서 미국의 대북 국가이익은 완전한 비핵화와 이를 위한 국제적 공조체제 마련으로 방향이 잡힌다. 그러나 오바마정부 기간 북미 간의 협상은 거의 나아가지 못했고, 미국의 대북 국가이익은 비핵화를 넘어 보다 적극적인 이익을 추구하는데 많은 한계를 보이게 된다. 북한 또한 2011년 12월 김정일의 사망과 김정은 위원장의 집권이라는 전환기에 접어들었기 때문에 대미 협상에서 큰 진전을 이루기는 어려운 시기였다.

김정은 위원장의 집권이 어느 정도 공고화되면서 북한은 핵, 미사일 능력 제고를 위한 노력을 가속화하였고 이 과정에서 북미 관계는 급속히 냉각된다. 미국은 변화하는 국제정세 속에서 외교정책의 변화를 도모하게 되고 특히 트럼프정부의 등장으로 미국의 대북 국가이익은 새로운 국면으로 접어들게 된다.

Ⅲ. 미국의 세계전략과 북한 문제를 둘러싼 국제적 맥락의 변화

냉전기와 탈냉전기를 통해 미국은 자유진영과 전 지구적으로 패권의 지위를 가지고 있었다. 냉전기에는 자유진영 국가들에 대해 강력한 영향력을 발휘하여 소위 자유주의 국제질서의 기초를 놓았다. 공산진영에 대항하기 위한 전 지구적 군사동맹체제를 추구하였고 경제적으로는 소위 브레턴우즈체제에 기초한 자유주의 국제경제질서를 확립하였다. 이념적으로도 인권과 민주주의의 모범 국가로 자리 잡았고 다른 국가들의 민주주의 고양에 일정 부분 공헌하였다. 그러나 이러한 질서가 그 자체로 완전한 것은 아니었나. 동맹은 동맹국들 간 내부 갈등으로 지속적인 조정을 필요로 하였고 자유주의 경제 질서 역시 미국의 경제력이 약화되었을 때 일방적인 재조정을 단행하여 동맹국들의 공헌과 헌신을 요구했다(Mastanduno 2009). 인권 부분에서도 냉전 수행을 위해 권위주의 정권을 지지하거나 쿠데타를 지원하는 등의 외교정책도 부분적으로 수행하였다.

무엇보다 냉전기 미국 외교정책의 핵심은 공산권 국가들과의 대결 속에서 군사적 방어와 억지를 달성하는 것이었다. 그러나 중요한 부분에서 공산권 국가들, 특히 소련과의 협력을 완전히 배제한 것은 아니었다. 핵무기 기술이 점차 확산되면서 1960년대 국제연합의 안보리 상임이사국을 제외한 국가들이 핵무기 기술을 점차 취득하게 되었다. 핵확산이 지속될 경우 전 세계가 핵전쟁의 위험에 더 많이 노출되고, 이미 핵을 가지고 있는 핵무기 국가들의 독점적 지위가 흔들릴 것을 우려하는 것은 미소 모두가 가지고 있는 이익이었다. 1968년에 핵확산금지조약(NPT)이 타결되고 1970년에 비준이 완료되면서 기존의 핵국가들은 핵무기를 보유하고 비핵국가들은 원자력 발전의 능력은 허용하되 핵무기를 보유하는 것을 금지하게 된 것이다.

탈냉전기는 미국의 단극체제로서 미국이 구 공산권을 비롯한 세계 모든 분야에서 압도적인 리더십을 행사하게 되었다. 미국은 전 세계 군사비의 40% 안팎의 군사비를 지출해왔고 경제적으로도 30%에 달하는 비중을 유지해왔다. 중국의 경제적 부상이 강화되면서 경제력에서의 비중은 줄어들었지만 여전히 군사적 리더십은 자국의 군사력과 동맹체제로 유지되고 있다고 볼 수 있다.

1991년 소련의 붕괴로 미국의 단극체제가 시작되었다면 2020년 코로나 사태로 팬데믹의 위기를 겪으면서 미국의 리더십은 눈에 띄게 약화되고 있는 모습이다(Brands and Gavin 2020). 미국이 다른 국가들에 비해 월등한 힘을 가진 국가로서 단극체제를 이루었지만 그렇다고 자동적으로 세계질서에서 패권국가가 되는 것은 아니다. 패권은 국제질서의 모든 부분에서 규범과 규칙을 생산하고 강제하여 다른 국가들의 행동을 통제할 수 있는 국가를 의미한다. 미국이 다른 국가들에 비해 월등한 힘을 갖추고 있기 때문에 탈냉전 30년의 질서를 단극체제라고 부르는 것은 큰 문제가 없다. 그러나 미국이 세계질서의 각 부문에서 다른 국가들을 충분히 통제할 능력을 갖추었는가는 여전히 부족함이 있다. 따라서 패권적 단극체제의 모습과 비패권적 단극체제의 모습을 함께 가지고 있는데, 특히 21세기에 들어오면서 패권적 능력은 약화되었다고 본다.

패권적 단극체제를 이끄는 미국이라 하여도 세계의 모든 중요한 국제정치적 사건에 대한 통제력을 가질 수 있는 것은 아니다(Fettweis 2017). 1990년대 쿠웨이트 전을 시작으로 미국은 중동에 일정 부분 개입하였고, 소말리아 사태나 코소보 사태 등 중요한 내전에도 개입하였다. 그러나 르완다 사태나 보스니아 사태, 다르푸르 사태 등 많은 희생자를 낸 내전에 대한 개입은 한계를 보였다. 단극 국가라 하여도 세계의 모든 일에 대한 통제력을 발휘하는 데에는 한계가 있었던 것이다(Lobell 2000).

탈냉전 30년 동안 미국은 역사상 유례가 드문 세 번의 위기를 겪었다. 2001년의 9 · 11 테러사건과 2008년 경제위기, 그리고 2020년의 코로나 사태이다. 이 위기들은 냉전기와는 비교할 수 없는 정도의 큰 사건으로 미국은 최초로 본토에 대한 군사공격을 받았고, 1929년과 비교될 수 있는 정도의 경제위기를 겪었으며, 이미 2차 세계대전에서 희생된 인명보다 더 많은 인명을 빼앗아간 코로나 사태를 겪고 있는 중이다. 이들 위기는 단순한 사건들이라기보다는 탈냉전기 미국의 세계질서 운영과 긴밀히 결합되어 있는 구조적인 사건들이다.

9 · 11 테러는 미국의 세계질서에 대해 근본적인 반감을 가지고 있는 이슬람 극단주의자들의 소행이지만 미국의 세계운영, 특히 중동정책에 대해 반감을 가지고 있는 중동인이 매우 광범위하다는 사실을 보여주었다. 중동은 냉전기에 미소의 개입으로 지역 내부의 문제들은 비교적 표출되지 못한 채 억압되어 있었지만, 미국 단극체제에 접어들면서 많은 문제들을 겪게 된다. 탈냉전 초기 이라크의 쿠웨이트 침공을 시작으로 이스라엘과 이슬람권의 대립, 이란의 지역 패권 추구를 둘러싼 지정학 문제, 원유를 둘러싼 강대국의 각축, 그리고 국가들 내부의 종교와 민족 문제 등 많은 문제들이 표출되었다. 문제는 이러한 지역질서에 대한 외부 개입이 미국 중심으로 이루어질 수밖에 없고 단극체제에서는 미국에 대한 불만이 축적될 수밖에 없다는 것이다. 특히 9 · 11 테러 이후 미국은 이라크를 침공하여 단기간에 전투에서 승리를 거두었지만 이후 이라크의 수니파들과 기존 후세인 정권 지지 세력 등이 이슬람 근본주의자들과 연계되어 소위 이슬람국가(IS)를 만들어 이후 10년에 걸친 기간 동안 중동의 질서를 크게 흔들었다. 미국은 역사상 가장 긴 전쟁을 수행 중이며 많은 비용을 들이는 소위 끝나지 않는 전쟁을 수행하면서 정책자원을 고갈해왔다(Mearsheimer and Walt 2009). 부시 행정부는 테러에 대한 대응에서 단순히 미국의 안보를

위한 정책을 넘어 민주주의의 확산과 미국 우세전략의 강화라는 과도한 공세적 정책을 추진하였고 그 결과 미국의 중동 개입, 군사예산 과도 지출 등의 문제를 안게 되었다(Mearsheimer 2019).

2008년의 경제위기는 1990년에 시작된 미국의 세계경제운영전략, 즉 워싱턴 컨센서스를 축으로 한 신자유주의 세계화의 영향이라고 할 수 있다. 경제위기에는 많은 원인이 있지만 미국은 단극체제의 정치적 환경을 배경으로 세계 모든 지역에 미국 자본, 특히 금유자본의 활동을 보장하는 경제체제를 만들었고, 그 결과 미국은 금융자본의 이익을 기반으로 부를 누릴 수 있었다(Cunliffe 2020). 결국 과도한 금융투자가 불러온 서브모기지 사태로 금융위기가 시작되었고 금융 세계화의 구조적 조건 속에서 위기는 전 세계로 퍼져나갔다. 이미 1980년대에 시작된 신자유주의 경제로 미국은 상당한 빈부격차와 경제문제에 시달리고 있었기 때문에 경제위기의 여파는 컸고 오바마정부는 경제위기 해결을 위해 많은 정책 자원을 소진해야 했다.

코로나 사태는 한편으로는 미국 내 보건시스템의 문제점을 드러낸 점도 있지만 이와 더불어 이미 악화된 미국 내 빈부갈등, 그리고 이와 결합된 인종갈등, 코로나 사태 해결책을 둘러싼 미국의 정치 양극화 등 훨씬 구조적 문제들을 표출하였다. 트럼프 대통령은 재선을 앞두고 정치적 이익을 위한 대응에 치중했고 그 결과 초기에 코로나 사태를 봉쇄할 수 있는 적절한 정책을 추진하는데 한계를 보였다는 비판에 시달리게 되었다. 또한 미국은 코로나 사태가 전 세계적으로 확장되면서 국제적 보건 공공재를 제공해야 하는 책임을 요구받았지만 이미 자리잡은 미국 우선주의와 다자주의 약화 경향 속에서 지구적 리더십을 발휘하는데 큰 한계를 보였다. 오히려 중국의 영향력을 비판하면서 팬데믹 대응에 핵심적인 세계보건기구(WHO)에서 탈피하고 중국에 대한 정치적 비판에 치중하는 등 미국의 리더십은 매우 약화되었다.

이러한 탈냉전기 미국 리더십의 약화는 한편으로는 미국의 외교정책상의 문제점에서 비롯되기도 하지만 다른 한편으로는 단극체제의 구조적 요건에서 비롯되는 바가 크다. 그간 미국의 대외전략의 문제점을 비판할 때 각 행정부별 전략적 문제점에 대한 비판이 대종을 이루었다. 1990년대 클린턴 정부는 정보화의 흐름 속에 미국의 경제력을 발전시켰지만 세계 곳곳의 내전과 중국의 부상 등 핵심적인 외교 사안에 대해 소극적 태도로 일관했다는 비판을 받았고 부시 정부는 과도한 우세전략과 공세적 외교정책으로 미국의 국력을 소진했다는 비판에 시달렸다. 오바마정부는 이미 약화된 미국의 국력에 기초한 외교정책을 펴야했는데 소위 아시아 중시정책(pivot to Asia)을 추진했지만 중동 문제에 시달리면서 아시아에서 정책목표를 달성하지 못했고 오히려 중국의 영향력 증대를 방관하는 결과를 초래했다고 비판받았다. 트럼프정부는 기존의 미국 정부들과는 매우 다른 외교정책을 추진했는데 미국의 이익을 우선하는 정책을 표방하고 동맹들을 경제적으로 압박하며 미국의 경쟁국인 러시아에 대한 견제를 약화시키는 문제를 보였다고 비판받았다. 중국에 대한 무역분쟁으로 경제적 이익을 도모했지만 사실 별다른 성과를 거두지 못한 채, 미국의 경제적 근본능력 제고에는 성공을 거두지 못했다는 비판도 비등하고 있다.

그러나 더욱 큰 문제는 단극체제의 구조적 문제라고 할 수 있다. 단극체제에서 강대국들 간의 전쟁은 방지되고 국가들 간 평화가 고양되는 것은 사실이다. 미국이 다른 국가들에 비해 월등한 군사력을 소유하고 동맹 네트워크도 확실하게 유지하기 때문이다. 현재까지 중국의 부상과 러시아의 도전에도 불구하고 미국의 군사적 우위는 상당 기간 지속될 것으로 전망된다. 그렇다고 단극체제가 평화로운 것은 아니다. 미국의 개입에는 한계가 있기 때문에 강대국이 아닌 중견국과 약소국은 자국의 이익을 확보하기 위해 군사력 사용을 추구하는 경향이 강하다. 냉전기에는 전 지구적 경쟁체제하에서 미국과 소련이 높은 수준의 개입을 유지했지만 미국 단극체제에서 미국은 세계 모든 분쟁에 개입하는데 한계를 가지고 있기 때문이다. 더 나아가 내전에 대한 개입은 많은 부담을 지게 한다. 탈냉전기 내전의 추이는 1990년대에 상당히 축소되었지만 21세기에 들어와 중동, 아프리카를 중심으로 빠른 확산세를 보인 바 있다(Monteiro 2012).

미국의 세계질서에 불만을 품고 있는 소위 불법국가들의 도전도 주목해야 한다. 대표적인 예가 북한으로 북한은 미국 중심의 단극체제하에서 생존을 위해 핵무기 개발에 치중하는 전략을 채택하였다. 단극체제하에서 미국의 대북 적대시 정책이 강화되었고 한국이 소련, 중국과 수교하면서 외교적으로도 불리한 입장에 처해있다고 판단했기 때문이다. 이란 역시 미국이 지원하는 이스라엘의 세력이 확장되고 이란에 대한 제재가 강화되고 있다고 판단하여 핵프로그램을 가동하였고 그 결과 2015년 이란 핵협정이 타결된 바도 있다. 단극체제하에서 미국에 적대적인 국가는 미국에 대한 비판을 강화하면서 세계질서에 도전을 시도하는 경향이 강해지는 구조적 특성이 있다고 할 수 있다.

단극체제 주도국인 미국에 대해 가중되는 압박에 대한 하나의 시도는 트럼프 대통령의 미국 우선주의라고 할 수 있다. 이미 미국 내에서는 세 번의 위기를 거치면서 지구적 개입에 대한 상당한 비판이 싹트고 있었고, 특히 밀레니얼 세대를 중심으로 한 단극체제하 미국의 개입 피로 현상이 두드러졌다. 트럼프 대통령은 기존의 정치인들이 중산층 몰락을 좌시했고 과도한 개입으로 미국의 국력을 소진하고 있다고 비판했다. 이러한 비판은 많은 공감을 불러일으켰고 미국 우선주의의 강화로 이어졌다. 문제는 이러한 트럼프 대통령의 비판이 적절한 정책으로 이어지지 못했다는 것이다. 트럼프 대통령은 경제발전을 위해 중국에 대한 압박, 동맹국의 부담 증가 요청, 기존의 다자주의 질서를 이끌어 온 국제기구 비판 및 탈퇴 등의 행보를 보였지만 결국 동맹국들이 미국에 대한 지지를 상당부분 철회하고 중국도 국제질서에서 더 많은 리더십을 발휘하는 등 소위 미국 고립현상을 초래했다는 비판에 시달렸다.

이에 대해 바이든 당선인은 미국의 문제에 공감하면서도 단극체제하에서 새로운 리더십을 회복하는 비전을 내세워 대통령에 당선되었다. 바이든 당선인은 미국이 보건위기, 경제위기, 인종문제 등 정치위기를 겪고 있다고 진단하면서 세계의 다양한 폭력사태, 테러의 위협, 그리고 중국과 러시아 등 전략적 경쟁국의 도전을 해결해야 한다는 문제의식을 제시하였다. 이를 해결하기 위해 다자주의와 동맹 강화를 주된 정책

수단으로 제시하였고 이익을 위한 협력을 넘어서는 가치와 규범을 위한 협력으로 미국의 리더십을 강화한다는 전략을 추구할 것으로 보인다. 문제는 이러한 바이든정부의 정책이 과연 단극체제를 회복하고 미국의 패권적 리더십을 부활하는데 어느 정도 성과를 거둘 수 있는가 하는 점이다. 이미 오바마정부 때부터 미국의 세계적 리더십은 약화되었고 미국이 추구할 수 있는 정책은 세계적 차원의 후퇴(retrenchment)와 주요 지역인 아시아에 대한 집중, 아시아 피봇 정책이라고 논의된 바 있다. 오바마정부 당시 부통령이었던 바이든은 이러한 사실을 잘 알고 있기에 향후 미국이 어느 정도의 리더십을 발휘할 수 있는가가 관건이라고 할 수 있다.

Ⅳ. 미중 경쟁의 격화와 한반도

중국의 빠른 경제적 성장과 군사력 발전으로 미국은 중국을 전략적 경쟁자로 규정하고 있다. 미국은 탈냉전기 핵심적인 국가이익으로 본토의 보호, 테러 문제 해결, 중동으로부터 원유 수급 확보, 핵 비확산 등을 들고 있었지만 점차 중국, 러시아 등 전략적 경쟁자로부터 미국 이익 보호가 중요한 핵심이익으로 등장하고 있다. 이미 코로나 사태의 영향으로 2020년대 말쯤이면 미중 간 명목 GDP의 역전이 일어날 것이라는 전망이 강화되고 있고, 중국의 군사력 증강도 빠른 속도로 이루어지고 있다.

중국은 매년 10% 안팎의 군사비 증강을 해왔고 현재 미국의 1/3에 해당하는 군사비를 지출하고 있다. 그러나 중국의 군사비 공표가 매우 보수적인 점과 아시아에 집중한 미중 간 군사력 대비는 중국에 훨씬 유리한 바, 미중 간 군사력 격차도 공식적인 지표들보다는 훨씬 적은 것으로 평가할 수 있다. 무기체계나 군사기술 면에서도 미국은 중국을 압도하고 있었지만 2010년대에 들어와서는 중국의 빠른 추격이 이루어지고 있다. 중국은 원양 해군력 투사가 가능한 항공모함을 2척 건설하여 이미 실전에 투입하였고 세 번째 항공모함도 2020년대 중반 이전 실전배치한다는 계획을 가지고 있다. 항공모함을 통한 원거리 투사가 가능해지면 남중국해에서 미중 간 군사력 경쟁 양상이 바뀔 뿐 아니라 아시아를 넘어 중국의 군사전략도 가능할 것으로 예상된다.

현재까지 미국의 우세는 강력한 군사력에 기인한 바가 크고, 전략적 선택은 과연 이러한 군사적 우위를 바탕으로 중국의 경제력 증강과 영향력 증대를 어느 정도 용인할 것인가 하는 점이었다. 미국이 군사적으로 우세를 점하는 동안 중국이 경제적, 외교적 영향력이 강화되어도 중국이 지역 패권국으로 등장하고 결국 미국의 패권에 도전하는 것은 막을 수 있다는 전망이 존재했다(Mearsheimer 2001). 미중 간 핵억지가 성립되어 있는 상황에서 전면전은 생각할 수 없고 미국이 지역의 국지전에서도 압도적 군사력을 유지할 수 있다면 중국의 경제적 강화가 미국 단극체제에 큰 도전 요인이 되지 않는다는 판단이다(Monteiro 2014).

그러나 2013년 시진핑 정부가 출범하면서 중국은 비단 경제력 증강뿐 아니라 군사력 증강에도 힘을 기울여왔다. 소위 강군몽을 목표로 중국의 군사개혁과 무기 체계 향상, 그리고 군사전략에서 미국의 영향력 감소를 추구하는 노력을 기울이고 있다. 중국의 군구체계를 개편하는 한편, 군사현대화를 통해 싸워서 이길 수 있는 첨단 군사력 확보를 목표로 하고 있다. 아시아에서 미국의 군사적 영향력을 억제하기 위해 도련선 전략과 함께 반접근지역거부 전략을 추진하고 있으며 이러한 전략이 완성되면 대만, 한반도, 동중국해, 남중국해 등 현재의 소위 핵심충돌지점(hot spot)들이 모두 중국의 영향권에 들어갈 수 있는 것이다(Liu 2020).

미래의 전쟁은 4차 산업혁명 기술이 좌우할 것으로 예상되기 때문이 미중 경쟁은 비단 경제력의 경쟁이 아니라 기술의 경쟁 양상을 띠고 있다. 무인전투기술을 기반으로 드론, 로봇, 양자컴퓨팅, 전자기전투력, 우주전투력, 사이버전력 등이 중요한 전력으로 등장하고 있는 상황에서 중국의 기술투자 역시 빠른 속도로 확대되고 있다.

이와 같이 미래의 군사력 균형에서 미국이 압도적 우세를 장담할 수 없는 가운데, 미중 간 경쟁은 경제, 군사, 정치, 문화, 사회 전역에 걸쳐 시작된 상황이다. 트럼프정부는 중국을 전략적 경쟁국으로 정의하고 중국에 대한 거센 무역분쟁을 실시하였고, 2020년 1월 15일 1단계 무역협상을 타결했지만 실행여부와 향후 미중 간 협력 가능성은 여전히 미지수이다. 중국은 2020년 5월 소위 쌍순환 전략을 통해 내수시장을 확보하고 중국 중심의 자체 완결된 생산망을 건설하며 대외적으로 경제네트워크를 강화, 확대한다는 전략을 내세우고 있다.

미중 간의 경쟁은 양자 간 국력 경쟁의 양상에서 협력과 동맹 네트워크, 그리고 지구적 거버넌스의 경쟁으로 확대되고 있다. 시진핑 주석은 일대일로 전략을 통해 중국의 경제적 영향력을 세계적으로 확장하고 있고 점차 일대일로의 영향력을 안보화하여 미중 간 군사경쟁에도 대비하고 있다. UN 등 중요한 국제기구에서 영향력도 확장하여 미국의 지구적 리더십 공백을 메우는 전략도 추진하고 있다.

바이든 대통령은 중국을 전략적 경쟁자로 상정한다는 점에서 트럼프 정부의 정책과 동일선상에 있다. 중국의 경제력 증강과 군사력 향상이 결국 미국의 이익에 위협이 되며, 중국은 기존의 규범과 규칙을 저해하면서 경쟁하고 있기 때문에 중국에 대한 견제가 불가피하다고 상정하는 것이다(Ratner 2020). 그러나 비확산, 보건, 환경 등 미중이 공유하고 있는 문제에 대해서는 협력이 가능하다는 점을 인정하고 있다. 경쟁과 협력이 공존하는 미중 관계를 만들어간다는 것이다. 여기서 중요한 점은 비확산 문제에서 미중 간 이익이 합치하는 이슈들 중 하나가 북핵 문제라는 점이다. 중국은 북핵이 지역안정과 중국의 국가이익을 침해하는 이슈라고 보고 그간 UN 중심의 대북 경제제재에 참여해왔다. 미국 역시 북한 비핵화에 중국의 참여와 지지가 필수적이라는 사실을 이해하면서 중국과 협력을 추진해왔다. 북핵 문제가 미중 간 협력을 통해 해결되면 그 자체로 한반도의 평화를 위해 좋은 점이기도 하지만, 북핵 문제 해결과정을 통해 미중 간 협력의 성공 사례가 정착되고 확장되는 계기를 마련할 수 있다면 이는 미중 관계 전반, 그리고 한국의 외교환경에 긍정적인 요소가 될 것이다.

V. 미국의 대북 국가이익 내용

1. 북한의 군사력에 대한 한국의 방어 및 억지, 동맹국 일본의 방어

미국은 한국전쟁의 당사자로 여전히 북한과 정전상태에 있다. 따라서 북한으로부터 무력 공세에 대해 방어와 억지를 주된 목적으로 한다. 미국은 한미동맹을 맺은 이후 현재까지 한국과 일본 등 동맹국에 대한 방어와 억지를 가장 중요한 목적으로 삼아왔다. 미국은 매년 열리는 국방장관의 한미안보협의회의를 통해 한국에 대한 억지력 제공을 중요한 미국의 이익으로 공표하고 있다. 2020년 10월 14일에 공표된 52차 연례협의회의 공동성명은 이러한 내용을 확인하고 있다. 즉, "한미동맹이 강력하다고 평가하며, 한미상호방위조약에 따라 합의된 대한민국을 방어한다는 연합방위에 대한 양국 상호간의 공약을 재확인"하고 있다. 또한 "한반도와 동북아 평화와 안정의 핵심축 한미동맹을 상호보완적이고 미래지향적으로 지속 발전시켜 나가기로 하였다"고 천명하면서 "한미관계의 기반인 자유, 민주주의, 인권, 법치 등 공동의 가치와 미래 국방협력, 상호 신뢰 등을 더욱 증진시켜 나갈 것임"을 밝히고 있다. 이 과정에서 주한미군의 지속적인 주둔과 역할이 중요한데 미국은 "한반도에서의 무력분쟁 방지와 동북아 지역의 평화와 안정 증진에 중요한 역할을 지속 수행"하고 "핵, 재래식 및 미사일 방어능력을 포함한 모든 범주의 군사능력을 운용하여 대한민국에 확장억제를 제공할 것"이며 "한미동맹의 억제태세를 제고하고 맞춤형 억제전략을 이행하기 위한 방안들"을 발전시켜 나가기로 하였다.

2. 북한의 비핵화와 세계적 확산 방지

북한에 대한 전쟁억지와 더불어 미국은 북한의 비핵화를 무엇보다 중요한 목적으로 내세우고 있다. 미국은 제네바 합의에서도 북한의 핵프로그램 완전 종결을 목적으로 하였고, 이후 2006년 북한이 첫 핵 실험을 한 이후, 완전하고 검증가능하고 불가역적인 비핵화, 소위 CVID를 가장 중요한 미국의 국가이익으로 상정하였다. 이후 오바마정부와 트럼프정부를 거치면서 표현은 달라졌지만 북한의 완전한 비핵화라는 목적에는 변함이 없다. 특히 북한의 핵, 미사일 능력이 향상되어 북한이 대륙간탄도미사일과 잠수함발사탄도미사일을 개발하고, 핵탄두의 대기권 재진입기술까지 개발하고 있는 것으로 알려지면서 미국은 북한의 핵무기가 미국의 본토안보를 위협하는 요인이라고 인식하게 되었다.

가장 최근의 최상위 문서로 트럼프정부는 2017년 국가안보전략(National Security Strategy)을 발간했는데 여기서 총 15회 북한이 언급된다(The White House 2017). 여기서 미국은 "북한이 수백만 명의 미국인을 핵무기로 죽일 수 있는 능력을 추구"한다고 언급하면서 "북한과 같은 국가가 미국에 대해 핵무기를 사용할 가능성이 가장 높은 국가"라고 인식하고 있음을 보이고 있다. 따라서 "미국은 미사일 공격으로부터 본토를 방어하기 위해 북한과 이란에 초점을 맞춘 다층 미사일 방어 시스템을 배치"하고 있다고 지적하고 있다.

북한의 핵위협은 비단 미국과 동맹국에 대한 구체적인 안보위협일 뿐 아니라 핵, 미사일과 같은 대량살상무기의 확산이라는 점에서 더

문제가 되고 있다. 실제로 미국은 2차 북미 정상회담을 앞두고 핵과 미사일뿐 아니라 생화학 무기의 완전 제거까지도 협상의 조건으로 내세우고 있다. 이는 대량살상무기의 확산을 막아 세계안보를 보전하면서 미국에 대해 위협을 가할 수 있는 테러세력이 대량살상무기를 획득할 기회를 줄이는 것을 목표로 하고 있다. 앞서 언급한 국가안보전략서에서 백악관은 "동북아에서 북한 정권은 사이버, 핵, 탄도 미사일 프로그램을 빠르게 가속화"하고 있고, 이는 "글로벌 대응이 필요한 글로벌 위협"이라고 정의하고 있다. "핵으로 무장한 북한은 인도-태평양 지역과 그 너머에 걸쳐 세계에서 가장 파괴적인 무기의 확산"을 도모할 수 있기 때문에 미국은 동맹국과 함께 인도-태평양, 더 나아가 전 세계에서 협력하는 것이 중요하다고 언급하고 있다. 따라서 북핵 문제는 동북아시아에 국한된 문제가 아니라 전 세계에 걸친 안보위협이라고 미국이 인식하고 있음을 알 수 있다.

3. 북한 인권문제의 해결

북한의 인권문제 역시 미국의 세계전략과 긴밀하게 연결되어 있는 부분이다. 미국은 인권의 증진과 민주주의 확산을 미국 외교정책의 중요한 목표로 내세워왔다(연응진 2017). 물론 행정부의 성격에 따라 강도를 달리하고 상황과 적용 지역에 따라 편차는 있지만 독재에 대한 반대는 미국 외교정책을 규정하는 하나의 특징이다. 특히 9 · 11 테러 이후 미국은 중동에 대한 개입을 민주주의 확산의 관점에서 바라보고 있으며, 이슬람 근본주의의 확산, 테러집단의 재생산이 국가의 실패,

혹은 민주주의의 결여에서 비롯된 현상으로 진단했다. 이러한 전략은 북한에 대해서도 적용되었다. 미국은 북한을 1970년 테러지원국으로 지정하였는데, 당시 일본 민항기를 납치한 일본의 적군파 요원들에게 은신처를 제공한다는 이유였다. 이후 미국은 북한이 테러와 연관된 지속적인 활동을 하고 있다고 보고 북한을 테러지원국 명단에서 삭제하지 않고 있다. 2008년부터 2017년까지 북한은 테러지원국 명단에서 제외되어 있었지만 다시 지정되었고, 북한이 테러지원국에 포함되고 적성국 교역법의 제한을 받는 이상 미국과의 정상적인 교역관계는 불가능한 상황이다. 트럼프정부의 국가안보전략서 역시 이러한 인식을 재확인하고 있다. 즉, "북한이 인간의 존엄성을 고려하지 않고 무자비한 독재를 시행하고 있다"고 언급하고 있다.

4. 미중 전략 경쟁 속 북중 결속의 방지

마지막으로 미중 전략 경쟁이 가속화되는 시기에 북중 동맹의 결속 및 북중 관계 강화를 막는 것도 미국의 국가이익이라고 할 수 있다. 미국은 중국과 협력하여 북한의 비핵화를 방지하는 것이 중요한 목표라고 천명하고 있다. 스티브 비건 국무부 부장관은 2020년 7월 트럼프정부의 외교정책을 설명하면서 대중 견제를 중요한 목표로 제시하고 있다. 중국은 미국 주도의 자유주의 국제질서를 저해하는 세력으로 경제적 강압 수단을 사용하여 미국과 동맹국들에 대해 공세적 외교를 펴고 있으므로 모든 수단을 사용하여 이를 막아야 한다는 것이다. 그러나 중국과 협력이 가능한 분야에서 협력의 가능성도 언급하고 있다. 대표적으로 북핵 문제를 예로 들어 미중 간 협력 속에 북핵 문제 해결이 필요하며 북한의 비핵화로 한반도의 안정과 평화를 유지할 수 있음("a denuclearized North Korea to ensure peace and stability on the Korean Peninsula")을 강조하고 있다.[2)]

그러나 북핵 문제에서 항상 중국이 도움이 되는 것은 아니다. 미국은 중국이 북한에 대해 전격적인 경제제재를 추구해야 하는 국가임에도 불구하고 다양한 수단으로 제재를 우회하는 대북 협력을 하고 있다고 비판하고 있다. 일례로 2020년 12월 1일 전략국제문제연구소(CSIS) 세미나에서 알렉스 웡 국무부 대북특별부대표는 "중국의 대북 제재 불이행과 관련, 중국이 유엔 금지령을 위반해 최소 2만 명의 북한 노동자를 계속 수용해왔으며 지난해 미국은 555차례에 걸쳐 북한에서 중국으로 금지된 석탄이나 기타 제재 물품을 운반하는 선박을 목격"했다고 밝히고 있다. 또한 중국 내에 현재 북한의 대량살상무기 프로그램이나 은행과 관련된 북한 대표단 수십 명이 머무르고 있다고도 밝히고 있다.[3)]

북중 간 협력관계는 북중 동맹관계라는 특수성에서 비롯되지만 김정은 위원장이 2018년 6월 싱가포르 합의를 앞두고 시진핑 주석과 두 번이나 정상회담을 함으로써 더욱 공고해졌다. 이후에도 시진핑 주석은 2019년 6월 12일 14년 만에 중국 주석으로 북한을 방문하여 북중 정상회담을 개최하였다. 북중 양국은 심각하고 복잡한 국제정세의 변화

---

2) Written Testimony of Deputy Secretary of State Stephen E. Biegun U.S. Policy Toward China United States Senate Committee on Forcign Relations. July 22, 2020.

3) 연합뉴스, "미국 "중국, 대북 제재 의무 위반"…중국, 제재 완화 촉구" 2020. 12. 2. https://www.yna.co.kr/view/AKR20201201194153071.

에 발맞추어 밀접한 교류와 정치적 신뢰를 지속하기로 하고 전략적 소통을 강화하여 중요한 문제에 대해 지속적으로 의견을 나누기로 하였다.

미국은 싱가포르 북중 정상회담 전후, 그리고 하노이 회담 결렬 이후 이루어진 북중 관계 강화의 흐름을 보면서 북핵 문제 해결에 관해 중국의 영향력이 강화되고 궁극적으로 한반도에서 중국의 입김이 세지는 것을 막고자 한다. 북한이 경제적 고난 속에 비핵화 노력을 기울여 북미 간에 새로운 관계를 설정하고 교류, 협력을 강화하는 것이 미국에 도움이 되는 반면, 핵문제로 인한 국제사회의 대북 경제제재를 중국의 힘으로 우회하여 사실상의 핵무기 국가로 존속하는 것은 미국의 이익에 어긋나기 때문이다. 더 나아가 미래의 미중 전략 경쟁 구도 속에서 북한에 대한 중국의 군사적 영향력이 강화하여 북한의 항구나 기지 사용, 한국에 대한 군사적 공세 등이 현실화되면 미국으로서는 치명적인 어려움을 겪을 수 있다.

VI. 미국의 대북 국가이익 분석

1. 미국의 소극적 이익과 적극적 이익

미국이 북한에 대해서 가지는 국가이익은 적극적 이익보다는 소극적 이익이 크다. 미국은 한국과 일본 등 미국의 동맹국에 대한 북한의 군사적 공세를 막고 북중 간의 관계 긴밀화를 최대한 방지하여 미국의 지정학 이익이 악화되는 것을 막고자 한다. 북한의 완전한 비핵화가 실현되어도 한국과 일본에 대한 핵 확장억지는 핵 국가인 중국을 잠재적 위협으로 생각한다면 여전히 지속해야 할 미국의 의무일 것이다. 만약 중국의 핵 능력이 여전하거나 증가되는 상황에서 한국과 일본에 대한 핵 확장억지를 철회한다면 한일 양국은 결국 독사적 핵무상을 수상하게 될지도 모른다.

북한의 핵확산을 막는 일 또한 매우 중요한 일이다. 미국을 공격할 수 있는 테러집단에게 북한의 핵기술이나 핵물질이 이전되는 일은 국가안보 사안이다. 또한 이란이나 시리아 등 미국의 이익과 부합하지 않는 세력들에게 북한의 군사기술이 이전되는 것 역시 미국으로서는 반드시 막아야 할 일이다.

그러나 이러한 이익은 적극적 이익이라기보다는 실현되더라도 현상을 유지하는데 주로 영향을 미치는 소극적 이익이라고 할 수 있다. 북한이 비핵화되는 과정에서 과연 적극적 이익을 미국에게 줄 수 있을지는 매우 중요한 문제이다. 현재 북한의 비핵화 이후를 두고 북미 간에 기본적인 대화는 존재한다. 트럼프 대통령과 김정은 위원장은 싱가포르 정상회담의 합의문으로 북미 간에 새로운 관계를 추진할 것을 약속하였으며 미국은 비핵화된 북한에게 경제적 지원을 제공하고 북미 간에 경제교류, 협력 관계를 추진할 의사를 지속적으로 내비치고 있다.

이러한 북미 간 관계 설정이 과연 미국의 경제이익에 얼마나 도움이 될지, 더 나아가 미국의 지정학 이익에 도움이 될 수 있을지는 불명확하다. 북한의 경제력 크기가 미국에 비해 매우 작은 상황에서 미국의 대북 경제이익은 순수한 경제 이익이라기보다는 지정학 이익에 가깝다. 북한이 미국과 수교한 이후 한국과 교류, 협력이 발전하여 한국 주도의 통일, 혹은 통일에 준하는 통합 상태가 되고 주한미군이 한반도에 안정적으로 주둔할 수 있을 경우 미국의 지정학 이익은 강화된다고 볼 수 있다. 더 나아가 북미 양자 간에 긴밀한 관계가 이루어져 중국에 대한 견제에 북한이 참여한다고 할 때 미국의 지정학 이익은 크게 증진될 것이다.

앞서 논한 바와 같이 1992년 김용순-캔터 회담이나 2000년 남북 정상회담 당시 김정일 위원장의 주한미군 관련 발언은 북미 간의 지정학적 관계 수립의 가능성을 내비친 것이었다. 그러나 미국으로서는 여전히 북한의 제안에 대해 명확한 생각을 정리하지 않았고 이는 현재에도 크게 다르지 않은 상황으로 보인다. 향후 미국이 북한의 지정학적 가치를 달리 생각할 수 있는 기회가 된다면 미국의 대북 군사이익은 현저히 달라질 수 있다(Ford, Hosford, and Zubrow 2009).

2. 한미 간의 국익 계산의 동일성과 차이

한국은 진보, 보수 정부에 따라 대북 접근법이 다른 경우가 많았지만 근본적으로 북한의 비핵화와 한반도 평화체제 수립, 그리고 더 나아가 점진적이고 평화적인 통일이라는 목적에는 합의한다고 볼 수 있다. 이는 한국 시민사회의 견고한 합의이기 때문에 정권 차원에서 달리 할 수 있는 목표는 아니라고 볼 수 있다.

미국의 경우 민주당과 공화당의 집권에 따라 때로는 북한에 대한 강한 압박과 비확산에 집중하는 경우가 있는가 하면, 때로는 북한과 정치적 관계를 설정하여 향후 수교를 통한 북미관계 수립에 좀 더 적극적인 태도를 보이기도 한다. 그러나 기본적으로 미국은 세계적 리더의 국가이고 다른 많은 사안들에 비해 북핵, 북한 문제가 심각하지 않을 경우 우선순위는 매우 저하되는 경향을 보인다. 따라서 북핵 문제의 근원인 한반도 분단과 북한의 미래 문제보다는 당장 급한 비핵화 문제에 집중하는 경향을 보여 왔다.

한국이 좀 더 장기적으로 분단극복과 한반도 평화체제 수립에 강조점을 두었을 때, 미국이 단기적인 비핵화 문제에 치중하면 아무래도 북핵, 북한 문제를 둘러싼 한미 간의 의견 조율은 어렵게 된다. 이는 양국 간 명백한 전략적 이익의 차이라기보다는 양국의 국제정치적 위상이 다르고 국가이익의 범위가 다르기 때문에 발생하는 문제이다. 미국이 지구적 문제에서 덜 어려움에 처하고 북한 관련 이슈들이 미국에게 어려운 도전을 제기하지 않을 때 상대적으로 한국의 입지가 강화되는 모습을 보인다. 그러나 9 · 11테러와 같이 미국의 안보사안이 첨예하고 핵확산에 대한 관심이 높아져 있을 경우, 그리고 미중 간의 갈등이 심화되면서 북중 관계가 중요한 사안이 될 경우 한반도 중심으로 북한 문제를 보기보다는 지구적 관점에서 북한 문제를 보는 경우가 많다. 이러한 접근 방법과 이익 구조의 차이가 북핵 문제 해결 과정에서 한미 간의 이견으로 비추어지는 경우가 많았다고 하겠다.

3. 비핵화와 평화체제

미국의 경우는 앞서 논의한 대로 비핵화가 당면과제인 만큼 평화체제에 대한 장기적 관점을 적을 수밖에 없다. 미국이 한반도의 평화 및 통일을 통해 달성할 수 있는 목표가 분명히 존재함에도 불구하고 명확하고 구체적인 정책적 목표로 설정되기에는 너무 어렵고 장기적인 문제이기 때문에 미국의 정책 목표가 주로 비핵화에 맞추어지는 경우가 많다.

또한 미국으로서는 북미 상호 불가침과 수교 등을 이루기 위해 북한의 비핵화와 더불어 인권문제의 해결, 그 밖에 북한의 불법행위 등이 해결되어야 한다. 현재 북한은 경제제재 속에서 사이버 해킹, 금융 절도, 마약 등 불법 판매 등 다양한 수단을 동원하여 경제적 난관을 돌파하려고 해왔다. 이 과정에서 미국은 북한에 대한 부정적 인식을 가지고 있고 이러한 국가와 수교하여 정상적 관계를 가지는데 대해 여전히 많은 유보를 가지고 있다.

따라서 평화체제와 북미 수교에 필요한 다양한 문제들을 해결하는데 많은 시간이 소요될 것이며, 우선은 비핵화의 목적을 위해 북한에 대한 제재 강화, 그리고 북한의 핵미사일이 미국 본토를 공격하지 못하도록 하는 군사억지에 치중하는 경향이 강하다. 향후에도 비핵화를 둘러싼 노력이 성공하지 못할 경우 대북 군사억지에 치중하는 정책으로 환원될 수도 있다. 바이든정부는 북한 인권문제에 대해서도 강한 관심을 기울이는 한편, 비핵화를 위한 장기적 실무협상을 예고하고 있다. 이미 북한의 핵능력이 상당히 강화된 현실에서 미국 일각에서는 북한의 비핵화를 사실상 달성 불가능한 목표로 보고 북한에 대한 군사억지를 강화하는 방향으로 정책을 제안하는 경우도 있다. 이 경우 보다 근본적인 평화체제의 문제는 시야에서 멀어질 것이고 북미 간에 핵억지와 대결 구도 속에서 긴장이 유지될 가능성이 존재한다(The Democratic National Committee 2020).

4. 미중 전략 경쟁과 북핵, 북한 문제

북핵 문제는 한반도의 문제이지만 발생과 변화의 배경에는 국제정치 상황이 자리 잡고 있다. 1993년 북핵 문제가 처음 발발했을 때는 미국의 단극체제가 본격적으로 시작되는 때였고, 2차 북핵 위기가 발생하는 데에는 9 · 11 테러 이후 지구적 반테러의 안보환경이 중요하게 작용했다. 2008년 경제위기 이후 미국의 힘은 점차 쇠퇴하고 있고 중국의 부상과 때맞추어 미중 전략 경쟁이 가시화되고 북핵 문제 역시 점차 미중 경쟁의 맥락에서 조망되기 시작하였다. 북한 스스로도 미중 경쟁의 시대에 북한이 지정학적 요충지가 되어가고 있기 때문에 북한의 전략에 따라 동북아 구도가 바뀔 수 있다는 점을 누차 강조해 온 것이 사실이다.

현재까지 중국은 비확산이라는 국제규범에 맞추어 북한의 비핵화를 추동하고 국제사회의 경제제재에 동참하고 있다. 그러나 경제제재의 효과로 북한이 약화되거나 더 나아가 정권이 붕괴되면 중국에게 커다란 지정학적 손실이 될 것이라고 생각한다. 대북 경제제재를 하면서도 한반도 평화체제를 향한 노력이 동시에 진행되어야 한다는 점을 강조하는 것도 그러한 까닭이다. 만약 미중 전략경쟁이 더욱 강화되고 북한의 지정학적 지위가 중요해지면 중국의 북한 비핵화 노력보다 북한의 경제적 회생을 중시하게 되고 대북 경제제재 참여는 더욱 희석될 가능성이 존재한다. 이미 북한에 대한 제재 밖의 경제교류 및 지원이 문제가 되는 상황에서 미중 간 지정학 경쟁이 북한 비핵화에 미치는 영향은 크다고 할 수 있다.

미국의 국가이익은 북한의 비핵화도 중요하지만 향후 미중 전략 경쟁에서 중국에 대해 우위를 다져가는데 더 크게 놓여 있다고 할 수 있다. 만약 비핵화된 북한이 미국과 정상적인 관계를 맺더라도 경제성장을 통해 점차 국력이 강화되고 이후 북중 관계가 긴밀화되어 미국을 견제하는데 더 강한 국가로 성장한다면 미국으로서는 그리 바람직한 미래는 아니다. 북한 비핵화의 문제가 북한의 전략에서 기인한 바도 크지만 사실 미국과 중국 모두 비핵화된 이후의 북한의 지정학적 방향에 대해 확신할 수 없는 데서 연유한 바도 크다. 비핵화된 이후의 지정학적 이해관계가 분명하지 못한 상황에서 섣불리 비핵화를 추진하는 것이 어떠한 결과를 가져올지 모르고 그러한 불안은 미중 경쟁이 격화될수록 더욱 커질 것이다.

비핵화된 이후 북한이 한국과 긴밀한 협력관계를 유지하고 더 나아가 사실상의 통일 상태를 이룬다고 할 때, 그때의 한반도가 미중 관계에서 어떠한 외교적 지향을 가질지도 매우 중요한 문제이다. 한국은 중국과 긴밀한 경제관계를 가질 수도 있고, 중국과 국경을 맞댄 상황에서 대륙으로 경제 진출이 매우 중요해질 수 있다. 동북 3성과의 교류, 협력이 더 심화될 수도 있고, 이러한 상황에서 중국에 대한 견제는 사실 어려워질 수 있다. 미국은 한국 중심의 한반도가 미국의 국익에 부합한다고 생각할 수 있지만, 여전히 불확실한 평화한반도, 또는 통일 한반도의 미래에 대해 의구심을 가질 수 있다. 현재 핵무기를 고도로 발전시키는 북한의 존재도 미국에게는 어려운 문제이지만, 비핵화된 한반도가 미중 전략 경쟁에서 미국에게 불리하게 작용한다면 이는 어떤 면에서 더 큰 전략적 손해를 안겨줄 수도 있는 것이다.

VII. 결론: 한미관계와 남북관계에 주는 함의

이상에서 논의한 미국의 대북 국가이익은 향후 한국이 추구해야 할 대미 전략과 내북 전략에 많은 함의를 준다. 한미 양국이 비록 동맹국이지만 서로의 국가이익에 따라 우선순위와 강조점이 다를 수도 있고, 남북관계 역시 통일을 바라보는 한반도의 두 파트너 간 관계이지만 급변하는 국제정세를 고려하지 않을 수 없기 때문이다.

첫째, 한국은 미국의 지구 차원, 아시아 차원의 전략적 이익을 상세히 분석하고 미국의 눈으로 북한 문제를 바라보는 시각을 정비해야 한다. 앞서 살펴본 대로 미국의 대북 국가이익은 내용 면에서 한국과 대부분 일치하지만 한국과 미국의 국제정치적 위상이 다르기 때문에 강조점과 우선순위가 다를 수밖에 없다. 미국은 대량살상무기의 비확산과 미중 경쟁에서 대중 우위를 점하기 위한 지정학적 고려가 앞서는 경향이 강하다. 반면 한국은 남북 관계 발전과 평화체제 정착, 더 나아가 통일의 기반 마련이 중요한 과제이다. 미국이 비확산을 강조하면서 평화체제나 남북관계 개선에 아무래도 소홀할 수밖에 없는 것은 미본토 안전이나 세계적 비확산 질서의 수호가 중요하기 때문이다. 한국 역시 이러한 이익에 동감하지만 보다 유연하게 한반도 평화를 위한 제반 조치에 주력할 수밖에 없다. 한국은 한편으로는 미국의 비확산 및 지구적 차원의 전략에 동의하면서도 평화체제 정착에 주력해야 한다. 현재까지 한국은 비확산의 규범과 규칙을 준수하여 왔고, 대북 경제제재 역시 흔들림 없이 수행해왔다. 그러나 미국이 한반도 문제의 복잡성을 이해하고 평화체제의 중요성을 공감하게 하기 위해서는 보다 적극적인 대미 전략 대화가 필요하다. 최근 트럼프정부 볼튼 국가안보보좌관의 회고록에서도 시사되었듯이, 미국은 한국의 대북 평화체제 협상이 통일 어젠다에 매몰된 것으로 보는 경향이 강한데 이는 사실과 다르다(Bolton 2020). 한국 역시 비핵화 노력을 지구적 규범 차원에서 추구하고 있으며 이를 한반도 문제와 조화시키려 하는 것이다. 문제는 이러한 정책의 본의를 미국이 알 수 있도록 대미 외교를 강화하는 한편, 미국에게 한반도 평화체제 정착의 중요성을 깨닫게 하고 다각적 접근을 하도록 유도하는 일이다.

둘째, 미국은 비핵화된 북한과 한국의 관계, 더 나아가 통일 한국의 외교적 지향에 대해 여전히 확신을 못하고 있다. 한국이 북한 비핵화를 추구하는 과정에서 한중 관계를 강화하고 한반도 평화체제 정착을 위해 한국전쟁의 당사자인 중국에 대한 외교적 노력을 기울이는 과정을 한중 밀착, 혹은 한국의 대중 경사로 오해하는 미국 담론이 있는 것이 사실이다. 이러한 시각을 가진 미국은 비핵화 이후 평화체제가 정착된 한반도가 오히려 미국의 지정학적 이익에 배치된다고 생각할 수도 있다. 즉 비핵화된 한반도보다 두 개의 한국 정책을 추구하는 것이 미국의 이익에 안전하고 유리하다는 시각이다.

이러한 시각을 불식시키기 위해서는 비핵화 이전 한국의 외교적 지향을 명백히 해야 한다. 한국은 미중 전략 경쟁 속에서 기존의 자유주의 국제질서를 수호하면서 한미, 한중 간의 공통이익을 증진하기 위해 노력하는 외교를 펴고 있다. 한국은 미국 주도의 질서에서 성장한 것이 사실이지만, 이러한 질서의 수립과 유지에 한국 나름대로 많은 역할을 한 것이 사실이다. 향후에도 개방적이고 다자주의적인 세계질서 속에서 한국이 번성할 수 있으며 이를 위한 대미, 대중 정책의 원칙을 수호해나갈 것이다. 따라서 북한 비핵화 이후, 혹은 통일 이후 한국의 외교적 지향에 대한 명확한 원칙을 세우고, 이를 지금부터 실현해 나갈 때 북한 비핵화 이후의 상황에 대한 의구심을 극복할 수 있을 것이다.

셋째, 한국의 대북 전략을 추진할 때, 향후 북한의 비핵화나 경제적 번영에만 초점을 맞추어서는 안 된다. 북한이 핵전략을 추진하는 것이 보다 유리한 입장에서 정권 유지를 위한 환경을 만들려고 하는 것은 명백하다. 비핵화 과정에서 북한이 북미 수교에 성공하고 미국과 국제사회의 지원에 힘입어 경제적으로 발전한다고 해도 미중 전략 경쟁에서 자유롭지 못하다. 한국이 미중 양국과 다양하고 모순된 이익을 가지고 있듯이 북한 역시 미중 양국 모두와 복잡한 관계를 가지게 될 것이다. 북한은 비핵화 이후 한국과 경쟁할 수 있는 국력을 갖추고자 노력할 수도 있다. 그러나 남북한 모두 미중 전략 경쟁이라는 어려운 국제정세

속엣 외교적 딜레마를 겪고 있는 만큼 이를 함께 해결하기 위한 공동의 노력이 필요하다.

한국은 중견국 외교를 표방하면서 같은 상황과 처지에 놓인 다른 중견국과의 협력을 강조해왔다. 미중 간 전략적 선택의 딜레마를 벗어나고 미중 모두와 협력적 관계를 가지며, 미중 간 강대국 정치의 비극을 경계하는 중견국들 간의 협력체제를 모색하는 것이다. 이러한 중견국 협력의 틀 속에 남북 협력을 위치 지을 수 있다. 북한 역시 아시아의 상대적 약소국으로 외교적 딜레마를 겪게 될 것이라면 한국과 긴밀한 협력 속에 안전하게 외교적 딜레마를 해소해나갈 수 있다. 한국은 북한에 대한 평화체제와 교류, 협력을 넘어 보다 큰 틀 속에서 아시아 지역 질서 속의 공동 성장, 더 나아가 강대국 정치를 극복하는 중견국 협력을 도모할 수 있도록 대북 전략의 폭을 넓히고 북한을 설득해야 한다.

참고문헌

연응진. 2017. "북한인권문제와 인도적 개입."『서강법률논총』6-2. pp. 31-63.

Bolton, John. 2020. *The Room Where It Happened: A White House Memoir*. New York: Simon & Schuste.

Brands, Hal, and Francis J, Gavin. 2020. *COVID-19 and World Order: The Future of Conflict, Competition*, and Cooperation. Baltimore: Johns Hopkins University Press.

Cunliffe, Philip. 2020. *The New Twenty Years' Crisis*. Montreal: McGill- Queen's University Press.

Fettweis, Christopher J. 2017. "Unipolarity, Hegemony, and the New Peace." *Security Studies*. 26-3. pp. 423-451.

Ford, Lindsey, Zachary Hosford, and Michael Zubrow. 2009. US-DPRK Nuclear *Negotiations: A Survey of the Policy Literature*, Center for New American Security.

Liu, Feng. 2020. "The recalibration of Chinese assertiveness: China's responses to the Indo-Pacific challenge." *International Affairs*. 96-1. pp. 9–27.

Lobell, Steven E. 2000. "The Grand Strategy of Hegemonic Decline: Dilemmas of Strategy and Finance." *Security Studies*. 10-1. pp. 86-111.

Mastanduno, Michael. 2009. "System Maker and Privilege Taker." *World Politics*. 61-1. pp. 121-154.

Mearsheimer, John J. 2001. *The Tragedy of Great Power Politics*. New York: Norton.

Mearsheimer, John J. 2019. "Bound to Fail The Rise and Fall of the Liberal International Order." *International Security*. 43-44. pp. 7-50

Mearsheimer, John J., and Stephen M. Walt. 2009. "An Unnecessary War. *Foreign Policy*. Nov.3.

Monteiro, Nuno P. 2012. "Unrest Assured: Why Unipolarity Is Not Peaceful." *International Security*. 36-3. pp. 9-40.

Monteiro, Nuno P. 2014. *Theory of Unipolar Politics*. Cambridge: Cambridge University Press

Ratner. Ely. 2020. *Rising to the China Challenge Renewing American Competitiveness in the Indo-Pacific*. Center for New American Security.

The Democratic National Committee. 2020. *2020 Democratic Party Platform*.

The White House. 2017. *National Security Strategy*. Washington: White House.

3장

Washington's Evolving Policy and Perspective Towards North Korea

Sue Mi Terry

(CSIS)

I. Introduction: North Korea Poses a Multidimensional Security and Proliferation Threat

North Korea has proven to be one of the most difficult and persistent problems in U.S. foreign policy since the start of the Korean War. The North Korean threat has not ended or even declined with the end of the Cold War, as many once expected that it would. North Korea continues to pose major risks to the U.S. and its allies in the region, including not just the threat of an attack on South Korea or Japan, but the threat of an attack, however remote, on the American mainland from an intercontinental ballistic missile (ICBM) armed with a nuclear warhead.

As North Korea's nuclear capability increases in size and sophistication (it now has the capacity to hit the U.S. mainland with a nuclear ICBM), the Kim Jong Un regime is poised to gain greater confidence that it can successfully execute nuclear strikes in a conflict with the U.S. while living to fight another day. If the North is emboldened by having the capability to attack the United States with a nuclear weapon, the North could then seek to blackmail the U.S. to decouple from South Korea over the long-term. Disruptive and lethal provocations, including conventional attacks and cyber-attacks on the Korean Peninsula, could increase, not decrease, in order to force Seoul to make concessions it seeks. The North may very well calculate that its nuclear capabilities would allow it to favorably manage an escalating conventional conflict with South Korea if necessary.

This could, in return, increase a risk of regional proliferation over the long term. As North Korea expands and improves its nuclear arsenal and missile arsenal, it is quite conceivable that South Korea and Japan may lose confidence in the U.S. nuclear umbrella and feel compelled to field their own nuclear weapons. That, in turn, could set off a four-way nuclear arms race involving North Korea, South Korea, Japan and China that would be inherently destabilizing for Northeast Asia. There is also a risk of global nuclear proliferation. Once the Kim Jong Un regime believes that its nuclear and missile program provides "protection" for its misbehavior from the most serious consequences, a real risk exists that the cash-strapped regime could be tempted to sell nuclear weapons, materials, or expertise to state and non-state actors. Finally, if the North completes its nuclear program without paying a substantial price and "gets away with it," it could inspire other rogue actors, such as Iran, to continue to pursue their nuclear capabilities too.

Unfortunately, from Washington's perspective, these scenarios are all eminently possible in not-too-distant future. In 2017, North Korea successfully flight-tested separate ballistic missiles capable of delivering nuclear payloads to the contiguous United States. The Hwasong 14s—ICBMs that have a range greater than 3,400 miles—are powerful enough to reach the West Coast of the United States. With the testing of the Hwasong 15 on November 27, 2017, the North demonstrated its ability to reach the entire U.S. mainland. On October 10, 2020, the North showcased in a parade (but has not yet tested) the Hwasong 16. This is the largest, liquid-propelled, road-mobile ICBM not only in North Korean but anywhere in the world; it has the capacity to hold triple the payload of previous North Korea missiles. North Korea likely has already achieved warhead miniaturization--the ability to place nuclear weapons on its medium and long-range missiles--and a preliminary ability to reach the continental United States with a nuclear-tipped missile.[1)]

---

1) Joby Warrick, Ellen Nakashima and Anna Fifield, "North Korea now making

If the Hwasong 16 is ready for a flight testing, its dimensions strongly suggest it has the capacity to loft multiple nuclear-capable reentry vehicles (MIRVs), which further advance the credibility and reliability of the North's capability to strike the United States, adding to the sense of urgency for the Biden administration.[2)]

What should be Washington's goals vis-à-vis North Korea for the Biden administration both in the near-term and the long-term? Should it continue to seek "denuclearization" of the Korean Peninsula, even though Washington's approach has thus far failed? Or should it seek a more pragmatic approach, trying to limit North Korea's nuclear weapons capability without eliminating it altogether? Will the Biden administration continue to insist on unilateral disarmament of North Korea or will it shift to an approach that seeks to limit its nuclear weapons capabilities? Regardless of what strategy the Biden administration will pursue, the United States' goals vis-à-vis North Korea will likely remain the same as before: deterring North Korea from using nuclear weapons during a conflict; deterring North Korea from initiating violent nonnuclear aggression against the U.S. and its allies South Korea and Japan; reducing the consequences of a conventional or nuclear conflict should deterrence fail to work with Pyongyang; limiting North Korea's ability and willingness to transfer nuclear weapons-related capabilities and know-how to third parties; and finally, seeking a peaceful end to the North Korean crisis. The United States will always hold out the long-term hope of unification of the Korean peninsula under the democratic government in Seoul but that is not likely to be an immediate objective for the Biden administration—just as it has not been for its predecessors.

---

missile-ready nuclear weapons, U.S. analysts say," *The Washington Post*, August 8, 2017. https://www.washingtonpost.com/world/national-security/north-korea-now-making-missile-ready-nuclear-weapons-us-analysts-say/2017/08/08/e14b882a-7b6b-11e7-9d08-b79f191668ed_story.html).

2) Markus V. Garlauskas, "We Must Prevent North Korea From Testing Multiple Reentry Vehicles," CISIS Korea Chair *Beyond Parallel,* November 5, 2020. https://beyondparallel.csis.org/we-must-prevent-north-korea-from-testing-multiple-re-entry-vehicles/.

II. Background: The Failure of Diplomacy to Stop North Korea's Nuclear Program

The United States and South Korea has been decidedly unsuccessful in restraining North Korea's nuclear ambitions. The U.S. and South Korea have successfully deterred North Korea in the decades since the end of the Korean War from initiating a large-scale conflict. But they have failed to prevent the North from building, as well as, threatening the use of, nuclear weapons either against U.S. forces in the region or the U.S. mainland or against South Korea or Japan. The U.S. was also unable to stop North Korea from stockpiling, using, and distributing other weapons of mass destruction, specifically chemical and biological munitions, or from selling increasingly sophisticated ballistic missiles and even nuclear technology to other nations. North Korea had, for example, already tried to help Syria develop an Iranian-financed nuclear program in an effort that was thwarted by an Israeli strike in 2007 on the nuclear reactor under construction in Syria (Isabel Kershner 2018).

Even though the U.S. has never had formal diplomatic relations with North Korea, four U.S. administrations going back to the days of President Bill Clinton in the 1990s have tried to address the North Korean threat through negotiations—at first bilateral, then multilateral through the six-party mechanism, and then back to bilateralism in the Trump administration. The path of negotiations has proven no more promising in the era of Kim Jong Un than during the days of his father or grandfather.

The first bilateral agreement with Kim Jong Un was concluded by President Barack Obama on February 29, 2012, a few months after he became the new supreme leader of North Korea. The so-called "Leap Day" accord involved the provision of aid in return for freezing some nuclear and missile activities, but it fell apart after Pyongyang launched a satellite in April 2012 in a clear violation of that agreement as well as of several United Nations Security Council resolutions (Mark Fitzpatrick 2012). Prospects for negotiations dimmed even further after Pyongyang launched another, more successful, long-range rocket test in December 2012, conducted a third nuclear test in February 2013, amplified its bellicose rhetoric against Washington and Seoul, and restarted the Yongbyon nuclear complex at the heart of its nuclear program. North Korea's suspected role as the perpetrator of a cyber-attack on Sony Pictures, which led to the initial decision to withdraw *The Interview,* a satirical movie about the assassination of Kim Jong Un, further soured any prospect of negotiations between Kim and President Obama, despite the latter's stated willingness to negotiate directly with anti-American despots.[3]

When President Trump was about to take office in 2017, President Obama warned him that North Korea's ballistic missile and nuclear weapons programs would be the most pressing danger the United States would face. The Trump administration's initial goal in response to this threat was to shift away from the Obama administration's policy of "strategic patience" to a more coercive campaign dubbed "maximum pressure" that included threats of a "bloody nose" preemptive military strike against North Korea. According to retired Lt. Gen. H.R. McMaster, Trump's second National Security Advisor, the North Korean regime "had never felt diplomatic, economic, financial, or military pressure sufficient to convince its leaders that denuclearization was in their interests. On the contrary, the cycle of North Korean provocation, feigned conciliation, negotiation, extortion, concession, promulgation of a weak agreement, and the inevitable violation of that agreement actually encouraged the North's aggression (H.R. McMaster 2020, 365)." McMaster further wrote in his memoir, *Battle grounds: The Fight to Defend the Free World*, that to test the "maximum pressure" hypothesis, the Trump administration sought to get everyone on the same page—including foreign allies, all relevant parts of the executive branch and, ultimately President Trump himself. He wrote, "The United States would work with others to apply unwavering, integrated, and multinational pressure on the Kim regime (H.R. McMaster 2020, 351)." And so for most of 2017, the Trump administration pursued this "maximum pressure policy," redoubling its efforts to expand and enforce U.S. and United Nations sanctions. The maximum pressure policy payed off to the extent that by the fall of 2017 Beijing was doing more to enforce sanctions on North Korea more than it had ever done before.

But tensions continued to spiral throughout 2017, with Trump calling Kim "rocket man" and threatening to "totally destroy" his country in a rain of "fire and fury." Kim, in turn, called Trump a "rogue" and a "dotard." This mutual hostility and threats quickly pivoted to diplomacy in 2018, leading to the first summit between the leaders of the United States and

---

3) "FBI — Update on Sony Investigation," December 19, 2014, http://www.fbi.gov/news/pressrel/press-releases/update-on-sony-investigation.

North Korea, which was held in a blaze of publicity in Singapore in June. John Bolton, the U.S. national security advisor who followed H. R McMaster in the Trump administration, offered a high-level window onto Trump's thinking in his memoir, *The Room Where It Happened: A White House Memoir.* In Bolton's telling, the U.S. president saw the summit as "an exercise in publicity" and was more interested in how his peacemaking efforts would play in the media—as well as whether he could claim they were a "success no matter what"—than in actually trying to eliminate North Korea's weapons of mass destruction (John Bolton 2020, 10). Trump made no effort to understand the issues, or to study why U.S. approaches to North Korea had failed over the three previous presidencies. Instead he relied on his own instincts to charm North Korean leader Kim Jong Un to charm North Korean leader Kim Jong Un into a deal that was never remotely realistic.

In Singapore, Kim offered nothing beyond a vague endorsement of "denuclearization" for the peninsula. The Singapore Summit produced a joint, aspirational statement in which the two countries committed to work toward new U.S.-North Korea relations and a lasting and stable peace regime on the Korean Peninsula, with North Korea committing to work toward a denuclearization on the Korean Peninsula.[4] In return, President Trump gave Kim far more—not only elevating the North Korean leader on the world stage but also agreeing to stop large-scale U.S.-South Korea military exercises, a step he took without consulting his own Defense Department or America's allies in Seoul. Bolton writes that Trump took this momentous step on the spur of the moment because he thought the military exercises were "provocative and waste of time and money" (John Bolton 2020, 110); Trump had long complained that U.S. allies were free loaders who needed to pay more for U.S. military protection. The next eight months saw no progress of these commitments, despite Trump's insistence that North Korea had already denuclearized.

This set the scene for a second meeting in Hanoi in February 2019, a meeting which also ended in failure when Kim insisted that all major economic sanctions imposed since 2016 be lifted in exchange for the

4) "Joint Statement of President Donald J. Trump of the United States of America and Chairman Kim Jong Un of the Democratic People's Republic of Korea at the Singapore Summit, June 12, 2018. https://www.whitehouse.gov/briefings-statements/joint-statement-president-donald-j-trump-united-states-america-chairman-kim-jong-un-democratic-peoples-republic-korea-singapore-summit/.

dismantlement of a single nuclear facility at Yongbyon--a fairly minimal concession from Washington's perspective. Trump and Kim met for a third time at the Korean Demilitarized Zone in June 2019, and Trump even spontaneously crossed into North Korean territory. This produced the photos and headlines that the president craved. Yet, despite Trump offering Kim significant economic benefits if he would just give up his nuclear weapons, these overtures and Trump's personal touch did not lead to any concrete step towards denuclearization on the part of the North.

The two leaders exchanged flowery "beautiful love letters," and Trump has said that the two leaders had even "fell in love." Yet, North Korea's nuclear weapons and ballistic missile capabilities have only grown both in terms of quality and quantity. During the October 10th parade in 2020 which celebrated the 75th anniversary of the ruling Workers Party of Korea, the world witnessed more North Korean technology on display—both conventional and weapons of mass destruction—than ever before. North Korea showcased everything from a new air defense radar system and anti-tank guided missiles to a new Pukkuksong-4 submarine-launched ballistic missile and a "new strategic weapon," the Hwasong-16, that Kim Jong Un himself had promised he would reveal in 2020.[5)] The capabilities of the Hwasong-16 are such that it not only has a range capable of hitting the entire American mainland, there is a very large, advanced pay load section. Its dimensions strongly suggest it would have the capacity to loft multiple Multiple Reentry Vehicles (MIRVs), each of which could pursue their own trajectory toward a target. If the North were to successfully test the Hwasong 16, even if such a test were on a "lofted" trajectory into nearby waters, as were the ICBM tests of 2017, this would immediately increase the credibility of the North Korean threat to the continental United States and would call into question the ability of U.S. ballistic missile defense s to protect against the North Korean threat: MIRVs are much harder to hit in the final flight phase than a single warhead (Markus V. Garlauskas 2020).

Today, the U.S. and North Korea are yet again at an impasse. All of the previous talks with North Korea, in whatever form, including

---

5) Kim vowed that "the world will witness a new strategic weapon the DPRK will possess in the near future," and he threatened to walk away from his unilateral moratorium on nuclear and ICBM tests. Report on 5th Plenary Meeting of the 7th Central Committee of the Workers' Party of Korea, January 1, 2020.

summits at the highest level, have failed in Washington's goal of achieving North Korean denuclearization. While Pyongyang has been willing to make promises of ending its nuclear program in return for aid and recognition, it has not been willing to carry out its pledges. The history of negotiations with the North is a history of broken promises and grandiose rhetoric without any substantive follow-up.

The goals announced at the Trump-Kim summit in Singapore have not materialized. The North resisted coming up with a timetable for disarmament, a declaration of its existing stockpiles, and a road map—the *sine qua non* for true denuclearization. The North did not even fully fulfill its pledge to repatriate the remains of Korean War American soldiers killed on its soil. Many in Washington assess the only way to reduce the North Korean nuclear threat is to get International Atomic Energy Agency (IAEA) inspectors into North Korea to oversee the suspension, and sealing, of nuclear operations followed by the installation of monitoring cameras. This is what happened in Iran as a result of the Joint Comprehensive Plan of Action negotiated by the Obama administration in 2015. But Kim Jong Un has shown no willingness to allow such intrusive measures—and the fact that Trump pulled out of the JCPOA despite Iran's compliance does nothing to encourage him to reach a similar agreement. Nor is Trump encouraged by the example of Libya's Muammar Qaddafi, who reached a deal with the United States to give up his weapons of mass destruction, only to find himself in the crosshairs of a NATO-backed rebellion that resulted in his execution.

The Biden administration is likely to find itself with even less bargaining power than even the Trump administration enjoyed in Singapore and Hanoi given the impressive progress North Korea has made in developing its nuclear and missile arsenal since the Singapore Summit. "Pyongyang is now in possession of an arsenal that is more advanced than ever before," *the Wall Street Journal* notes, and Biden "will be the first American president to enter office since North Korea demonstrated it has a missile capable of hitting the U.S. mainland."[6)]

On the sanctions front, too, Washington now has less leverage than it once did. China and Russia's compliance with the UN Security Council

---

6) Andrew Jeong, "With Biden in Charge, No More Flashy Kim Jong Un Summits," *The Wall Street Journal*, November 15, 2020. https://www.wsj.com/articles/with-kim-jong-uns-larger-nuclear-arsenal-biden-to-take-a-traditional-approach-11605456000.

resolutions today is considerably weaker than it was in 2017; both have relaxed the pressure on the North considerably since President Trump's shift to summitry beginning of 2018. According to a report from the UN Panel of Experts, North Korea continues to circumvent UN sanctions on shipping and trade, with North Korean vessels hauling coal and oil to China and engaging in ship-to-ship transfers with Chinese vessels to evade sanctions. China reportedly shipped more than 10,000 tons of oil to North Korea in the last four months of 2019, according to new data made public by UN. In total, China's refined petroleum exports to the North marked an 18% increase from the previous year, 2018, when the total was 19,200 tons.[7] While these imports did not violate sanctions, they signal Beijing's increasing impatience with the sanctions regime against the North. China in 2019 also exported at least $75 million in tobacco products, $30 million worth of wine, beer, spirts, and other alcohol, and $50 million worth of medical supplies to the North, according to data from Beijing.[8]

Russia is likewise working hard to weaken sanctions against North Korea. Overall trade between Russia and North Korea increased by 20% in 2019 before the coronavirus pandemic, with North Korea importing more than $42 million in goods from Russia.[9] According to data by the United Nations, Russia's monthly oil exports to North Korea rose more than 300% in December 2019 over a year earlier.[10] That same month—December 2019--Russia teamed up with China to circulate a draft resolution in the United Nations Security Council that would lift several major categories of sanctions under UN Security Council Resolution 2397 and other sanctions "related to the livelihood of the

---

7) "Supply, sale, or transfer of all refined petroleum products to the DPRK," United Nations Security Council. https://www.un.org/securitycouncil/sanctions/1718/supply-sale-or-transfer-of-all-refined-petroleum.

8) These numbers are according to recent trade data published by the Chinese General Administration of Customs (GAC) and analyzed by *NK News*, American subscription-based website that provides news and analysis about North Korea. See, for example, https://www.nknews.org/2020/02/north-korea-imported-75-million-in-tobacco-products-from-china-last-year-data/.

9) "Russia's reported oil exports to North Korea rise in December: UN," Arirang News Network.

10) "Supply, sale, or transfer of all refined petroleum products to the DPRK," United Nations Security Council. . Also see *NK News*.

civilian population of DPRK [Democratic People's Republic of Korea] (Michelle Nichols 2019)." It would essentially lift all international sanctions prohibiting North Korea from "exporting statues, sea foods and textiles "and would" exempt inter-Korean rail and road cooperation projects."

To a lesser extent, South Korea has also pushed for giving the North sanctions relief, saying that Washington should not dismiss China and Russia's proposed resolutions on sanctions relief. The Moon Jae-in administration has been consistently making a case to move ahead on inter-Korea projects with the North—particularly the railroad project—as well as pushing for "independent tourism" with Pyongyang. Inter-Korean relations have soured in the past year amid stalled U.S.-North Korea denuclearization talks and the spread of COVID-19, but the Moon administration is eager to jump start dialogue with the North.[11] The Moon administration, with a little more than a year left in the office, is likely to press the Biden administration to engage with the North and pursue a step-by-step, reciprocal, and flexible approach in dealing with North Korea.

III. The Biden Administration's North Korea Strategy: Reduce the Threat in the Short-Term

Most Korea experts and policymakers in Washington assess that North Korea won't give up its nuclear arsenal and the incredible advances the North has made in its nuclear and missile program in recent years. So North Korea policy under the Biden administration will likely explore whether it would be in the U.S. interest to pursue negotiations that will result in an interim freeze deal which seeks to limit North Korea's nuclear weapons capabilities without actually eliminating them. As Evans Revere, a veteran Foreign Service officer who was a former acting Assistant Secretary of State for East Asian and Pacific Affairs, noted in an interview with *The Wall Street Journal:* "Some of the Biden's advisors have argued it is too late to persuade the Kim regime to surrender its nuclear arsenal."

11) In this Yonghap article, Seoul suggests it may push for joint projects with the North independently from Washington this year. "Seoul to expand room to move independently on inter-Korean issues," January 8, 2020.

Instead they would like to begin an "arms control' dialogue" with Pyongyang to "manage the problem," by putting a cap on North Korea's nuclear weapons (Andrew Joeng 2020). But the Biden administration's overall approach of pursuing such talks would be markedly different than that of President Trump. All of the pageantry, drama, and theater, along with exchange of letters, would be out in favor of what President Biden calls "principled diplomacy" in dealing with the North.12) Biden is expected to revert to a more conventional, working-level diplomacy, while closely seeking to coordinate and implement a sustained and coordinated policy with U.S. allies and partners in the region and around the world.

In assessing what is realistically possible, the immediate goal of the Biden administration will likely be to quantitatively and qualitatively limit, rather than eliminate, North Korea's nuclear weapons capabilities while maintaining a long-term goal of working toward "a denuclearized North Korea and a unified Korean Peninsula."13) As former National Intelligence Office for North Korea Markus Garlauskas explained, while "Denuclearization is the appropriate long-term strategic goal and should be maintained," the United States also will also need to pursue "realistic short-term goals."14) Many proponents of arms control and of a freeze deal argue that even if capping the North's nuclear program does not lead to full denuclearization, it will nonetheless reduce the threat posed by North Korea and therefore is the most realistic policy Washington should pursue after decades of failed policies to stop the North's nuclear program. The counter view, expressed by more skeptical experts, is that the North would be unlikely to admit international inspectors or abide by any agreement it negotiates, and that concluding an agreement to limit its nuclear arsenal would simply give it what it has wanted all along—recognition as a full-fledged nuclear power.

---

12) Joe Biden, "Special Contribution by U.S. Democratic Presidential Candidate Joe Biden," *Yonhap News Agency*, October 30, 2020. https://en.yna.co.kr/view/AEN20201030000500325.

13) Joe Biden, "Special Contribution by U.S. Democratic Presidential Candidate Joe Biden," *Yonhap News Agency*, October 30, 2020. https://en.yna.co.kr/view/AEN20201030000500325.

14) Andrew Jeong, "With Biden in Charge, No More Flashy Kim Jong Un Summits," *The Wall Street Journal*, November 15, 2020. https://www.wsj.com/articles/with-kim-jong-uns-larger-nuclear-arsenal-biden-to-take-a-traditional-approach-11605456000.

This means that in the upcoming policy review and deliberations the Biden administration will likely consider whether some significant targeted sanctions relief is warranted in exchange for a genuine freeze of the North's nuclear and missile program warranted as an interim first step, with the goal of moving toward verified dismantlement of some important facilities and nuclear weapons. It may very well decide that pursuing this option would be better than allowing the North to grow its program unchecked as it is currently doing. The elements of such a deal would include the North ceasing further production of fissile material, putting a limit on its existing stockpile, and closing down Yongbyon. More specifically, Washington will likely seek: 1) limits on North Korea's production of weapons-grade plutonium, highly enriched uranium, and tritium, limits on its capacity to produce nuclear weapons, and restrictions on the size and sophistication of North Korea's deployed nuclear arsenal; 2) limits on the overall level of North Korea's nuclear force by limiting the number of nuclear-armed delivery systems; 3) limits on the development and production of nuclear-capable missiles and launchers (for example, solid-fuel, land- and submarine-launched Pukguksong missiles).[15)]

Kim Jong Un himself left an opening for a freeze deal when he stated that he is willing to "freeze" or reduce his nuclear program if "conditions are met." But for Kim Jong Un to accept such an agreement, he would have to calculate that the benefits of the concessions provided are more valuable than the additional coercive leverage that would come from a larger, better-equipped nuclear weapons arsenal.

The chief challenge for the Biden administration, however, is the fact that the North is highly unlikely to agree to any sort of an agreement that does not include maximal sanctions relief. Such intransigence by the North—demanding maximal sanctions relief up front—explains why the Hanoi talks as well as the subsequent Stockholm talks eight months later broke down almost immediately after it began. The Trump administration was amenable to declaring the end of the Korean War that would mark at least a symbolic end of the Korean War and exchanging liaison offices but what Kim sought was maximal sanctions relief—and this the United States was not prepared to grant without a lot more concessions on North

15) John K. Warden, Ankit Panda, "Goals for any arms control proposal with North Korea," Bulleting of the Atomic Scientist, February 13, 2019. https://thebulletin.org/2019/02/goals-for-any-arms-control-proposal-with-north-korea/.

Korea's nuclear program than Kim offered.[16)]

The Biden administration, meanwhile, will be understandably cautious about not rushing into such a deal with premature sanctions relief; history has shown that the Kim regime is likely to be tempted to cheat on any deal if premature sanctions relief was granted. The North has repeatedly sought and received sanctions relief but all the previous agreements with the North fell apart over verification. The most notable example is when the U.S. imposed sanctions on Banco Delta Asia (BDA), a Macao-based bank in September 2005 but subsequently reversed enforcement against BDA in order to make progress with the North, only to see the agreement fall apart.

Verification and compliance will be another significant challenge of an interim deal. After decades of failed agreements and covert North Korean development, the Biden administration will insist that any agreement has to be clearly verified not only by U.S. national technical means but by a multilateral organization like the International Atomic Energy Agency (IAEA), which has extensive prior experience in North Korea as well as on the ground presence. Washington will also demand significant costs will be imposed for noncompliance. The Kim Jong Un regime, on the other hand, will no doubt strongly resist any intrusive on-site inspectors, particularly of sensitive missile operating bases and military sites.

Given these challenges, the Biden administration will need to be therefore convinced that any interim agreement with the North provides a net advantage to the U.S., South Korea, and Japan, compared to the present unconstrained situation but alliance coordination could also prove to be difficult. An interim agreement with the North will only support U.S. and allies' interest if it avoids weakening the U.S.-South Korea and U.S.-Japan alliances. The current South Korean government under the Moon administration may welcome an interim deal between Washington and Pyongyang, but Japan is likely to resist it. The Biden administration, for example, may be interested in beginning the process by pursuing a cap on North Korea's ICBM arsenal, but Tokyo would be understandably

---

16) Leading up to the Hanoi Summit, senior officials sent out strong signals that both peace declaration and opening up liaison offices were on the table for negotiation. See for example, Stephen Biegun, "Remarks on DPRK at Stanford University," Depart of State, January 31, 2029. https://www.state.gov/remarks-on-dprk-at-stanford-university/.

not comfortable with an interim deal that leaves North Korea's theater-range nuclear-capable systems unchecked.

Finally, compounding the problem for the Biden administration is that it may not be afforded a period of time to formulate a policy given the high likelihood of the North reverting to provocations in the near future. Historically, North Korea has welcomed new U.S. administrations—or second-term presidents—with a weapons test within a few weeks or months after inauguration in January. President Trump, for example, was greeted by a ballistic missile just three weeks after Inauguration Day. President Obama was greeted with a series of weapons tests and provocations within four months into his first term and just several weeks into his second term.[17)]

To get back on the administration's radar, the North may begin with "lesser provocations, such as a medium-range missile test over Japan or a submarine-launched ballistic missile test, but it could also resume strategic weapons testing sometime early this year. At the much anticipated October 10th military parade last year, the North unveiled a new long-range strategic weapon, which is believed to be the world's largest ICBM that is big enough to carry multiple warheads.[18)] The North has a motivation to test launch the new ICBM, the Hwasong 16, as it would significantly advance the credibility and reliability to strike the United States. By testing its missile technology, it could, for example, show Washington that it can launch missiles with multiple reentry vehicles (RVs) to more credibly threaten U.S. targets and suggest that it can defeat U.S. ballistic missile defenses. Many North Korea analysts assess that absent a flight test of this, Kim knows the outside world will remain skeptical that North Korea has the capability that it claims. Without these type of

---

17) Over the course of 32 US election cycles since 1956, there is a so-called "provocation window"—defined as the period of time before or after an election in which a North Korean provocation happens. This trend has been especially evident in the last few election cycles under Kim Jong Un. Victor Cha, "North Korean Provocations Likely Around a U.S. Presidential Election," *CSIS Beyond Parallel*, September 23, 2020. https://beyondparallel.csis.org/dprk-provocations-likely-around-u-s-presidential-election/.

18) Timothy W. Martin and Andrew Jeong, "Kim Jong Un Marks 75 Years of North Korean Communism with Giant New Missile," *The Wall Street Journal*, October 10, 2020. https://www.wsj.com/articles/north-korea-marks-75th-anniversary-of-ruling-partys-founding-with-military-parade-11602332808?mod=article_inline.

tests, the North only as the potential, but not the certainly of hitting the United States.[19)]

IV. Ways Forward for Washington's North Korea Policy—Short-term to Long-term

Direct dialogue and meetings with Kim Jong Un have confirmed a clear picture of what it is that the North seeks. In the near term, it seeks to secure significant sanctions relief from Washington and the international community. The North is not interested in giving up its nuclear weapons program. Despite diplomacy and summitry since the beginning of 2018, achieving complete denuclearization remains highly unlikely because Kim continues to view nuclear and missile programs as essential to preserving the regime and expanding its power.

At both the Singapore and Hanoi summits, the U.S. dangled the prospect of economic development to show a possibility of a "bright future" that could lie ahead for North Korea if only it denuclearized. The U.S. side also floated the idea at the Hanoi summit of declaring an end to the Korean War and exchanging liaison offices with the North. But the North has made clear that all it cares about is sanctions relief now, without having to give up its nuclear program. The North's long-term goal is to patiently wait for the world to accept it as a "responsible" nuclear weapons power while banking that the legitimacy of the North has already been enhanced by Kim's three sit-downs with President Trump. North Korea wants as much economic normalization as possible without actually giving up the nuclear and missile programs that, in Kim's view, guarantee his regime's survival--and his own. In short, Kim wants to have his cake and eat it too.

The main question for Washington then is whether the U.S. should seek an interim agreement with the North even though the North is unlikely to denuclearize. This is an approach that seeks to quantitatively and qualitatively limit, rather than eliminate, North Korea's nuclear

---

19) See, for example, Markus V. Garlauskas, "We Must Prevent North Korea From Testing Multiple Reentry Vehicles," CISIS Korea Chair *Beyond Parallel*, November 5, 2020. https://beyondparallel.csis.org/we-must-prevent-north-korea-from-testing-multiple-re-entry-vehicles/.

weapons capabilities while still maintaining a long-term goal of working toward North Korean denuclearization. It is an approach that seeks an equilibrium where North Korea has enough nuclear capability that it is confident that it can deter preventive conflict with the United States but not so much that it is confident that it can initiate conventional conflict and use nuclear coercion to control escalation. Such an agreement designed to limit North Korea's nuclear weapons capabilities will be nonetheless difficult to negotiate but could be possible if there's a genuine willingness on Kim Jong Un's part to at least cap its nuclear and missile program. If Kim were to provide an inventory of his nuclear program (facilities, weapons, and fissile material stockpiles) and a roadmap for implementation along with an agreement to allow international inspectors into his country to monitor all declared nuclear facilities, this could be a signal that a true deal to stop production of fissile material and capping its nuclear and missile program is possible.

The U.S. and its allies must be clear-eyed about potentially significant consequences to rushing into a freeze deal with maximal sanctions relief. If the interim freeze deal does not translate to a denuclearization deal (the most likely scenario), then the U.S. and its allies would have abandoned the most important leverage they have with the North while basically giving the North a de facto recognition and acceptance as a nuclear weapons state, which in turn poses a regional proliferation risk in the future. It is not inconceivable that if South Korea and Japan lose confidence in the U.S. nuclear umbrella, they could one day be compelled to field their own nuclear weapons. It also sends the wrong message to other rogue actors pursuing nuclear capabilities and seeks to undermine the broader U.S.-based international order.

Thus, in any future negotiations, the U.S. and its allies should only seek to limit their military activities or enable limited North Korean economic growth if they secure significant and verifiable restrictions on North Korea's nuclear forces and thus a net improvement in U.S. and allied security. Any concession and sanction relief should also remain readily reversible in most cases, to ensure that North Korea clearly understands the cost of noncompliance.

While leaving the door open to diplomacy and a possible, genuine interim deal, the U.S. and its allies must continue to pursue diplomacy backed up by sustained economic and political pressure on the North. There is simply no viable alternative at the moment to the deterrence and containment of North Korea until there is a genuine breakthrough, even if the goal is to get an interim deal with the North. This means, first and foremost, strengthening the coalition of UN member states in the sanctions campaign to deplete the North's hard currency as long as the regime remains defiant as it is today. It's very likely the Biden administration will struggle to organize a return to the "maximum pressure" strategy we saw under the Trump administration in 2017 given the fact that the region, including China, Russia, and even South Korea have moved on.

The goal is therefore to continue and intensify sanctions enforcement to defund the North's nuclear and missile program and prevent proliferation, targeting not only North Korea but also its enablers and business partners using economic and diplomatic means. To this end, the U.S. should be prepared to use any future provocations by the North, including testing of its new strategic weapon, as a reason for seeking broader legal authorities in UNSCRs to prevent outward proliferation, while accelerating secondary sanctions against third-party entities assisting North Korea, including three dozen Chinese and Russian entities that the Treasury Department has deferred from imposing sanctions on.

Since the Singapore Summit in May 2018, President Trump has put a freeze on significant new sanctions designations, but there are also still many more North Korean entities that could be sanctioned. The Biden administration will need to keep sending a simple, direct message to foreign banks and firms: You can do business with North Korea or you can do business with the United States, but you can't do business with both--so choose which you prefer. If you choose to support the North Korean regime, you will be held to account. Using the strategy that brought Iran to the bargaining table as a model, there are still ways to expand pressure on the North's money launders, facilitators, and enablers. Such a strategy, if enforced diligently, has the potential to close a hole in U.S. sanctions enforcement by scaring China's big banks into "enhanced due diligence" and stop helping Pyongyang access our financial system.[20)]

While not giving up on dialogue with the North and pursuing an interim deal, the U.S. must also have a strategy to deal with the most likely probability that Kim is pursuing what his father and grandfather

---

20) Josh Stanton, "OFK Exclusive: Court orders three Chinese banks to comply with subpoenas for North Korea-related records," *One Free Korea*, April 30,2019.

have pursued with the previous U.S. administrations—exploiting diplomacy only to buy time until it can secure international acceptance of the North as a full-fledged nuclear power. The Biden administration will need to pursue a comprehensive strategy to contain and deter and if, necessary, compel North Korea to reduce the threat, particularly the potential spread of nuclear weapons to rogue states or terrorist groups. To this end, the U.S. should engage law enforcement, coast guards, navies (including those of South Korea and Japan), and broader U.S. assets to create "rings" of preventive action around the North with continuously available surveillance and interdiction efforts.

Such a strategy of giving diplomacy a best possible try to pursue an interim deal but being prepared to deter and gradually rollback the North Korean threat is a sustained, long-term approach that plays to U.S. strengths, exploits the North's vulnerabilities, and sends a message to rogue regimes around the world that there is a meaningful cost to nuclear proliferation. This strategy would also continue to deplete Pyongyang's hard currency which is used to underwrite the lifestyles of the North Korean elite whose support is essential for Kim to remain in power; deter the regime from rash action; strengthen our alliances in Asia for the next generation; and increase the costs to those states and companies which continue to subsidize Pyongyang. These efforts should be pursued in conjunction with prioritizing human-rights abuses in North Korea and expanding an information penetration campaign.

The U.S. must also continue to combine a focus on security and human rights into a single, unified approach. The North continue to be one of the world's most repressive states. The threat from North Korea is not only a nuclear and missile threat; rather, the threat has always emerged from the nature of the Kim regime itself. Focusing on human rights is not only the right thing to do, it also provides a means of applying pressure to change North Korea beyond what economic sanctions can apply. Recall how West Germany established a Central Registry of State Judicial Administrations to systematically collect cases of human rights abuses in East Germany in order to pressure the Communist regime. Or how the international community waged a global campaign to isolate the apartheid regime in South Africa, ultimately leading to a change of regime. In similar fashion, an international campaign can challenge the Kim Jong-un regime's legitimacy based on its failure to provide for the needs of the people.

Over the long-term, Washington should move beyond trying to reduce the North Korean nuclear threat to focus on encouraging the unification of the two Koreas. The conventional wisdom held by many in Washington is that, even under the best of circumstances, the reunification of South and North Korea would be more expensive and more challenging than the unification of East and West Germany, because the two Koreas are further apart when measured by standard of living, education, and a variety of other indices. Some American academics and policy analysts may therefore believe that a divided Korean Peninsula is in America's interest at least for the foreseeable future. Some may even believe the status quo is preferable because it justifies a continuing U.S. military presence in South Korea (which can be used to contain China) and because the U.S. could find a unified Korea harder to influence than a South Korea dependent on the U.S. for military support. Some may even fear that a united Korea would be more likely to engage in hostilities with Japan, particularly considering recent flare-up between South Korea and Japan.[21](In a similar vein, before the fall of the Berlin Wall, many American analysts believed that a divided Germany was in America's interest because of fears that a united Germany could chart an independent foreign policy path that would wind up destabilizing Europe.)[22]

But this is a myopic view. Unification of the two Koreas is the only real, long-term solution to the threat posed by North Korea. In fact, unification of the two Koreas could potentially turn out to be a great boon not only for the U.S. and Korea but for the region as well from an economic, security, and human-rights perspective. Assuming that unification does not result from a devastating conflict, a Korea unified would in due course likely emerge as a consumer and industrial powerhouse with a well-educated and hard-working population of approximately seventy-five million people, with considerable natural resources (mostly in the North), advanced technology, and armed forces that are among the largest and most capable in the world.[23] Moreover, unless the unification process backfires and produces a crippled, inward-focused

---

21) See for example, Paul Roderick Gregory, A Grand Bargain on Korea, *Jewish World Review*, August 17, 2017.

22) See, for example, Strobe Driver, A Unified Korea: Good for All (Except Japan, E-International Relations, February 10, 2019.

23) Sue Mi Terry, Unified Korea and the Future of the U.S.-South Korea Alliance, Council on Foreign Relations Report, December 11, 2015. https://www.cfr.org/report/unified-korea-and-future-us-south-korea-alliance.

state—an unlikely outcome—a unified Korea is likely to be more politically and economically influential in both regional and global affairs than either South or North Korea is today.

V. Conclusion

Washington's major focus in the near-term is and should be North Korea's nuclear and missile programs. President Trump, thinking Kim Jong Un was brought to the negotiating table primarily because of his maximum pressure policy and "fire and fury" rhetoric—rather than the North's own advances in its nuclear and missile program—thought he could entice Kim with Vietnam-style economic development. Unsurprisingly, his expectations were not borne out. In Vietnam, adopting Chinese-style economic policies was possible because of the coming to power of genuinely reformist leaders who turned their focus toward liberalizing and expanding Vietnam's economy without threatening its neighbors—and that in turn only occurred after they had achieved their dream of unifying all of Vietnam under their rule. Biden has a much more difficult task with Kim—he must convince the North Korean leader that he should abandon the nuclear arsenal that keeps his own regime safe and open up the country while a freer, richer rival state continues to exist in the south. Put another way, the Vietnamese were magnanimous in victory, whereas Trump is asking Kim to make sacrifices in de facto defeat.

That said, Kim is not his father. He is looking ahead to his next four decades in power. Kim appears to be interested in opening up the economy to some degree and seeking ways to reduce dependence on China. Reducing tensions with the U.S. and relaxing sanctions are important objectives for him--but he wants to do so while keeping his WMD. As such, North Korea continues to defy the international community by building nuclear weapons and expanding its missile capability. The Center for Strategic and International Studies assesses that North Korea has 20 undeclared ballistic missile operating bases capable of striking all of South Korea and southern Japan.[24)]

24) North Korean operating bases would presumably have to be subject to declaration, verification, and dismantlement in any future final and fully

The question is whether working-level negotiations, once they resume under the Biden administration, can produce an agreement on advancing toward the amorphous goal of "denuclearization" announced at the first Trump-Kim summit, in Singapore in June 2018. Coming up with a roadmap to advance the Singapore declaration with a timetable for disarmament and a declaration of The North's existing stockpiles—the *sine que non* for true denuclearization—will likely remain a substantial challenge. The only way to reduce the North Korean nuclear threat is to get International Atomic Energy Agency(IAEA) inspectors into North Korea to oversee the suspension of nuclear operations, the sealing off of nuclear facilities, and the installation of monitoring cameras. That is what happened in Iran. But there is no indication that there will be any such agreement with North Korea in the foreseeable future. While there still remains a possibility of some sort of deal with Pyongyang, it will not result in denuclearization. Even if some sort of an interim deal is possible—the North, for example, could agree to put a limit on its existing stockpile and offer to close down the 5MW reactor at Yongbyon—caution is in order because North Korea will be tempted to cheat on any deal, as it has in the past.

While Kim has learned that he can't get substantial sanctions relief without offering more concrete denuclearization progress, neither is he likely to face any significant reprisals from Seoul or even from Washington. Thus, at best, North Korea's nuclear and missile threat could only be reduced or managed, not eliminated, at least in the short-to medium term. If the Kim regime is at least willing to cease production of fissile material and end nuclear and missile testing--all verified by international inspectors--it would be worthwhile to consider targeted sanctions relief in exchange, with the goal of moving toward some dismantlement of key facilities and weapons versus none. At the same time, however, the U.S. and its partners must be prepared to respond if diplomacy fails (as it likely will) by pursuing a strategy to contain and deter and if, necessary, compel North Korea to reduce the threat--particularly the potential spread of nuclear weapons to rogue states, terrorist groups, or others.

---

verifiable denuclearization deal. See, for example, new CSIS *Beyond Parallel* imagery, Undeclared North Korea: the Kumchon-ni Missile Operating Base, September 6, 2019.

References

Biden, Joe. 2020. "Special Contribution by U.S. Democratic Presidential Candidate Joe Biden." *Yonhap News Agency*, October 30.

Biegun, Stephen. 2019. "Remarks on DPRK at Stanford University." Depart of State. January 31.

Bolton, John. 2020. *The Room Where It Happened : A White House Memoir*. NewYork: Simon & Schuster.

Cha, Victor. 2020. "North Korean Provocations Likely Around a U.S. Presidential Election," *CSIS Beyond Parallel,* September 23.

CSIS Beyond Parallel. 2019. imagery, "Undeclared North Korea: the Kumchon-ni Missile Operating Base." September 6.

"FBI — Update on Sony Investigation." December 19, 2014.

Fitzpatrick, Mark. 2012. "Leap Day in North Korea." *Foreign Policy*. February 29.

Garlauskas, Markus V. 2020. "We Must Prevent North Korea From Testing Multiple Reentry Vehicles," CSIS Korea Chair. Beyond Parallel. November 5.

Gregory, Paul Roderick. 2017. "A Grand Bargain on Korea," *Jewish World Review*. August 17.

Joint Statement of President Donald J. Trump of the United States of America and Chairman Kim Jong Un of the Democratic People's Republic of Korea at the Singapore Summit. June 12, 2018.

Kershner, Isael. 2018. "Ending Secrecy, Israel Says It Bombed Syrian Reactor in 2007," The New York Times. March 21.

Jeong, Andrew. 2020. "With Biden in Charge, No More Flashy Kim Jong Un Summits," The Wall Street Journal. November 15.

Joeng, Andrew. 2020. "With Kim Jong Un's Larger Nuclear Arsenal, Biden to Take a Traditional Approach," The Wall Street Journal. November 15.

Martin, Timothy W. and Andrew Jeong. 2020. "Kim Jong Un Marks 75 Years of North Korean Communism with Giant New Missile," *The Wall Street Journal*, October 10.

McMaster, H. R. 2020. Battlegrounds: The Fight to Defend the Free world. New York: Harper Collins Publishers.

Nichols, Michelle. 2019. "China, Russia propose lifting some U.N. sanctions on North Korea, U.S. says not the time." Reuters, December 16.

Report on 5th Plenary Meeting of the 7th Central Committee of the Workers' Party of Korea. January 1, 2020.

"Russia's reported oil exports to North Korea rise in December: UN," Arirang News Network.

"Seoul to expand room to move independently on inter-Korean issues." Yonhap News. January 8, 2020.

Stanton, Josh. 2019. "OFK Exclusive: Court orders three Chinese banks to comply with subpoenas for North Korea-related records," One Free Korea. April 30.

Strobe Driver, Strobe. 2019. "A Unified Korea: Good for All Except Japan," E-International Relations, February 10.

"Supply, sale, or transfer of all refined petroleum products to the DPRK," United Nations Security Council.

Terry, Sue Mi. 2015. "Unified Korea and the Future of the U.S.-South Korea Alliance," Council on Foreign Relations Report, December 11.

Warden, John K. and Ankit Panda, 2019. "Goals for any arms control proposal with North Korea," Bulleting of the Atomic Scientist, February 13.

Warrick, Joby, Ellen Nakashima and Anna Fifield. 2017. "North Korea now making missile-ready nuclear weapons, U.S. analysts say," *The Washington Post*, August 8.

4장
미중 세력경쟁시대 중국의 대북한 전략적 이익과 대북한 정책 선택의 마지노선: 한국의 대중국정책에 대한 함의

이정남

(고려대학교)

Ⅰ. 서론

한미동맹을 기초로 하여 안보문제를 해결해 온 한국이지만 중국 역시 무시할 수 없는 중요한 전략적 협력의 대상이다. 그것은 한국의 대외정책에서 중국이 지닌 중요성은 지정학적으로 이웃하는 강대국이라는 점 외에도, 25% 이상에 이르는 대중 무역 의존도, 북한 및 북핵문제 해결에서 중국과 협조의 필요성, 한반도 통일에서 중국의 지지 필요성 등의 요인이 존재하기 때문이다(이정남 2017, 110-139). 이런 이유로 2010년 이후 점차 본격화된 중미 간의 세력경쟁 구도하에서 양 강대국의 자기편 만들기 경쟁이 가속화되면서 한국은 어느 한쪽을 선택해야하는 처지에 놓여있다. 더구나 미국과 중국은 군사안보, 과학기술과 경제, 가치와 제도 등 전 방위 영역에서 경쟁을 강화하기 시작하였을 뿐만 아니라 장기전으로 치닫고 있으며, 이런 상황에서도 한국은 미국뿐만 아니라 중국과도 협력이 필요한 상황이다.

특히 중요한 안보현안인 북핵문제에 대하여 북한과 미국, 그리고 중국의 해법이 모두 일치하지 않은 상황에서, 중국의 북한 및 대북정책의 결정요인과 대한반도정책의 추진에서 북한 및 북핵문제와 관련한 정책적 선택의 마지노선을 분명히 규명함으로써, 한국이 중국과의 관계에서 북한 및 북핵문제에 관한 협력의 범위와 한계가 무엇인지를 명확히 알 필요가 있다. 그래야만 미중 경쟁구도에서 휘둘리지 않고 북한 및 북핵문제에 대한 보다 현실적이고 효과적인 대중국 협력 방안이 도출될 수 있기 때문이다.

사실 중국 내에서도 시진핑 1기에 북한의 지속된 핵과 미사일 실험에 따른 중국의 전략적 이익 손실과 외교적 딜레마를 더 이상 용납할 수 없다는 문제의식에 따라, 중국의 대한반도정책에서 북한이 점하고 있는 전략적 의미와 한계에 대하여 학계와 언론계에서 치열한 논쟁이 있었다. 당시 논쟁에서 주요 쟁점은 북한이 중국에게 지닌 전략적인 가치와 이익은 무엇이며, 4차 산업혁명 시대에 전쟁의 성격 자체가 변화되고 있는 상황에서도 지정학적 완충지대로서 북한의 전략적 중요성은 지속되고 있는가? 중국에 대한 북한의 전략적 의미는 중국의 글로벌 강대국으로의 부상과 한중관계가 개선되어 발전되고 있는 상황에서 새롭게 재평가되어야 하는가 등 다양한 쟁점을 둘러싸고 전개되었다. 그 결과 북한을 전략적 '부담'으로 간주하는 시각과 '가치'로 간주하는 시각이 대립하였다.[1] 비록 이런 논쟁이 중국의 대북정책에 대한 전면적인 변화를 이끌어내지는 못했지만, 중국의 학계와 당정 지도자들의 북한 및 한반도에 대한 전략적 이익에 대한 인식을 파악할 수 있는 중요한 단초가 될 수 있어, 중국정부의 대북정책과 통일, 북핵문제 등에 대한 정책적 선택의 마지노선을 분석하는 것을 가능하게 해준다.

따라서 이 글은 상술한 논쟁의 내용을 중심으로 하여 중국에게 있어 북한이 지닌 중요한 전략적 가치와 이익을 규명하고, 북한 핵문제의 처리에서 이런 전략적 가치와 이익이 어떻게 투영되어 나타나고 있는가를 분석함으로써, 중국의 대북한 및 북핵정책 선택범위의 마지노선을 분명히 규명할 것이다. 이에 기초하여 북한 및 북한 핵문제를 둘러싸고 한국이 중국과 협력을 모색하는 데 있어서 가능한 정책적 협력 범위와 한계를 설명하고자 한다.

Ⅱ. 중국의 한반도에 대한 전략적 이익과 정책적 접근법

1. 중국의 한반도에 대한 전략적 이익: '중요 관심 사항(关切)'

2011년 9월 중국정부가 발표한 〈중국의 평화 발전 백서〉는 중국의 핵심이익으로 "국가 주권, 국가 안보, 영토 완정, 국가 통일, 중국 헌법이 확립한 국가정치제도와 사회 대국면(大局面)의 안정, 경제사회의 지속적 발전의 기본적 보장"을 제시하고 있다(中华人民共和国国务

1) 자세한 내용은 이정남(2015, 143-168)을 참조.

院新闻办公室 2011, 18). 이 기준에서 중국은 타이완, 홍콩, 티베트 등을 자국의 주권 사항으로 간주하고 이들 문제와 관련된 이익을 핵심(核心)이익으로 간주한다. 이 기준에서 보면 한반도는 핵심이익은 아니지만, 중국은 한반도 관련 이익을 핵심이익에 '버금가는' 중요한 의미를 지닌 '중요 관심 사항(关切)'으로 간주하고 있다. 이것은 "한반도는 중국의 머리부로 중국은 항상 한반도에서 역할을 발휘하지 않으면 안 된다"라는 말로 한반도가 중국에게 극히 커다란 전략적 가치를 지니고 있음을 표현한 마오쩌둥의 언술에서도 잘 나타난다(曾品元 2002, 38).

이런 중국의 한반도에 대한 전략적 가치 부여는 한반도가 자리하고 있는 지리적 조건이 주요한 근거가 되고 있다. 지정학적 관점에서, 한반도는 북쪽으로는 중국과 러시아와 접해 있고, 동쪽으로는 동해를 사이에 두고 일본과 마주하면서 바라보고 있으며, 남쪽으로는 태평양에 인접하고, 서쪽으로는 중국과 바다를 사이에 두고 마주 하고 있다. 중국 내에서는 이 같은 중국대륙의 가장자리와 여러 강대국 사이에 위치한 한반도의 지리적 위치는 '가장자리국', '교량국', '완충국'의 지정학적 의미를 지녔다고 평가한다(刘建飞, 林晓光 2002, 28). 사실 이런 한반도의 지정학적 가치는 지정학자 스파이크만(Nicholas Spykman)의 대륙 가장자리학설을 통해서도 확인할 수 있다. 그는 "유라시아 대륙 주변과 해양이 맞닿은 가장자리지대는 대륙을 둘러싸고 대륙과 해양을 연결하는 연결고리로서, 노권(경로권)과 해양권의 쟁탈에서 완충지역과 교량지역으로서의 전략적 역할을 한다. 유라시아 대륙을 지배하는 자는 세계를 제어할 수 있다"고 주장한다(Doughterty & Pfaltzgraff 2000, 163). 바로 이런 인식에 기초하여 중국은 한반도가 중국에게 지닌 전략적 중요성을 '이와 입술의 관계'로 표현하고 있다.

한반도가 중국에게 지닌 전략적 가치는 경제적 가치와 군사전략적 가치로 나누어 볼 수 있다. 경제적 관점에서 중국 중공업의 전통 기지인 동북지역은 한반도와 강 하나를 사이에 두고 있고, 또한 가장 중요한 정치와 경제 중심지인 베이징(北京)과 톈진(天津) 지역은 한반도와 불과 바다 하나를 사이에 두고 떨어져 있어 한반도 정세변화에 영향을 받기 쉬운 상황이다. 군사적 관점에서 중국의 적국들은 한반도를 이용해서 다른 방향에서 중국을 위협하고 진공할 수 있다. 따라서 한반도는 중국 동북지역의 안보 득실과 관계될 뿐만 아니라, 화북지역의 안정과 수도인 베이징의 안전, 그리고 북부 연안지역 전체의 방위에 대해 매우 중요한 영향을 미칠 수 있다. 실제로 근대 이후 일본이 일으킨 몇 차례의 중국침략은 모두 한반도를 발판으로 삼아 진행된 점으로도 확인할 수 있다(禚宝山, 常庆波 2004, 65).

이로 인하여 중국은 역사에서 순망치한으로 표현되는 한반도의 전략적 가치가 침해되는 상황이 발생했을 때 군사적으로 개입하였다. 1592년 임진왜란 때 명조의 개입, 1627년 후금의 대한반도 군사개입, 1894년 청의 조선 군사개입, 그리고 1950년 한국전에 중국의 군사개입 등은 모두 순망치한인 한반도의 전략적인 가치가 침해되는 상황에서 이것을 지킴으로써 자국을 지키기 위한 것이라고 볼 수 있다(박홍서 2006, 181-195). 이것은 중국이 일단 한반도에 대한 영향력을 상실하고 한반도가 중국을 포위 억제하는 전략의 전초가 될 경우 중국의 안보는 치명적 위협에 직면하게 된다고 인식하기 때문이다. 구체적으로 첫째, 중국의 가장 중요한 중공업기지인 동북지역이 전략적 완충지역을 잃고 반중 세력 앞에 직접적으로 노출되고, 둘째, 중국의 심장부인-톈진과 베이징지역의 전략적 방어 공간도 크게 축소되어 발해만과 황해의 연결 통로가 직접 위협을 받게 되며, 셋째, 연안 수송선과 북해 함대와 동해 함대의 연결과 상호작용을 포함한 중국의 동쪽 연안의 안전을 위협하게 되고, 이로 인해 타이완을 견제하는 문제가 발생할 것이고, 넷째, 한반도에서 중국의 경제적 이익도 어느 정도 영향을 받을 것이기 때문이다. 이처럼 한반도에 대한 중국의 전략적인 이익은 중국의 생존과 경제발전 및 안보에 관한 핵심적인 이익이므로 한반도 정세가 어떻게 변화하든 중국은 모두 내버려 두고 거들떠보지 않거나 참견하지 않는 것은 불가능한 것으로 간주한다(禚宝山, 常庆波 2004, 66).

따라서 중국이 자국의 국익과 안보가 충분히 보장되지 않은 조건에서, 한반도에 대한 영향력을 포기하고 한반도 정세의 대변화를 수용할 가능성은 희박하다. 특히 현재처럼 동북아에서 미중 간의 세력경쟁이 본격적으로 가속화되고 있고 한반도에서 남북이 대치하고 있는 상황에서, 한반도 상황을 중국의 힘으로 충분히 통제할 수 있는 범위내로 이끌도록 최선을 다하는 외교로 자국의 국익을 최대화하고자 한다.

2. 신중국 건설이후 중국의 대한반도 접근법

중국은 한반도가 해양세력이 중국을 침입하는 길목으로 활용될 수 있음을 경계하면서, 한반도가 해양세력이 중국을 침략하는 다리가 되거나 연합세력이 중국을 포위하는 하나의 고리가 되지 못하도록 막는 전략적 목표를 지녀왔다. 중국은 냉전체제하에서 남북으로 분단된 한반도를 대상으로 하여, 지정학적이고 전략적 완충지대로서 자국의 지정학적 이익을 최대한 실현하기 위한 정책을 실시해 왔다. 특히 신중국 건설 이후 중국의 대한반도정책은 남북 분단과 냉전으로 실질적인 경제적 교류와 협력이 어려운 조건에서 한반도가 지닌 교량국으로서의 경제적 의미보다 전략적인 완충국으로서 군사적 의미에 더 초점을 둔 것으로 보인다. 그리고 이런 중국의 정책은 중국의 부상에 따른 자국의 국제적인 지위의 변화와 이로 인한 대외정책의 목표 및 방향 설정의 전환에 따라 일련의 변화가 이루어졌다.

우선 1949년 신중국의 수립 이후 중국정부는 이런 목표를 달성하기 위해 한반도에 대한 영향력을 확장시키려 노력해 왔다. 냉전기에 중국이 한반도를 주목한 중요한 이유는 주요 적인 미국의 중국에 대한 위협이었다. 이것은 마오쩌둥의 각종 외교적 언술에서 확인할 수 있다. 마오는 1959년 5월에 "중국의 주요한 주의력과 투쟁 방침은 동방, 서태평양 지역이며, 동남아나 남아시아 국가가 아니다. 그것은 중국의 주요한 적인 미제국주의가 타이완, 한국, 일본, 필리핀에 많은 군사기지를 가지고 있고 중국을 조준하고 있기 때문이다"고 지적한 바 있다(中和人民共和国 & 中共中央文献研究室编 1994, 376). 또한 1960년 5월 영국의 육군 장성을 접견한 자리에서 마오는 "중국에 대한 위협은 주요하게 미국과 일본으로부터 온다. 미국은 일본군국주의를 지원하고, 일본은 고도로 조직화된 공업국가로 동방의 중요한 기지이다. 일본 국회는 미국과의 군사동맹조약을 5월 19일에 통과시켰다. 미국은 미일조약을 통해 중국의 연해지역과 일본이 해석하는 바의 극동지역 범위에서 의도를 지니고 있다"고 언급한 바 있다(中和人民共和国 & 中共中央文献研究室 编 1994, 424-428). 이처럼 냉전기 중국은 한반도를 중국의 주요한 적인 미국으로부터의 위험이 도사리는 지역으로 간주하였고, 따라서 이 시기 중국의 한반도 정책은 한미동맹에 대항하여 북한을 지켜내는 방어적 성격을 띠고 있었다.

그러나 서방세계와 국교수립을 통해 외교적 고립에서 벗어난 1980년대 개혁개방시기에는 북한을 위주로 하지만 한중수교를 통해서 한국에 대한 영향력을 강화시켜나가는 적극적인 성격으로 바뀌었다(윤영관 2016, 234-236). 1992년 한중수교는 바로 이런 적극적인 한반도 정책의 결과로 구현된 것이다. 중국은 남북한 모두와 국교를 수립하는 것이 경제적 이익뿐만 아니라 중국의 한반도에 대한 영향력의 확대를 가져올 것으로 사고하였다. 1990년대 초 중국의 전략가들은 중국이 한국과 관계를 강화하지 않는다면, 한반도에서 분단문제가 해결되는 과정에서 중국이 영향력을 행사할 수 있는 지렛대를 상실할 수도 있다고 인식했다. 또한 한중수교는 한미동맹과 미군의 한국 주둔에 따른 중국에 대한 잠재적 위협을 상쇄시키고, 한반도에서 일본의 입지 강화를 막아냄으로써 중국의 영향력을 키울 수 있을 것으로 전망했다(Shambaugh 2004/2005, 79-80; 董洁 2019, 114-115).

특히 중국이 글로벌 강대국으로 부상하고 동아시아에서 미중 간 세력경쟁이 본격화되면서 중국의 대한반도 정책은 더욱 더 공세적으로 전환되어, 남북 모두를 자국의 영향력권으로 끌어들이고자 하는 의도를 가시화했다. 구체적으로 2012년 말 18차 당대회를 통해 등장한 시진핑 정권은 이른바 '신형(강)대국외교'를 기치로 내걸고 국제사회에서 강대국으로서 책임과 권리를 다하겠다는 입장을 천명하면서, 동아시아 지역에서 미국과의 세력경쟁을 본격화하기 시작하였다(『新华网 』(2014. 11. 30); 张怀东 2014; 刘华 刘东凯 谭晶晶 2014). 이에 중국은 미국과의 세력경쟁이라는 관점에서 남북한의 전략적 가치를 재평가하면서, 기존의 북중관계를 중심으로 한반도 문제에 접근하던 시각에서 벗어나, 한중관계를 보다 독립적인 관점에서 바라보고 남북한에 균형적으로 접근하면서, 한반도 전체에 대한 영향력을 강화하는 새로운 접근법으로 전환을 시도하였다.

이런 상황에서 중국 내에서는 북한의 전략적 가치를 둘러싸고 '북한 부담론'과 '북한 가치론'이 대립하였고, 한국의 '통일 대박론'에 빗대어 '한반도의 통일은 중국에게도 대박'이라는 주장이 등장하는 등[2] 학계와 언론계를 중심으로 하여 대북정책과 통일정책에 대한 재탐색이 이루어진다. 이런 논쟁은 중국의 대한반도정책에서 오랫동안 추구해온 기본 목표가 남북 분할 통치 및 현상유지와 비핵화였지만, 북한이 사실상 핵보유로 가면서 비핵화국면이 깨지고 동북아 정세가 급변하면 전쟁이 일어나거나, 북한이 중국을 버리고 미국으로 기울어진다면 동북아에서

2) 2015년 3월 17일 아세아문제연구원 중국센터에서 주최한 "시진핑 정부의 대외정책 변화와 대한반도정책"이라는 주제의 강연에서 연변대 김강일(金强一) 교수는 이런 주장을 한 바 있다.

중국의 전략적 이익이 심각하게 영향을 받게 될 수 있다는 우려 속에서 나온 것이다(伏波 2013).

이런 상황에서 중국 내에서는 오랫동안 한반도 정세의 변화에 대한 동적인 관찰과 안목이 부족하여 북한의 핵보유가 돌이킬 수 없는 상황으로 치닫는 것을 예견하지 못하고 정적인 사고에 사로잡혀 기존 정책의 관성을 수동적으로 이어갔다. 그리하여 세계 2위 경제대국인 중국이 뜻밖에도 경제와 정치적으로 이미 궁지에 몰린 작은 국가에 협박당하는 진기한 일이 세계 외교사에서 발생하였다는 비판적 성찰이 제시되었다. 또한 북한의 핵보유는 한국과 일본의 군사력 강화와 미국의 아시아 재균형정책의 구실을 제공하여 중국의 동북아 전략구도에 불리한 변화를 초래할 것이다. 뿐만 아니라, 이대로 두면 제2의 전쟁으로 연결되어 결국은 북한의 붕괴와 한국 주도의 한반도 통일로 연결되어 한반도에서 중국의 전략적 완충지대가 사라지게 될 것이다. 동시에 이념적으로 서방에 충성하고 미국과 동맹관계인 중등 군사강국이 압록강변에 나타나게 되어 중국의 지정학적인 재난이 될 수 있다는 위기의식도 제기되었다(伏波 2013).

그러나 북한에 대한 영향력을 지속하면서, 동시에 한국을 미일동맹으로부터 일정하게 중립화시켜 한반도 전체에 영향력을 강화하고자 한 시진핑 1기의 정책은 결과적으로 실패로 나타난다. 북한의 잦은 핵과 미사일 실험에 대한 중국의 불만과 한국 우선의 대외정책에 대한 북한의 불만으로 북중 관계는 악화일로를 걷게 되었고, 한중관계 역시 사드배치 문제로 급속하게 악화되어 1992년 수교 이래 최악의 상황에 놓이게 되었기 때문이다. 그 후 2017년 5월 문재인 정부의 등장과 함께 이른바 '3불'약속(고고도미사일방어체계(THAAD · 사드)추가배치 · 미사일 방어체계(MD) 참여 · 한미일 군사동맹 불가)을 기초로 한중관계가 개선되기 시작하였다. 또한 2018년부터 진행된 한반도 평화프로세스가 남북미를 중심으로 진행되면서 이른바 차이나 패싱을 불식시키고 한반도 비핵화와 평화 정착과정에서 자국의 영향력을 높이기 위해서 중국이 발 빠르게 북중관계를 정상화시켜나갔다. 그러나 한중관계와 북중관계의 빠른 개선이 진행되었음에도 불구하고, 북한이 핵보유 및 중거리 미사일을 포기하지 않으면서 경제제재의 확대를 막으려할 것이기 때문에 북한핵문제는 언제 폭발할지 알 수 없는 잠재적 지뢰로 남아있어(时殷弘 2020) 북중 관계의 불확실성은 여전히 존재한다. 또한 한중관계도 경제적 영역에서 양국 간에 갈수록 경쟁이 심화되고 있을 뿐만 아니라, 사드사태를 거치면서 안보 어젠다가 양국 관계의 중요한 이슈로 등장하고 미중 갈등이 가속화되는 상황에서 양국 사이에 선택의 문제가 부각되면서 협력환경보다 경쟁과 갈등요인이 더 부각되는 환경에 놓여있다.

Ⅲ. 미중 세력경쟁시대 중국의 대북 전략적 가치에 대한 인식

1. 북한에 대한 중국의 전략적 가치에 대한 기본인식

중국에게 북한의 가치는 북한이 중국과 일본 및 한국을 통하게 하는 '대륙교'로 중국이 동해로 진출하는 빠른 통로라는 점과 동북지역의 전략적 보호벽이라는 점이다. 이로 인해 중국의 대북정책 목적은 한반도의 교통을 통하게 해 북한을 한-중-일-러를 통하게 하는 대륙교로 변화시키고, 동시에 북한이라는 전략적 보호막을 보존하는 것이다. 중국학계에서 논의되고 있는 북한이 지닌 전략적인 가치에 대한 설명을 다음과 같이 정리할 수 있다.

첫째, 경제적 의미에서 북한은 중국에게 동북아를 육지와 바다로 통하게 하는 교통의 요충지로서 의의가 있다. 중국은 북한의 정책이 수정될 수만 있다면 향후 동북아 경제지형에서 북한이 매우 중요한 지위를 점할 것으로 평가한다. 북한은 중 · 러와 한 · 일을 잇는 대륙교로, 비록 현재 북한의 정책적 제약 요인으로 인해 이 다리가 불통이고 이로 인해 북한의 낙후와 빈곤을 초래하고 있지만, 이 대륙교로서의 가치는 여전히 존재하기 때문에 중국이 반드시 손에 넣어야 한다고 인식한다. 무엇보다도 북한은 4대 정치, 군사, 경제 강대국이 동북아시아에 만나는 지역이고, 일본이 중국 동북지역 식민정책을 북한에 대한 개발과 연결시킴에 따라 북한의 도로망이 중국 동북지역 철도망과 매우 잘 연결되어 있어 매우 큰 경제적 가치가 존재하고 있다.

구체적으로 ① 북한의 나진철도를 통해 두만강과 둔화(敦化)를 거쳐서 창춘(长春)까지 도달할 수 있고, 베이징-하얼빈(京哈)철로와도 서로 연결되어 있다. 또한 북한의 남포역에서 철도를 통해 지린의 지안(集安)에 도달할 수 있고, 다시 매이허커우(梅河口), 쓰핑(四平) 등의 지역을 경유하여 네이멍(内蒙)지역까지 이어진다. 그 외에도 나진철도를 거쳐 두만강까지 간 뒤 철도를 통해 무단장(牡丹江)시까지 직행할 수 있으며,

무단장시 거쳐 자무스(佳木斯)에서 쑹화강(松花江)유역까지 연결된다. ② 간선철도인 경의선을 통해서 신의주에서 서울까지 북한을 경유하면 몇 시간 만에 도달할 수 있다. ③ 북한의 남포와 원산은 중국이 일본과 통하는 최고의 항구로 중국의 화물이 원산을 거쳐 일본에 갈 경우 다롄(大连)과 칭다오(青岛)를 거쳐 일본으로 가는 것보다 약 3분의 2가량 원가 절감이 가능하다. 그리고 육로로 한국까지 화물을 수송할 경우 원가는 해로의 5분의 1 정도에 불과하다. 이 밖에 러시아가 일본으로 석유 수출을 할 때도 역시 북한을 경과할 필요가 있다(刘佳 周晶晶 2014a;刘佳 周晶晶 2014b).

둘째, 지정학적으로 북한은 중국에게 중요한 전략적 이익을 제공해 줄 수 있다. 1953년 한국전이 끝난 뒤 지금까지 북한은 중국이 동북아에서 미국과 대치하는 전략적인 완충지대로 남아있다. 따라서 남북한 분단의 현상유지는 중국의 이익에 부합하고 북한이 미국의 세력권에 편입되는 것을 바라지 않는다. 이것은 피아오코우둥(朴扣東) 중국손자병법연구회 이사가 중국이 북한을 잃어서는 안 될 뿐만 아니라 한반도에 혼란이 일어나서는 안 된다는 원칙을 분명히 해야 한다고 주장하면서 그 이유로 제기한 근거를 통해서도 알 수 있다. 첫째, 북한이 중국의 방패막이이자 전략적 완충지로서 미중 경쟁에서 핵심이기 때문에, 지정학적으로 볼 때 한반도는 38선을 경계로 나눠져 있는 것이 중국의 장기 전략에 유리하며, 만약 남북이 통일된다면 난샤(南沙)군도나 통킹만(北部灣) 문제가 더 복잡해질 수 있다. 둘째, 북한은 다음의 이유로 한미일을 전략적으로 견제하는 데 있어 중요한 역할을 할 수 있다: ① 북한은 국토의 90% 이상이 산악지대라 탱크 진입이나 선박 접안도 쉽지 않고 비행기에서도 목표물을 찾기가 쉽지 않다. ② 북한이 보유한 사거리 2,000km의 노동3호 미사일은 도쿄까지 이를 수 있다. ③ 서울을 순식간에 불바다로 만들 수 있는 화포가 2만 대, 초당 1만 발 이상 발사할 수 있는 폭탄 등을 보유하고 있다. ④ 미국 다음으로 강력한 전자파 교란능력과 방공화력은 이라크와는 비교할 수 없는 정도이다. ⑤ 특수부대가 한반도 전체를 무너뜨릴 수 있고 서울로 통하는 지하터널만 지금까지 최소 20개 이상이 발견되었다. 이러한 점은 한국과 일본은 물론 미국도 쉽게 움직일 수 없는 이유로, 중국의 전략 안보에 있어서 북한이 가지는 전략적 견제 역할을 가히 짐작할 수 있다(朴扣东 2020).

이처럼 북한은 중국에게 지정학적인 측면뿐만 아니라 경제적 측면에서도 중요한 가치를 지니고 있지만, 동북아냉전체제의 형성과 남북한의 분단으로 인해 신중국 건설이후 중국은 주로 북한의 지정학적인 가치에 주목하였다. 구체적으로 신중국 건설 이후 중국정부는 북한을 '이와 입술의 관계'로 간주하면서 북한을 '전략적 완충지대'로 간주했다. 특히 건국초기 중국군이 육군중심이고 공군과 해군력이 취약한 상황에서, 그리고 군대의 기계화와 현대화수준이 낮은 상황에서 인력과 자원 소모를 특징으로 한 대규모 지상전이 주를 이루었을 당시에 북한은 주요한 전략적 완충지대로 간주되었다. 이것은 1950년 10월 24일 정치협상회의 상무위원회 보고에서 저우은라이(周恩來)의 언급에서 잘 나타난다.

"중국과 북한은 이와 입술의 우방으로 이가 망하면 입술이 시리다. 북한이 미제국주의에 의하여 타도된다면 우리 동북지역은 안정될 수 없다. 우리나라 중공업의 반은 동북지역에 있고......만약 미제국주의가 압록강변까지 도달한다면, 우리가 어떻게 안정적으로 생산할 수 있을까?.....군사상으로 장비문제 외에도 병력문제가 있는 데, 압록강 1천 여리의 방어선에 얼마나 많은 부대가 필요한가'? 이제 경제 회복이 겨우 1년 정도가 되었는데 언제 침입해 올지 모르는 상황에서 어떻게 안심하고 생산에 집중할 수 있겠는가? 게다가 적들이 북한을 침략하여 점령한다면 이것을 그냥 둘 수 없다."(中共中央文献研究室、中国人民解放军军事科学院 1997, 73-74).

그러나 1979년 미중관계 정상화, 1989년 중소관계 정상화와 1992년 한중관계 정상화로 동북아 지역에서 안정적 평화적 환경이 확보되면서 전략적 완충지대로서 북한의 가치가 약화되어 갔다. 또한 중국이 부상하여 글로벌 강대국으로 지위를 확보하고, 세계화와 함께 중미 간의 경제적 상호의존이 강화되었으며, 핵무기의 존재로 양국간 전쟁 가능성이 감소했다. 무엇보다도 경제적 부상과 함께 군사 현대화를 가속화한 중국이 이미 첨단 기술 상황하에서 국지전에서 이길 수 있는 능력을 보유하면서, 육지전을 기초로 한 완충지대로서의 북한의 가치는 큰 의미가 없다는 점이 주된 배경이 되었다(王海凡 2014, 408-416). 더구나 21세기에 진입한 이후 중국이 강대국으로 부상하면서 중국이 영토 완정의 기본적 보장을 이미 확보하였고, 동시에 국가안보의 중심을 해양영토 주권보호와 비전통 안보영역으로 전환해 갔다. 이런 중국의 대외환경의 변화와 국력성장과 함께 북한에 대한 중국의 전략적 가치에 대한 평가에서도 일련의 분화가 이루어졌다.

2. 중국 내 북한의 전략적 가치에 대한 인식의 분화

시진핑 정권 1기에 중국의 대북정책의 방향을 둘러싼 논쟁과 함께 북한이 지닌 전략적 가치에 대한 평가가 본격화되었다. 중국 학계에서는 북한의 전략적 가치와 대북정책에 대해 서로 다른 시각을 보이면서 대북정책의 방향을 제안한 바 있다. 이런 입장은 크게 북한의 전략적 가치의 감소와 북한 부담론을 제기하는 시각과 북한의 전략적 가치는 여전히 중요하며 북한에 대한 강력한 영향력을 유지하면서 대미정책의 지렛대로 삼아야 한다는 시각으로 나누어 볼 수 있다.

첫째, 북한의 전략적 가치의 감소와 북한 부담론이다.

북한의 전략적 가치에 대한 시각은 북한의 중국에 대한 전략적 가치가 약화되고 있고 중국에게 전략적 부담이 되고 있다는 주장이다. 이 주장은 한중관계가 발전하면서 학자들 사이에서 일정한 공감대를 형성하기도 했다. 이 주장은 크게 다음 두 가지로 요약할 수 있다: 하나는 전통적 지정학적 관념은 이미 시대착오적인 것으로, 현대전에는 더 이상 지정학적 보호벽이 필요 없고, 북한은 중국의 전략적 장벽 역할을 할 수 없게 되었다는 점이고, 다른 하나는 북-중 간에 많은 갈등과 마찰이 있고, 국제문제에서 북한이 중국의 말을 듣지 않고 중국의 마이너스 자산이 되는 경우가 있기 때문에 중국이 '포기'해야 한다는 것이다(李敦球 2014). 한마디로 중국의 군사 발전에 따라 중국의 전략적 장벽으로서의 북한의 역할이 사라졌고, 한중 관계가 성숙하게 발전하고 있고 미중이 협력하는 큰 배경으로 인하여, 한반도가 더 이상 위험하지 않으며 북한은 이미 골칫거리 제조자가 되고 있어 중국에게 전략적 부담이 되고 있다는 것이다(梁云祥 2016).

더나아가 이 주장은 북한의 완충지대로서의 가치는 약화되었을 뿐만 아니라, 오히려 북한의 잦은 핵과 미사일 실험은 중국 동북지역의 국가안전, 특히 중국 두만강 중-하류 유역의 사회 안전과 안정을 직접 위협하고, 북한의 핵보유 및 그것으로 인한 핵 도미노 효과는 이미 중국의 국가안보에 대한 잠재적 위협이 되고 있다고 주장한다. 더구나 한국전쟁은 국제법상 여전히 정전상태에 머물러 있는데 만약 북한에서 돌발사태가 발생한다면 중국이 다시 전쟁상태로 휘말려들 가능성도 배재할 수 없는 상황이다. 세나가 북한경제의 미개방 상태와 한반도 문제로 인하여 유발된 지역 긴장 상황은 중국의 동북지역의 경제발전, 특히 중국 동북지역의 전통 공업기지와 두만강 유역의 개발도 어렵게 하고 있다. 이런 상황에서 북중 양국 간의 전통적 우호관계를 완전히 부정할 수는 없지만, 북한의 전략적 완충지대로서의 가치는 이미 존재하지 않으며, 이와 입술 관계도 이미 약화되어 가장 낮은 정도가 되었다고 주장한다(王海凡 姜龙范 2014, 60-61).

둘째, 동북아 지정학적 구도에 근본적 변화가 발생하기 전까지 북한의 중국에 대한 전략적 가치는 여전히 중요하다는 시각이다.

한 전문가는 중국의 대북정책은 북한체제의 붕괴 방지와 전략적 이익을 확보하는 것임을 강조하면서 다음의 이유를 들고 있다. ① 한반도에 전쟁이 일어나면 북한은 분명히 참패할 것이고, 친미반중 정권이 세워져 한미일의 정치군사동맹이 더욱 더 강화 될 것이기 때문이다. 따라서 중국은 한반도에 전쟁이 난다면 참전할 수밖에 없다. ② 한반도 정세가 어떻게 변하든 중국은 인도주의적 지원을 계속하여 북한을 막다른 길로 몰아넣지 말아야 한다. 그렇지 않을 경우 중국이 키워준 북한이 핵보유 이후에 중국의 적이 될 것이기 때문이다. 이것은 중국이 제 손으로 북한을 미 · 일 · 러로 향하게 만드는 것으로, 북중관계가 철저히 파괴되고 중국외교의 철저한 실패를 의미하는 것이다. ③ 한반도의 통일은 너무 빨리 이뤄져서는 안 되며, 차갑지도 뜨겁지도 않은 한반도 상황이 미 · 중 · 일 · 러 이익에 부합하는 최적의 선택이다. 단기적으로 미중간의 무역전쟁에 변수가 매우 많기에 북핵위기야 말로 미국을 견제할 수 있는 중요한 카드다. 장기적으로 미중관계가 질적으로 변화되는 서막이 이미 시작되었으므로, 중국은 대만과 센카쿠(중국명: 다오위다오, 釣魚島) 문제에서 만족할 만한 해결방안을 얻기까지 북핵위기를 통해 미일을 견제하고 민족부흥을 위한 평화적 환경을 마련하고 충분한 시간을 벌어야 한다. ④ 북한에 친미반중 정권의 출현을 용납해서는 안 된다(叶胜舟 2018).

이 시각은 북한 포기론에 대하여 다음과 같은 비판을 제기하면서 북한의 전략적 가치를 강조한다.

첫째, 동북아 이익구도의 큰 틀에서 바라보면 한계가 분명하다는 점이다. ① 군사 현대화는 일정한 지리적 장벽을 유지하는 것과 모순되지 않는다. 미국이 세계 곳곳에 군사기지를 만드는 것처럼 지정학적 전략은 오늘날에도 여전히 유효하다. ② 북중관계를 대체할 한중관계의 발전은 희망적인 것에 불과하고, 한중관계가 아무리 좋아도 동맹국이 될 수 없고 한미관계가 아무리 나빠도 갈라설 수 없기 때문이다. 중대문제의 결정 앞에서 한국이 친중(親中)하고 미(美)를 포기할 리 없으며, 한국이 한중 관계를 중시하는 것은 대북정책에서 중국의 지지를 얻어야 하기 때문이다(劉佳 · 周晶晶 2014a).

둘째, 안보와 경제적 실익만 따지면 북한은 중국에 별 가치가 없고 오히려 중국의 국가 안보와 국제적 이미지에 부정적 영향을 끼치는 경우가 많기 때문에, 미국과 아예 어깨를 나란히 하여 정책이 바뀌거나 정권이 바뀔 때까지 각종 수단을 동원해 북한을 강력히 제재한다는 결론이 날 수 있다. 그러나 첨단기술 시대에 기술적 의미의 완충지역 개념은 의미가 없겠지만, 정치적인 의미에서 북한은 중국의 완충지대가 될 수 있다. 북한은 어쨌든 사회주의 국가이고 현재 전 세계 사회주의 국가의 발전추세가 불리한 상황에서 사회주의 국가인 북한 정권의 존재도 필요로 한다. 또한 북한처럼 끊임없이 미국을 괴롭히고 도전할 수 있는 나라가 더 많이 존재하면 적어도 미국의 대중(對中) 압박을 줄일 수 있다. 심지어 중국이 미국과 흥정하는 외교카드가 될 수도 있다(梁云祥 2016).

셋째, 중국이 남중국해를 원만하게 통제하기 위해서는 안정된 동북지방이 필요하다는 점이다. 북한이 흡수 통일된다면, 한국은 미국의 동맹국이면서 인구가 1억 명에 가까운 막강한 국가가 될 것이고, 동북지역의 방대한 영토가 한중간의 분쟁지역이 될 것이고, 따라서 국경지역의 주민들의 정서에도 영향을 미칠 수 있다. 이런 상황에서 중국은 남중국해에 몰두할 수 없으며, 중국이 남중국해에 몰두하려면 먼저 동북지역의 안정을 확보해야 한다. 그리고 동북지역의 안정을 확보하기 위해서는 우선 북한을 안정화시켜야 한다. 따라서 중국은 북한을 자기의 수중에 움켜쥐어야 하며, 부득이한 경우가 아니면 쉽사리 넘겨줘서는 안된다(刘佳 · 周晶晶 2014a;刘佳 · 周晶晶 2014b).

넷째, 북한과 중국은 지정학적으로 근본적인 이해가 일치하고 적어도 동북아 지정학적 구도에 근본적인 변화가 일어나기 전까지는 적어도, 북중 양국의 근본적인 이익은 변하지 않을 것이다. 만약 중국이 정말 북한을 '포기'한다면 다음 세 가지 결과가 나올 수 있다. ① 북한이 중국 외의 제3국에 안기는 것이다. ② 북한이 각 방면의 적대세력의 정치, 경제, 군사적인 공동 포위와 압박에 의해 무너지거나, ③ 북한이 고립무원으로 결사항전하면서 한반도에 다시 전쟁이 발생할 수 있다. 어느 쪽이 됐든 중국에 불리하고, 게다가 다시 해양세력을 불러들여 한반도 전체를 장악하도록 할 수도 있으며, 그것은 또한 역사상의 큰 금기를 어기는 것이다. 청일 전쟁의 원인은 일본과 청나라가 한반도를 쟁취하기 위해서 일어난 것이고, 그 여파가 아직도 남아 있다. 현재 미국이 일본을 대체하여 해양 세력으로서 한반도 질서를 확립하였지만, 만약 중국이 '북한 포기'에 나선다면, 미국은 다시 한국전쟁에서 얻지 못한 전략적 이익을 챙기려 할 것이다. 전략적 오판으로 미국에 큰 선물을 주는 것은 금물이다. '북한 포기'를 주장하는 사람들은 그야말로 상처가 낫기도 전에 아픔을 잊는 것이다(李敦球 2014).

또한 이 시각은 북한의 전략적 가치를 높이 평가할 뿐만 아니라 전략적 시각에서 출발하여 중국의 힘을 북한에 침투시키는 '입북'정책을 실시해야 한다고 주장한다. 그 이유로, 중국과 러시아 및 일본과 한국을 연결하는 천연 대륙교로서 지리적 위치를 점하고 있는 북한은 이미 한계 상황에 봉착하여 개혁개방정책으로 나아갈 수밖에 없으며, 막다른 골목에 몰린 김정은이 중국에 매달릴 수밖에 없는 상황이라 지금이 중국이 북한에 들어가기 가장 좋은 시기이기 때문이다. 그리고 중국이 북한에 들어가야만 비로소 한반도에서 변화가 발생하는 상황하에서 중국의 이익을 최대한 보장할 수 있기 때문이다. 구체적으로 북한이 핵을 이미 갖고 있는데, 중국은 어떻게 쓰냐를 장악하여 북한이 붕괴할 경우 이 무기들의 중국 유입을 반드시 통제할 수 있어야 한다. 또한 김정은의 개혁이 성공하면 개혁정책의 추진을 더 촉진시키고, 북한의 개혁정책이 실패할 경우 한국의 통일과정에도 영향을 미쳐야 한다. 한반도 통일에서 중국이 유리한 지위를 점하려면, 중국의 역량을 진입시켜서 한반도 북방에 중국의 역량이 강력하게 존재하도록 해야 한다. 그래야만 한국이 북한을 흡수 통일할 때 자신의 목소리를 내면서 한국에 대한 요구를 할 수 있는 자격을 가질 수 있게 된다(刘佳 周晶晶 2014 b).

그리고 중국의 북한에 대한 개입 방식으로 다음을 제기한다. ① 중국은 무상원조가 아니라 대출방식으로 북한에 돈을 빌려줘야 하며, 차관과 원조를 더해 북한 광물자원의 우선 채굴권과 교환해야 한다. ② 중국이 북한의 철도건설 과정에서 대출을 제공함으로써, 북한의 중요 철도의 장기적 경영권을 획득할 수 있도록 해야 한다. 북한 철도는 중국 동북노선 네트워크와 고도로 연결되어 있으며, 특히 경의선(서울~신의주) 북한구간과 나선특구~원산 간선은 반드시 중국이 장악해야 한다. ③ 북한에 안전보장을 제공하여 북한이 핵을 먼저 사용하지 않겠다는 약속을 받고, 동시에 중국측 시찰단원을 파견하여 북한의 핵시설에 대한 감찰을 실시하고 북한의 핵무기고를 중국의 감시하에 두며, 북한의 안보 수요를 충족시키고 한미가 무력으로 한반도를 통일할 수 있다는 생각을 없애는 동시에, 북한 내란이 발생할 경우 북한 핵무기의 행방을 통제할 수 있도록 한다. ④ 북한의 항구 건설에 자금을 지원하여 북한의 중요 항구에 대한 장기 임차권을 따낸다. 특히 나진과 원산의 경우, 북한이 본격적으로 항구를 열면, 원산은 미래 동북아 경제무역의 중요한 허브이자 중심지가 될 것이므로, 중국은 반드시 김정은이 궁지에 몰린 기회를 이용해 이 두 항구를 단단히 장악해야 한다(刘佳 周晶晶 2014 b).

상술한 바와 같이 중국 내에서는 북한의 전략적 가치와 대북정책에 대한 상이한 평가와 주장이 제기된 바 있다. 이것은 중국의 대북 전략적인 가치에 대한 평가와 인식이 중국이 놓인 전략적 상황에 따라 유연성을 지닐 수 있음을 의미한다. 다시 말하면 중국의 국력이 지속적으로 부상하고 중미관계와 한중관계가 비교적 양호한 발전을 유지하여 동아시아에서 전략적 불안요인이 제거될 경우, 대북한정책에서 보다 큰 폭의 유연성을 발휘할 여지가 있다. 반대로 중미관계가 경쟁관계로 치닫고 한중관계가 중국의 뜻대로 전개되지 않는 상황에서 중국의 북한의 전략적 가치에 대한 평가는 더 높아질 것임을 의미한다. 이런 차원에서 시진핑 1기에 중국 내에서 북한의 전략적 가치에 대한 한 차례 격론이 벌어진 것이다. 그리고 중국 공산당의 공식적 입장은 북한의 전략적 가치가 여전히 매우 중시되고 있는 것으로 볼 수 있다.

이것은 중앙일보 통일문화연구소가 단독 입수한 중국공산당 중앙판공청(辦公廳)의 내부문건을 통해서 확인할 수 있다. 2017년 9월 15일 작성된 내부 문건에서 "중국의 당과 국가는 조선(북한)의 주권과 영토 보전을 어떤 희생을 치르더라도 반드시 지키고 조선정부의 안정과 계승성을 전적으로 담보해야 하며, 조선반도의 평화를 흔들림 없이 확고히 유지해야 한다"고 규정하고 있다. 또한 "서방 적대세력들의 공격을 막아내기 위한 중국의 중요한 군사적 완충 지역일 뿐 아니라, 우리 당의 '중국식 사회주의'의 고수를 위해 그 무엇으로도 대체할 수 없는 정치적 전략지대"라는 구절도 같은 맥락이다. 이것은 한마디로 중국공산당이 북한 정권의 존립이 중국의 국익에 긴요하다는 점을 강조하는 것으로 볼 수 있다(『중앙일보』 2020. 1. 10.).

특히 중국정부는 2018년 한반도 평화프로세스가 본격화되면서 다시금 북한의 전략적인 가치를 '이와 입술의 관계'로 규정하면서 북중관계의 빠른 회복을 서두른 바 있다. 남북 및 북미회담 전후로 2018년 3월 김정은 방중과 북중 정상회담, 4월 14일 쑹타오 (宋濤) 대외연락부장과 외교부장으로서는 11년 만에 왕이 국무위원의 방북(5월 3일), 5월 7일 제2차 김정은과 시진핑 정상회담, 6월 제3차 북중 정상회담, 그리고 2019년 6월 시진핑의 중국 정상으로서 14년만의 북한 방문 정상회담 등 북중 동맹관계가 빠르게 회복되었다. 이런 상황에 대해 딩위원(鄧聿

文) 전 공산당 중앙당교 기관지 『학습시보(学习时报)』 부편집장은 “2018년 초 북한이 한국에 동계올림픽 평화공세를 취하면서 한반도 정세가 대폭 완화되자 중 · 북 관계가 멀어지고 중국이 남북 사이에서 배제되었다는 국제적 여론이 일기 시작했다. 그 후 갑자기 김정은이 구식 전용열차를 타고 아무런 조짐도 없이 베이징에 왔고, 중 · 북 관계는 전면 회복되었으며, 중단되었던 고위층 방문 및 다양한 행사들이 빠르게 전개되면서 전통적인 우정의 ‘노래’가 다시금 울려 퍼졌다”고 평가한 바 있다(『聯合朝報』 2018. 6. 7.).

이런 상황은 그동안 학계에서 북중관계를 정상국가간 관계로 전환해야 한다는 주장이 제기된 것과 매우 대조되는 상황이다. 쑨싱지에(孫興杰) 지린대 교수의 말대로 “중 · 북 관계는 이미 ‘자주 오고 자주 가는’ 새로운 단계로 진입했고, 특히, 김정은 방중 이후 중 · 북 관계의 성격은 ‘전통의 우호’ 관계로 정착되기 시작했으며, 양자 관계 중에서 중 · 북 관계는 매우 특수한 관계”로 규정되었다(『新华网 』2018. 5. 8.). 그리하여 중국 내에서 공개적으로 북한을 비난하는 목소리들은 정부의 통제를 받게 되었고, 북한을 지지하며 중 · 북 우호를 주장하는 논조들이 다시금 여론의 주류를 차지하게 되었다(『联合早报』 2018. 6. 7.).

이런 중국의 북한에 대한 인식은 북중 수교 70주년을 회고하면서 북중 전략적 소통과 교류를 위한 방향으로 시진핑이 제시한 네 가지 사항을 통해서도 확인할 수 있다. ① 공산당 영도를 견지하는 사회주의국가는 중북관계의 본질적 속성이다. ② 공동의 이상 신념과 분투 목표는 중북 관계의 전진의 동력이다. ③ 최고 지도자의 우의 전통과 전략적 영도는 북중 관계의 가장 큰 장점이다. ④ 지리적 밀접함과 문화적 상통은 북중관계의 공고한 유대이다(陈向阳 2019, 15). 비록 중국이 북한을 전략적 완충지대로 간주한다는 명시적 언급은 없지만, 이 네 가지 언급을 통해서 사회주의 국가로서의 동질성과 최고 지도자의 전통적 우의에 기반한 전략적인 협력의 전통과 지리적 문화적 조선에 기초한 양 국가의 유대를 강조한 점으로 비추어 볼 때, 시진핑 정부의 북한의 전략적 가치에 대한 평가는 여전히 매우 높은 수준임을 알 수 있다.

Ⅳ. 중국의 북한의 전략적 가치에 대한 평가와 북핵문제 해법에 대한 투영

상술한 바와 같이 비록 대북정책을 둘러싼 논쟁이 있었음에도 불구하고 중국정부는 어떤 형태로든 북한을 자국의 영향력권으로 유지하고 미국의 세력권으로의 편입을 막아야 한다는 인식은 일관된 입장이었다. 이런 중국정부의 입장은 북핵문제에 대한 인식과 정책에도 일관되게 반영되고 있다.

1. 북핵문제에 대한 기본 목표: 한반도 비핵화 및 북한체제의 생존과 중국으로부터의 이탈 방지

중국의 북한에 대한 인식은 북핵문제에 대한 인식에서도 그대로 투영된다. 중국은 북핵문제를 한반도의 비핵화와 평화정착이라는 관점뿐만 아니라 중미 간의 한반도 영향력 경쟁이라는 관점에서 바라보고 있다. 따라서 북핵문제를 해결하되 북한체제의 생존과 동시에 북한에 대한 영향력 유지를 동시에 확보하고자 하는 인식을 지니고 있다. 중국은 북한이 완전하고 검증 가능하며 불가역적인 비핵화를 해야 하는데, 그 이유는 북한이 핵을 포기하면 미국이 더 이상 한반도에 핵무기를 배치할 이유가 없고, 일본 역시 핵 문턱을 넘을 구실이 없기 때문이다(梁云祥 2016). 또한 북한의 핵 보유가 객관적으로 중국을 견제하는 데 쓰여 북한이 핵보유를 하면 동북아에서 중국의 행동반경이 줄어들 수 있기 때문이다(曹辛 2019). 상술한 중공중앙 판공청 문건에서도 북한의 핵 실험에 대해 "북한의 반복적인 핵 실험은 중국에 대한 엄청난 국제적 압박으로 이어지고 있고 더 참을 수 없을 정도로 심각해지고 있다", "최근 조선의 집권 통치자들은 우리와의 충분한 협의 과정을 거치지 않고 핵 실험을 위해 또다시 제멋대로 독단적 행위를 벌여 국제공동체에 막대한 부정적 영향을 미쳤다"고 비판하면서, 미국이 북한을 반대하는 전쟁에 돌입하면 아태지역 등에 엄청난 영향과 충격을 미칠 것이라며 "일본과 한국의 수도인 서울의 안보는 더욱 어려워질 것"이라고 강조한 점으로도 알 수 있다(『중앙일보』 2020. 1. 10.).

주목할 점은 중국이 북한 비핵화를 반드시 해야 한다고 사고하지만 동시에 북한체제의 위기 같은 또 다른 안보위기로 인한 안보우려를 야기하지 않도록 북한에 대한 채널과 레버리지를 유지해 왔다는 점이다. 강력한 제재로 인한 북한 체제 생존에 대한 위협과 북한에 대한 영향력

손실 혹은 북한의 중국으로부터의 이탈을 강하게 우려하기 때문이다. 퇴로 없는 제재의 강행은 북한 체제의 붕괴나 새로운 불안을 야기할 가능성이 있고, 일단 한반도에 전쟁이나 혼란이 발생하면 미국이 승리하고 북한이 패할 가능성이 높으며, 만약 이렇게 된다면 북한군과 수백만 난민이 중국으로 넘어올 가능성이 있다. 또한 핵 오염 위기가 중국에도 위협이 되고 전쟁이 커져 중국까지 확대될 가능성도 있어 중국의 국가안보를 위협할 수 있기 때문이다(朴扣东 2020). 이처럼 북핵문제 해결과 북한체제 생존 두 가지 변수를 동시에 고려하면서, 국제사회로부터 제재를 통한 해법이 요구받는 조건에서 한편으로는 유엔의 대북 제재 이행에 동참하면서 다른 한편으로는 제재의 목적이 대화의 재개에 있음을 강조하면서 대화를 통한 점진적 단계적 문제 해결을 동시에 강조한다.

중국은 또한 핵문제 해결과정에서 북한의 중국으로부터의 이탈 가능성을 극도로 경계한다. 정치평론가 차오신(曹辛)은 2019년 4월 한 언론기고문에서 북한이 장거리 탄도 미사일 폐기를 조건으로 미국의 제재 해제와 정권의 합법성을 인정받고 최종적으로 실질적인 핵보유를 하고자 하며, 미국은 북한이 ICBM을 폐기하면 미국에 위협이 되지 않는 조건에서 북한의 요구를 수용할 수 있을 가능성을 언급했다(曹辛 2019). 이런 우려는 실제로 2018년 한반도 평화프로세스가 진행되면서 중국 내의 한반도 전문가들이 필자에게 가장 많이 한 질문이기도 하다.

이런 우려는 완전히 근거가 없어 보이지는 않는다. 미국 역시 북핵문제를 동북아 전략의 관점에서 접근하면서, 핵을 포기하고 변화된 북한을 미국 쪽으로 끌어들이고자 하는 의중을 다양한 형태로 내비치고 있기 때문이다. 후버연구소 토머스 행크스는 트럼프 대통령은 북한을 중국 쪽에서 미국 쪽으로 움직이도록 하고자 하며, 북한은 중국과 미국을 겨루게 해서 득을 보려한다고 지적한다. 그러나 나중에 북한은 미국이 중국보다 더 나은 친구가 될 가능성이 있음을 깨달을 가능성이 있고, 북한이 외교관계를 재정비하지 않을 경우 결국은 중국에 의한 핀란드화(강국 옆에 자리한 약소국이 강국의 눈치를 보면서 점차 자국의 이익을 양보하게 되는 과정)에 처하게 될 것이라고 주장한다(Henriksen 2018).

이처럼 중국은 북한의 비핵화를 강력하게 원하고 있지만, 동시에 북한체제의 생존 보장과 북한의 중국으로부터의 이탈을 강하게 경계하고 있다. 이런 우려로 중국은 대북 제재가 민생에 미치는 부정적 영향에 관심을 기울일 것을 강조하면서 제재완화를 주장한다. 이것은 중공중앙 문건에서도 잘 나타난다. 문건이 만들어진 시점은 북한이 6차 핵 실험을 감행한 지 8일 만인 2017년 9월 11일 유엔 안전보장이사회가 대북결의 2375호를 발표한 직후다. 함북 풍계리에서 이뤄진 핵 실험은 북한이 "대륙간 탄도로켓(ICBM) 장착용 수소탄 시험을 성공적으로 단행했다" 고 발표하면서 국제사회에 충격을 줬다. '6차 핵 실험은 핵 개발을 완성했다는 의미'라는 관측도 나온 시점이다. 이런 상황에서 중국은 중국의 책임 있는 국제적 지위를 과시하기 위해 북한에 엄중한 경고를 할 필요가 있다는 점을 강조하면서도 당근을 제공하여 달래려는 태도를 보여준다. 그것은 북한을 달래려는 5개 항의 구체 계획으로 알 수 있다. 첫째, 대북 교역 확대와 북한 주민의 생활 향상을 약속하면서 민수용 원유 생산품의 경우 "중국은 제재에 형식적으로 동참할 것"이라며 계속 공급 방침을 밝혔다. 둘째, 중국 내에서 거래할 수 없게 된 북한 무역회사들이 중국 회사에 대한 업무위탁이나 제3국 거래를 통해 숨통을 틔울 수 있도록 했다. 셋째, 대북 민생 · 인프라 지원을 2018년에 전년 대비 15% 늘리고 향후 5년 동안 매해 10%씩 늘린다는 항목도 있다. 넷째, 중국 은행의 대북거래 중단조치는 국영은행에만 적용한다고 밝혀 금융제재에 구멍을 뚫어줬다. 다섯째는 최신 중단거리 탄도미사일과 특수 군수품에 필요한 최첨단 과학기술을 북한에 더 많이 지원하겠다는 파격적 제안도 담았다(『중앙일보』 2020. 1. 10.).

또한 중국은 2018년 10월초 모스크바에서 북 · 중 · 러 외교차관 회동을 통해 한반도의 비핵화와 평화적 담판을 통한 비핵화를 공동입장으로 확인하였고, 유엔 안보리에서 검증 가능한 비핵화를 실현하기 전까지 계속해서 강력한 안보리 결의를 이행하고 압박을 지속해야 한다는 주장을 고수한 폼페이오 장관에 맞서, 왕이 외교부장은 라브로프 러시아 외교장관과 함께 제재가 목적이 아니며 제재의 가역조항을 가동해 북한 비핵화 방향에 더 큰 걸음을 뗄 수 있도록 해야 한다고 첨예하게 맞섰다(施君玉 2018). 상술한 중공중앙 문건에서도 "역사적 경험은 어떤 유엔 결의안으로도 조선 통치자들의 핵 실험 연기 또는 완전한 포기를 끌어내지 못했다"고 지적하면서, 핵 개발에 대한 의지와 결심을 더욱 굳게 할 뿐이란 주장을 하고 있어, 제재 해제와 대화를 통한 문제해결이라는 시각을 보여주고 있다.

그렇다면 중국은 북한체제 생존과 중국으로부터의 이탈을 막기 위하여 북한의 비핵화를 차선의 과제로 둘 가능성은 없는가? 덩이원은 중국이 북한의 핵 보유를 사실상 용납(표면적으로는 여전히 반대하지만)했을 뿐만 아니라, 경제적 지원도 강화하여 제재로 인해 북한경제에 문제가 생기지 않도록 할 것이라고 진단한 바 있다(邓聿文 2018). 상술한 중공중앙 문건도 "조선이 즉각적으로 핵무기를 포기하지 않아도 되며, 단지 앞으로 새로운 핵 실험을 계속하지 않는다는 것을 행동으로 보여줄 때 중국의 (대북) 지원이 즉시 증강한다는 담보를 해줄 것"이라고 밝혔다. 또 "조선이 제재에서 벗어난 몇 해 이후부터 조건이 무르익으면 점차 개혁을 실시하며, 최종적으로 조선반도의 비핵화 요구를 실현할 것을 (중국은) 요구하고 있다"며 중국의 북핵 해결 로드맵을 정리하고 있다(『중앙일보』 2020. 1. 10.). 이것은 중국이 북핵이 폐기되기를 원하기는 하지만, 북한체제의 생존 보장과 북한의 중국으로부터의 이탈을 방지하기 위해서, 필요하다면 점진적이고 단계적인 해결방식을 주장하면서 북한의 핵폐기를 장기적인 과제로 미루어둘 가능성이 있음을 의미한다.

이처럼 중국은 한편으로는 유엔의 대북 제재 결의안에 참여하면서 비핵화를 압박함과 동시에, 다른 한편으로는 압박으로 인한 북한체제의 생존위기 혹은 중국으로부터의 이탈가능성을 극도로 경계하고 있다. 바로 이런 딜레마는 북핵문제에 대하여 한편으로는 제재를 얘기하면서 다른 한편으로는 제재완화를 주장하고 대화와 타협을 통한 문제해결을 주장하는 이유이다. 그리고 이런 중국의 태도는 국제사회의 제재를 통한 문제 해결의 가능성을 낮추고, 결과적으로 핵문제의 해결을 지연시켜 북한에게 핵개발을 가능하게 하는 시간을 제공하는 결과를 초래하였다는 비판으로부터 자유로울 수 없다.

2. 북핵문제에 대한 해법: 중국의 주도적 역할과 점진적 단계적 해결

중국은 중국의 주도적 참여를 전제로 한 북핵문제와 한반도 평화문제의 해결을 주장하고 있다. 성공적인 개혁개방정책으로 중국의 국력이 증강되고 동북아지역에서의 역할을 강화해가면서 중국의 역할은 점차 주동적으로 전환되어 왔다. 특히 2012년 18차 당대회를 통해서 권력을 장악한 시진핑 정권은 강대국 외교를 천명하고 미국과의 세력경쟁을 본격화해 가면서 한반도 문제에서도 더욱 공세적인 입장을 취하면서 북한 핵문제의 해결 과정에 주도적으로 참여하여야만 한다고 인식한다. 그것은 북핵문제의 해결이 한반도 지정학적 구도의 변경을 의미하며, 중국의 주도적인 참여가 이 지역의 지정학적 구조의 재편에서 중국의 지위를 확립하는 데 밀접한 관련성이 있다고 판단하기 때문이다. 이런 이유로 중국은 2018년부터 본격화된 남북미 주도의 한반도 평화프로세스에서 자국의 주변화를 크게 우려하고 당사자로서어 자국의 참여를 적극적으로 주장한 바 있으며, 중국이 배제된 북미 간 타협에 의한 북핵문제의 해결로 중국의 국익에 반하는 방향으로 갈 가능성을 크게 우려했다.

1994년 1차 위기가 폭발하였을 때, 중국은 북핵문제의 해결과정에 기본적으로 참여하지 않았다. 그리고 2002년 제2차 위기가 폭발하면서 비로소 3자회담과 6자회담 주관국 역할을 하면서 '중재자'로서 참여하기 시작했다. 그리고 2009년 3월 북한이 6자회담 탈퇴를 선언한 이후 수차례의 핵실험과 탄도미사일 발사실험을 하면서 한반도 안보상황이 악화된 상황에서, 한반도 비핵화라는 과제를 이행해 가는 데 있어 미국과의 갈등을 최소화하기 위하여 유엔안보리틀 내에서의 대북제재에 적극적으로 참여해 왔다. 그리고 한반도 비핵화를 위한 국제사회의 노력이 답보상태를 거듭하는 가운데, 2016년 3월 왕이 외교부장은 '한반도 비핵화 프로세스와 정전체제의 평화체제로 전환'의 병행이라는 이른바 '쌍궤병행' 방안을 해결책으로 제시했다(王毅 2017). 그리고 중국정부는 북한이 핵·미사일 실험을 중단하고 한미가 연합 군사훈련을 중단하는 '쌍중단' 구상이 한반도에 기본적으로 실현되면, 한반도 비핵화와 한반도 영구평화체제를 논하는 쌍궤 병진 과정도 추진되어 한반도 정세에 완전히 새로운 페이지가 열린다고 주장해 오고 있다.

이런 과정에서 중국은 북핵문제는 미국과 북한 간의 문제이며 미국과 북한이 당사자임을 강조하고, '중재자'를 자처하면서 한반도문제 해결에 직접 당사자들이 져야할 책임을 지고 해야 할 역할을 해줄 것을 촉구하기도 했다(『人民网(国际频道)』 2017. 8. 30.). 그러나 2018년 남북미 주도의 한반도 평화프로세스가 본격화되면서 중국의 이런 입장은 빠르게 변화하였다. 2018년 4월 19일 중국은 한반도 문제의 당사자로서 적극적인 역할을 발휘하기를 원한다는 입장을 밝혔다(『新华网』 2018. 4. 19.). 류밍(劉鳴) 상하이 사회과학원 교수는 비핵화, 향후 평화 체제 구축, 남북 협력에 있어서 중국의 역할이 없어서는 안 된다고 주장하면서, “비록 중국이 비핵화는 미 · 북 간 사안이라고 말하지만, 이는 완전히 맞는 말이 아니며, 비핵화는 역내의 주요한 안보 문제로 중국의 중요한 안보 이익과도 관련된다. 앞으로 미 · 북 대화이든 4자회담, 혹은 6자회담 재개든 중국은 미 · 북을 향해 중국의 이익 및 국제적 도의와 책임을 질 것을 밝힐 필요가 있다. 트럼프 대통령이 중국을 압박해서 대북 제재에 참가하도록 했으면서 중국의 역할은 무시한다면 또 다시 곤경에 처해 중국에 도움을 구할 경우 중국은 분명 예전처럼 열정적으로 돕지 않을 것”임을 강조했다(『FT中文网』 2018. 4. 16.). 또 다른 한 푸단대 교수는 베이징이 평양에게 핵포기를 위해서 필요한 경제적인 인센티브 및 안전보장을 제공할 것이기 때문에, 정전협정의 평화협정으로의 대체는 중국의 지지가 없으면 정당성을 가지기 어려울 것이라고 주장했다(『上观新闻(Shanghai Observer)』 2018. 4. 30.).

이런 상황에서 중국외교부는 2018년 6월 12일 중국외교부 정례 브리핑에서 현재 한반도의 정치적 해결과정이 중국 측이 제기한 방향으로 가고 있으며, 비핵화 과정이 긍정적인 진전을 이룩함에 따라 관련 측 또한 한반도 평화체제구축 및 북 측의 합리적 안보 해결 우려 측면에서 긍정적인 조치를 취해야 한다고 언급했다(外交部发言人耿爽主持例行记者会 2018. 6 12.). 동시에 중국은 한반도 사무의 중요한 당사국이며, 정전협정 체결국으로서 한반도 정전협정의 평화협정 전환과정에서 마땅한 역할 발휘의 책임과 의무가 있으며, 중국은 계속 한반도 평화 프로세스에 적극 동참하면서 한반도 비핵화실현과 한반도 평화체제 구축, 한반도평화와 안정 수호를 위해 마땅한 기여를 해 나갈 것임을 밝혔다("中华人民共和国外交部声明" 2018. 6. 12.).

이것은 중국이 제외된 상태에서 북핵문제가 남북 및 북미정상회담을 통하여 한국과 미국이 원하는 방향으로 해결되어 한미 주도로 현상 변경이 되면 북한의 친미화 가능성 등으로 중국의 지정학적 영향력이 약화되는 상황을 우려해서이다. 한 전문가는 중국은 북핵문제에서 패싱 당하지 말아야 하는 데, 그 이유는 미북이 중국의 이익을 훼손하고 종전선언 및 평화협정을 논의하거나 CVID방식을 통해 ICBM 포기만 용납하고 약한 강도의 핵보유를 묵인하는 것을 막아야 하기 때문이다(叶胜舟 2018). 한마디로 중국이 배제된 북핵문제의 해결이 북미 간 타협에 의한 중국의 이익에 반하는 방향으로 갈 가능성을 우려하는 것이다. 베이징의 한 대학의 원로 교수는 필자와 대화에서 이런 상황의 발생은 중국에게 지정학적인 재앙이 될 수 있다고 언급하기도 했다. 이런 상황에서 중국정부는 북한과의 빠른 관계회복을 통하여 평화프로세스에서 중국의 지위를 확보하고자 했으며, 이것은 불과 1여 년 동안 4차례의 북중정상회담이 개최된 하나의 요인이기도 하다.

특히 시진핑은 평양을 방문하여 김정은과의 정상회담에서 북중관계에 대한 일련의 발언을 통해 북한 핵문제에 대한 중국의 방안을 제시했다: 첫째, 전략적인 고도와 장기적인 관점에서 정세를 정확히 파악하여 한반도 평화정책을 확실히 지키겠다. 둘째, 한반도 문제의 정치적 해결을 추진한다. 이것은 북핵문제의 해결에 무력 동원을 반대한다는 의미이다. 셋째, 북한의 합리적 안보 우려와 경제 발전에 대한 걱정을 해결하는 데 중국은 힘닿는데 까지 최대한 도움을 줄 것이다. 이것은 중국이 북한에게 경제 발전뿐만 아니라 안전보장까지 제공할 의지가 있음을 보인 것이다. 넷째, 한반도 비핵화 실현에서 중국이 건설적인 역할을 하겠다. 이런 네 가지를 중심으로 한 북핵문제에 대한 중국의 해법은 미국이 제기한 제재를 통한 북핵문제 해결이라는 해법을 부정한 것으로, 북한의 합리적 안보우려를 덜어주어야만 북한이 핵을 포기할 수 있다는 논리에 무게를 둔 것이고 북한편을 든 것이라는 주장이 있다(이성현 2020, 81-83). 어쨌든 상술한 내용들은 중국이 미국과 세력 경쟁을 본격화해가면서 북한 핵문제 해결 및 한반도 평화 보장에서 주동적이고 적극적인 역할을 함으로써, 북핵문제의 해결과 함께 재구성된 동북아에서 중국의 지위와 역할을 절대로 약화시키지 않겠다는 의지를 분명히 하는 것으로 간주할 수 있다. 이것은 중국이 미중세력경쟁이 가속화하고 중국 주도의 동아시아질서를 구상하는 데 있어서 북한이 지닌 전략적인 가치가 더 커지고 있음을 의미한다. 이에 핵포기를 둘러싼 북미간의 힘겨루기로 싱가포르 북미 정상회담이후 비핵화 프로세스가 실질적 진전을 이루지 못하고 교착국면에 놓여있는 상황에서, 중국은 북중 정상회담을 통해 중국이 협조하지 않고 미국에게만 의지해서는 북한의 핵포기를 이끌어내기 어렵다고 주장하면서, 북한과 공조와 영향력 행사를 통해 평화프로세스에 대한 개입을 시도한다.

구체적으로 시진핑은 김정은과 정상회담에서 북핵문제 해결이 급속하게 진행되기보다 천천히 진행되기를 원한다는 시그널을 김정은에게 주었고 김정은도 이를 이해했다는 지적이 있다(『bbc中文网』 2018. 7. 13.). 실제로 2018년 김정은의 세 차례의 중국방문은 대북 제재를 실질적으로 이완하는 효과를 가져왔고 북한에 대한 제재압력이 이완되었다. 6월 12일 북미 정상회담을 전후로 북중 접경지역에 위치한 중국 공장 10곳이 가동을 재개하였고, 북한 근로자 파견수도 증가추세를 돌아섰으며, 중국의 대표적 온라인 여행사들이 북한행 단체관광 상품을 대거 내놓는 등 북한행 단체 관광을 전면적으로 확대하였다(『동아일보』 2018. 6. 19.). 아사히신문은 2018년 4월 26일자에 유엔 안보리 대북제재 결의에서 수용이 금지된 북한 노동자가 3월 말 중 · 북 정상회담 이후, 중국 측에 500명 이상 입국했음이 중 · 북 무역 관계자를 통해 드러났다고 보도한 바 있다(『아사히신문』 2018. 4. 26.).

이와 함께 북미 대화 과정이 쌍방향으로 진행되어야 한다는 점을 강조하면서 미국이 북한의 적극적 조치에 대해 적절한 보상을 해줌으로써 대화를 진전시켜 나가야 한다고 주장했다. 장쥔(張軍) 유엔 주재 중국대사는 최근 "북한이 비핵화에 대해 일련의 긍정적인 조치를 취하고 있지만, 안전과 경제발전 방면에 있어서의 합리적 관심이나 요구가 상응하는 중시나 해결이 이루어지지 않았다. 이것이 바로 현재의 대화 교착상태와 정세를 악화시키는 요인이다. 안보리의 대북 제재 조치에 대해 조정하는 행동을 취해야 한다. 제재는 수단이지 목적이 아니다. 북한 측의 관심을 중시해야 하며, 북한 관련 결의의 가역조항을 발동하는 것도 포함하여, 민생 분야에 영향을 줄 수 있는 제재 조치를 조정하여 완화해야 한다. 이것은 상황을 완화하고 분위기를 조성하며 대화를 촉진하고 정치를 추진하는 데 도움이 될 것이다"고 말했다(崔立如, 张宸榕 2020).

중미간 무역과 과학기술, 체제와 이념을 둘러싼 경쟁 등 본격적인 전략경쟁이 이루어지고 있는 현 시기에 중국은 북핵문제를 상당히 장기적인 맥락에서 관리해야 하는 이슈로 상정하고 있으며, 그 과정에서 한반도의 불안정을 최소화하고 동시에 북한과 관계를 관리하면서 중국의 영향력이 약화되지 않도록 하는 차원에서 북한과 관계개선에 초점을 둘 것이다. 중국은 북미대화가 파국으로 이어져 한반도의 긴장이 고조되는 것을 원치 않지만, 동시에 협상이 급진전되어 한반도 평화체제구축 등 너무 빠르게 현상 변경이 전개되는 것도 경계할 것이다. 북핵문제를 최우선 과제로 설정할 가능성은 높아 보이지 않으며, 동시에 한반도에서 현상유지를 파괴할 다른 변수가 작동하는 것을 원치 않을 것이다. 따라서 시진핑 정부는 한반도 비핵화와 평화구상에 적극적으로 움직이기보다는 중국의 손익을 저울질 하면서 상황을 관리하는 데 우선순위를 둘 것으로 보인다. 베이징의 싱크탱크의 분위기도 워싱턴과 비슷하게 한반도 비핵화 가능성이 낮고, 트럼프와 김정은 양자를 모두 믿을 수 없다는 인식이 팽배하며, 한국정부의 중간자론 역할에 대해서도 정세를 너무 좋게 보거나 오판함으로써 오히려 미북 모두로부터 불만을 사는 부작용을 낳았다고 평가하는 등(『Shanghai Observer』 2019. 4. 9) 한계를 강조하는 분위기이다.

더구나 하노이 회담 이후 별다른 진척이 없이 교착상태에 빠진 한반도 평화프로세스를 보면서 중국 내에서는 남북미 주도의 북핵문제 논의는 이미 실효성이 없음이 입증되었다고 주장하면서 중국을 포함한 4자 혹은 6자 회담을 통해서 중국이 주도하는 북핵문제에 대한 새로운 해결방식을 모색해야 한다는 주장도 제기되고 있다. 이것은 중국이 주도적 역할을 하는 북핵문제 해결 방안일 뿐만 아니라, 남북미 주도의 한반도 평화프로세스 과정에서 북한의 친미화에 대한 우려도 제거할 수 있는 중요한 대안적인 방식이 될 수 있기 때문이다.

V. 평가와 한국의 대중국정책에 대한 함의

중국의 북한에 대한 기본적인 인식은 동북아 교량국가와 완충지대로서의 역할에 기초하여 있으며, 북한체제의 붕괴나 한국 주도의 통일은 중국에 전략적인 대재난을 초래하는 것으로 절대로 막아야 한다는 인식에 기초하고 있다. 바로 이런 인식에 기초하여 북한 핵이 동아시아지역에 초래할 전략적인 불안과 갈등으로 인해 강력한 비판과 비핵화원칙을 유지하고 있지만, 동시에 그 과정에서 북한체제의 붕괴를 막고자 하고 있으며, 뿐만 아니라 북핵문제 해결과정에서 중국의 주도적인 위치의 상실로 인해 이 지역에서 영향력 약화를 극도로 경계하고 있다. 바로 이런 인식은 중국의 북한 및 북핵정책의 전 과정에서 일관되게 반영되어 왔다.

시진핑 정부는 초기에 북핵문제에 대해 쌍중단(한미군사훈련과 북한의 핵과 미사일실험 중단)과 쌍궤병행(비핵화프로세스와 평화체제확립)을 해법으로 제시하고 점진적 해결을 강조하면서 북핵문제는 북미간 사안이며 북미가 주요 당사자임을 주장하였지만, 2018년 한반도 평화프로세스가 본격화하면서 중요 당사자로서 중국의 역할을 할 것임을 분명히 했다. 2018년 초부터 한반도 평화프로세스가 남북미를 중심으로 진행되고, 6자회담을 통해 비핵화과정을 주도했던 것과는 달리 중국은 '운동장 밖에서 간접적인 참여'를 하고 있는 상황에 처했다. 이에 중국은 북핵문제 해결과 한반도평화 정착과정에 중국이 주요 당사자임을 다시 강조하면서 이른바 차이나 패싱을 불식시키고 한반도 비핵화와 평화정책 과정에서 자국의 영향력을 높이기 위해서 발 빠르게 북중관계를 정상화시키고, 러시아와 공조를 강화하였다. 이러한 중국의 움직임은 미국과의 협상에서 지렛대를 강화하고자 하는 북한의 이해관계와도 일치하여 북중관계의 빠른 회복을 이루었다. 이런 상황에서 중국은 유엔안보리에서 대북제재 완화를 주장하고 있으며 북한과 각종 교류를 활성화하고 있다.

또한 2018년 이래 중미 간 세력경쟁이 경제무역에서 안보, 과학기술, 이념과 체제의 영역으로까지 확산되면서 전면적인 대결국면으로 치닫고 있다. 따라서 북한핵 문제를 둘러싸고 중국과 미국이 적극적으로 협력을 할 가능성은 거의 없어 보인다. 더구나 미국과 중국 모두 펜데믹 상황에 따른 경제적인 위기와 국내 정치적인 요인으로 북한 핵문제를 중요한 어제다로 올릴만한 여력도 없어 보인다. 이런 조건에서 중국이 북핵문제를 외교정책의 최우선 과제로 설정할 가능성은 높아 보이지 않는다. 이에 중국은 한반도에서 현상유지 및 관리에 초점을 두면서 미중 전략경쟁에서 다른 변수가 작동하는 것을 원치 않을 것이다. 중국의 북한 및 북한 핵문제에 대한 기본적인 입장은 현 상황을 유지하면서 쌍중단의 관철을 통하여 최대한 평화적 한반도를 관리하는 데 초점을 둘 것이며, 한반도에 현재의 세력구조에 변화나 재편을 초래하는 극적인 상황 전환을 원치 않고 있다. 이런 상황에서 북한의 친중화, 한국의 중립화를 모색하는 방향으로 갈 것이다.

더구나 국내적으로도 다가오는 2022년 20차 당대회를 기점으로 해결해야 할 시진핑 권력 승계 문제, 코로나 사태로 인한 경제위기 극복 등 많은 문제가 노정되어 있어 북한핵 문제를 중요한 어젠다로 올릴 가능성은 부재한 상황이다. 이것은 2020년 11월 왕이 외교부장이 한국을 방문했을 때 "한국정부의 현재 대북정책은 정확하고 전쟁을 제지했으며, 한국과 북한이야말로 한반도 문제 해결의 주체임"을 강조하면서도, 북핵 문제를 어떻게 해결하고, 누가 풀 것인지에 대해서는 어떤 의견을 내놓지 않은 점을 통해서도 확인할 수 있다(曹辛 2020). 따라서 중국은 당분간 북한 및 북핵 문제에 대하여 급진사태를 방지하면서 현상 관리에 주력할 것이다. 이처럼 한반도문제를 주도적으로 해결할 만한 조건이 안 된 상황에서 북핵문제의 빠른 해결과 함께 등장할 한반도의 현상변경과 질서 재편이 일어나는 것을 원치 않기 때문이다.

바로 이런 상황에서 한국정부와 북한 및 북한 핵문제를 둘러싸고 중국과 협력할 수 있는 공간은 크지 않다. 우선, 중국은 핵문제를 장기적인 문제로 보고 한반도 현상유지와 현상 관리에 초점을 둘 것이며 주도적으로 해법을 제시하면서 한반도정책의 어젠다로 삼을 가능성은 매우 낮다. 더구나 핵문제가 현실적으로 미북 간의 현안이 되고 있고, 미북 간에 핵문제 해결없이 휴전협정이나 평화협정의 추진도 어려운 조건이고, 북한과의 교류도 유엔안보리 제재의 틀 내에서 작동되도록 제한되어 있다. 따라서 한중이 협력하여 유엔 안보리 제재 틀을 벗어나지 않는 조건에서 북한에 대한 인도주의적인 지원이나 협력에 한정될 수밖에 없다.

따라서 한국의 대중국정책에서 북한 및 북핵문제를 둘러싼 협력에 대해 특히 다음과 같이 유의할 필요가 있다. 첫째, 중국의 북한에 대한 전략적 이익과 북핵문제에서 취할 수 있는 정책의 범위를 분명히 직시하고, 한국이 대중국 정책을 정립하고 추진하는 데 있어서 중국의 '온정'에 기초한 과도한 기대와 저자세 외교는 금물이다. 중국은 미중세력경쟁 구도에서 북한이 지닌 전략적(혹은 정치적) 완충지대로서의 가치를 포기하지 않을 것이며, 북핵문제에 대한 해법도 북한체제의 위협이나 북한의 중국으로부터의 이탈 방지에 우선적인 중점을 둘 것이기 때문이다.

둘째, 국제사회의 제재조치 하에서 중국에 생존을 의존할 수밖에 없는 북한의 열악한 상황을 이용하여 북한에 대한 각종 경제적인 방식의 장기적 영향력 강화 시도가 진행되고 있음을 직시하고, 남북협력 분위기를 조성하여 중국의 영향력을 약화시킬 수 있는 실현 가능한 방안을 심각하게 고려해야 한다.

셋째, 중국은 한반도 평화 프로세스와 평화정착에 대하여 시종일관 재편되는 동북아질서에서 자국의 영향력 유지와 강화라는 관점에 기초하고 있으므로, 한국은 북한 및 북핵문제 해결과 함께 재편될 동북아질서에 대한 장기적인 비전을 가지고, 한미동맹, 한일관계 및 동아시아 중견국들과의 연대 등에 대한 다층적인 구상을 수립하면서 대중정책을 추진해 나가야 할 것이다.

참고문헌

박홍서. 2006. “신현실주의 이론을 통한 중국의 대한반도 군사개입 연구: 1592년, 1627년, 1894년, 그리고 1950년 사례를 중심으로”, 『한국정치학회보』 제40집 제1호.

윤영관. 2016. 『외교의 시대』, 서울: 미지북스.

이성현. 2020. “미중경쟁 지정학 속의 북중관계”, 『일민국제관계연구』 제25권 제2호(겨울호).

이정남. 2017. “미중 경쟁시대 한국의 중국 인식과 정책”, 서승원·이정남 외 4인, 『중국은 우리에게 무엇인가』, 서울: 트리펌.

----. 2015. “중국의 대한반도정책의 딜레마: 전환과 지속의 갈림길에서”, 『한국과 국제정치』 제31권 제3호 2015년(가을) 통권 90호.

정은이. 2018. “김정은 위원장 방중과 대북 제재 전망”, 『ONLINE SERIES』 (통일연구원) CO18-28 (2018. 6. 27.).

“대북 최대한 압박 여전히 필요한 미국”, 『bbc中文网』 (2018. 7. 13.)

“대북제재 벌써 푸는 중.... 접경공장 10곳 재가동”, 『동아일보』 (2018. 6. 19.)

“中,북한 노동자 또 다시 묵인하나?” 『아사히신문』(2018. 4. 26.)

“중국의 대북 경고…“핵 고집 땐 간부·가족 가혹하게 처벌”, 『중앙일보』 (2020. 1. 10.).

中华人民共和国国务院新闻办公室. 2011. 『中国的和平发展(2011. 9)』, 北京: 人民出版社.

曾品元. 2002. “中国周边战略研究”, 暨南大学博士学位论文.

刘建飞·林晓光. 2002. 『21世纪初期的中美日战略关系』 ,北京: 中共中央党校出版社.

禚宝山·常庆波. 2004. “朝鲜半岛的地缘战略价值”, 『长春师范学院学报 』 第

23卷 第6期.

中和人民共和国 & 中共中央文献研究室编. 1994.『毛泽东外交文选』, 北京: 中国文献出版社-世界知识出版社.

董洁. 2019. "中韩建交中的中国外交决策再探讨",『中共党史研究』第8期.

张怀东. 2014. "习近平已奠定自己大外交家的风格和地位",『多维网』(2014. 11. 30.)

刘华·刘东凯·谭晶晶. 2014. "打造中国特色大国外交,"『新华网』(2014. 12. 29.).

伏波. 2013. 中国在朝鲜半岛的利益,"『领导者』2013. 6月刊.

时殷弘. 2020. "近乎全面的西方联合反华阵营正在浮现," http://www.aisixiang.com/data/123660.html(검색일: 2020. 11. 25.)

劉佳·周晶晶. 2014a "朝鮮對中國的價值在哪裡？" https://forum.ettoday.net/news/343368(검색일: 2014. 4. 9.).

刘佳·周晶晶.2014b. 中国对朝政策应该跳出"保与弃"的思维模式",『联合早报』(2014. 4. 13.).

朴扣东. 2020. "关于我国周边安全问题与对策的探讨",『察網』(2020. 5. 11.).

中共中央文献研究室·中国人民解放军军事科学院. 1997.『周恩来军事文选』(第四卷), 北京 : 人民出版社.

王海凡. 2014. "中朝"唇齿关系"的确立与弱化",『朝鲜·韩国历史研究』第十五辑(2014年).

王海凡·姜龙范.2014. "试论中国对朝鲜半岛战略价值的判定,"『延边大学学报(社会科学版)』5期.

李敦球. 2014. "不能"放弃"朝鲜这65年,"『环球时报』(2014. 11. 27.).

梁云祥. 2016. "中国对朝鲜"战略缓冲区"的矛盾与困境",『凤凰国际智库』(2016. 6. 30.).

叶胜舟. 2018. """六不" : 中国处置朝核困局的可选策略",『FT中文网』(2018. 8. 31).

陈向阳. 2019. “习主席访朝与新时期中朝关系”, 『领导科学论坛』 10期.

曹辛. 2019. “无核化幌子下, 朝鲜闷声重回“经核并进”, 事态正不利于中国,” 『FT中文网(FT Chinese)』 (2019. 4. 12.).

----. 2020. “中国在为拜登就任进行全球布局准备”, 『英国金融时报』 (2020. 11. 30.).

施君玉. 2018. “中俄朝副外长“闭门会” 推动形成三方共同立场”, 『大公报』 (2018. 10. 12.).

邓聿文, “特朗普的朝鲜政策正步前任后尘(2)”, 『联合早报』 (2018. 9. 12.).

王毅. 2017. “在习近平总书记外交思想指引下开拓前进”, 『学习时报』(2017. 9. 1.)

崔立如·张宸榕. 2020. “2019年朝核问题与中美朝三边关系演变,” US-China Perception Monitor(中美聚焦) (2020. 2. 7.).

“中华人民共和国外交部声明” (2018. 6. 12.).

“2018年6月12日外交部发言人耿爽主持例行记者会,” https://www.fmprc.gov.cn/web/wjdt_674879/fyrbt_674889/t1568094.shtml (검색일: 2018. 6. 13.)

“外交部：中方支持朝鲜半岛早日结束战争状态”, 『新华网』 (2018. 4. 19.).

“外交部:半岛问题相关直接当事方应勇于承担起责任”, 『人民网(国际频道)』 (2017. 8. 30)

“习近平：中国必须有自己特色的大国外交”, 『新华网』 (2014. 11. 30.).

“特朗普金正恩会谈:与中美朝三方利益互动思考,” 『FT中文网』 (2018. 4. 16.).

“半岛局势中, 中国扮演何种角色？” 『上观新闻(Shanghai Observer)』 (2018. 4. 30.)

“河内"金特会"后文在寅首语特朗普, 能否打破朝美核谈僵局?" 『上观新闻(Shanghai Observer)』, (2019. 4. 9.)

“习近平同朝鲜劳动党委员长金正恩在大连举行会晤”, 『新华网』(2018. 5. 8.)

“传金正恩邀中国合作开发朝鲜四大地区?”『联合早报』(2018. 6. 7.)

Doughterty , James E. & Pfaltzgraff, Robert L. 2000. *Contending Theories of International Relations: A Comprehensive Survey* (5th Edition), Longman Press.

Henriksen, Thomas H. 2018. “North Korea has come in out of the cold-a positive step,” *The Hill*, (Jun 17, 2018).

Shambaugh, David. 2004/2005. “China Engages Asia: Reshaping the Regional Order.” *International Security* Vol. 29, No. 3 (Winter, 2004/2005).

5장

China's National Interests and the Korea Nuclear Crisis

Jian Cai

(Fudan University)

I. Introduction

The first Korean nuclear crisis which had broken out in 1992 was eased up with the signing of the Agreed Framework by United States and the Democratic People's Republic of Korea(DPRK) in 1994. When the DPRK violated the agreement, the second Korea nuclear crisis broke out in 2002 and reached a climax when the DPRK conducted its first nuclear test on October 9, 2006. With all the efforts made by the international community, the murky crisis has led to another long-range missile test on April 5, 2009. When the international community condemned DPRK's activity as a provocation, as usual DPRK retreated from the six-party talks for a restart-up of the frozen nuclear facilities. Furthermore, on May 25, 2009, DPRK conducted its second nuclear test. The Cheonan incident and the shelling of Yeonpyeong island in 2010 increased the tensions sharply. Once again the Korea nuclear crisis caught the world's critical gaze. After that the world witnessed the death of Kim Jong-il and his son's succession in 2011. Since Kim Jong-un was so young and had an experience of studying abroad, the international society anticipated that the young leader would change his father's hard line. But unfortunately the young leader adopted an even tougher policy. He changed his father's promise of denuclearization of Korean peninsula and declared that DPRK is a nuclear state in its new constitution in 2012(*Chosunilbo* May 31, 2012). According to the new strategy, DPRK launched another missile at the end of 2012 and conducted the third nuclear test. The Korean nuclear crisis again peaked on the international stage. What purposes are behind these actions of the DPRK, which in the short run has increased tensions? Whatever the political and economic consequences for Pyongyang, the most important goal for the international community is to focus on how to cope with the nuclear crisis. This article analyzes the reasons and purposes for the DPRK's nuclear tests, considers the origin and development of the Six Party Talks, and concludes that the talks, while frustrating to various parties, have not been a total failure since they were moving in the right direction. The article examines the changing Sino-DPRK relationship and concludes that China should develop a long-term strategy toward the Korean peninsula and change its diplomatic policy toward the DPRK.

II. DPRK Nuclear Crisis

1. The reasons of DPRK's nuclear development

People kept asking why the DPRK has carried out the nuclear test in defiance of the international community's opposition. From my point of view, there are two important types of factors which should be taken into account. The one is the objective factor and the other is the subjective. The objective factor is that the isolated DPRK should make an effort to strengthen its forces, and to deal with the threat of external hostile forces in order to maintain its safety. Basically, to protect its national security and to deal with the United States' long pursued hostile policy is the objective factor which spurs the DPRK to launch missiles and conduct nuclear weapons tests(Cai 2009, 27). The subjective one is that DPRK wants to maintain internal stability and hence, maintain the regime.

As we know, the Korean Peninsula is the only place where the Cold War is still remaining, and military confrontation has existed since the Korean War. So the Korean nuclear issue can be seen as a continuation of the Cold War. There is a long history of military confrontation in the Korea peninsula between the United States and DPRK. As early as in the Korean War, the United States repeatedly threatened to use nuclear weapons against DPRK. After the war, the two sides signed an Armistice Agreement instead of a peace treaty. The United States not only stationed a large quantity of troops in the ROK, but also provided a nuclear umbrella to the ROK. In addition to that, the United States has even deployed several kinds of tacticle nuclear weapons in the Republic of Korea from 1958 to 1992(Bin Li 2004, 8). It is the U.S. nuclear threat to DPRK that stimulated DPRK to begin to seek its own nuclear program from the 1960s on through the 20th century(Li 2004, 8).

After the Cold War, with the disintegration of the Soviet Union and the normalization of Sino-ROK relations, the "north triangle alliances" disappeared, but at the same time, the "south triangle alliances" were enhanced. (During the Cold War, by three treaties, i.e. Sino-Soviet Treaty of Friendship, Alliance and Mutual Assistance, The DPRK-Soviet Union Agreement on Friendship, Cooperation and Mutual Assistance, the Sino-DPRK Treaty of Friendship, Alliance and Mutual Assistance, China, Soviet Union and DPRK constructed a North triangle alliance to against the South triangle alliance, which consisted of the Treaty of Mutual Cooperation and Security between the United States and Japan, ROK-American Mutual Defense Treaty and the DPRK's security environment deteriorated. When George W. Bush took office, he pursued the notorious unilateralism worldwide and adopted a tough policy of containment towards DPRK (Hoadley 2002, 6-8). Though this tough policy eased up at the latter part of the Bush administration, the United States kept pressuring DPRK to completely abandon its nuclear program(U.S. Department of State 2005). It is this very hostile policy toward DPRK which the United States has consistently pursued for decades that posed a serious threat to DPRK's security. Due to that DPRK couldn't give up its pursuit of military power, especially the possession of missiles and nuclear deterrence capability. DPRK repeatedly said that it is precisely because of the United States' threat of war and sanctions that compelled them to start "launching missiles and conducting the necessary nuclear test"(*Korean Central News Agency* April 30, 2003).

Secondly, the launching of missiles and conducting of nuclear test is a product of DPRK' subjective needs. By doing this, Kim Jong-Il and Kim Jong-en aims to strengthen its political and social control of DPRK in order to maintain the stability of the regime(Choi 2006, 1).

As a result of long-term international sanctions, domestic natural disasters, and also the rigidity of its economy, DPRK's economic base is very fragile(Liu and Liu, 2007). The DPRK leader believes that a moderate economic reform is necessary, but economic reform and an open door policy may lead to social and political reforms which may cause his people to doubt about the legitimacy of his rule, and may finally shake its foundation. That is an outcome which the leaders of DPRK may be unable to face with. Therefore, implementing military-first politics, launching missiles and conducting nuclear tests is the effective means to consolidate Kim's political power and to bolster the spirit and morale of the people. And this is just because nuclear weapons are regarded as a symbol of national strength and scientific and technological prowess. For example, on April 9, 2009, DPRK held the Plenary Meeting of the 12th Supreme People's Assembly, and Kim Jong-Il was re-elected as chairman of DPRK's National Defense Commission(*The Guardian* April 9, 2009). It is not difficult to see that DPRK chose to launch the missile or "satellite" on April 5, just a few days before the convening of the 12th supreme people's Assembly, to encourage its people, boost national morale, raise the prestige of the ruling party and thus enhance the stability of the regime. It's no doubt that the young leader Kim Jong-un fully inherited his father's strategy.

But what are the real purposes of missile launches and nuclear tests? Does DPRK really want to possess nuclear weapons or is it merely a politic means?

2. The purposes for DPRK's nuclear tests

For a long time there has been a theory that the DPRK claim about developing nuclear weapons was just a bluff, that it had neither the desire nor the ability to carry it through(Zhang 2006, 3) and that it was only wielding the political card. Later, the progress DPRK made in the field led to the theory that its development of nuclear weapons was aimed at discouraging invasion, since the United States has labeled it as part of the "axis of evil"("Axis of evil" is a term initially used by the former in his on January 29, 2002 and often repeated throughout the rest of his stay in office, in order to describe governments that he accused of helping and seeking). and threatened its security. But now we can see clearly that the theory is neither accurate nor correct. The DPRK not only has the desire but also has the ability to possess nuclear weapons.

From the development of the DPRK's nuclear crisis during the past decade, it is easy to state that to possess nuclear weapons was a strategic decision made by DPRK and to claim abandonment of its nuclear program or denuclearization was just a tactic. DPRK sincerely wants to become a nuclear power, but just because of the adverse environment in the international community, DPRK had to make full use of the so-called "nuclear card" tactics in order to achieve its main objectives - regime security, sovereignty recognition and non-aggression pact, that is to end the United States' hostile policy and to gain reliable security guarantees from the United States. Launching missiles and testing nuclear weapons is serving as a tactical means for the purpose of "taking the brinkmanship policy and pulling the United States' concessions on the negotiating table"(Cai 2009, 28). After Obama took office, the United States adopted the "strategic patience" policy toward DPRK, the ignored DPRK considered that the United States is still insisting in Bush's policy and once again resorted to his trump card, i.e. launching the "Satellite", retreating from the six-party talks and resuming its nuclear facilities, in order to let the United States to make a decision.

The three nuclear tests conducted by the DPRK revealed that DPRK's true aim is "to master a powerful instrument in order to constrain the surrounding big powers and work to transform its strategic relations with them"(Zhang 2006, 3-4). It is unlikely that they will give them up because nuclear weapons can offer them great benefits.

The first benefit that nuclear weapons can offer is to deter a potential adversary from invading or threatening a nation's core interests. Faced with the external pressures DPRK wants to possess nuclear weapons for protecting its own national security. For them, possessing nuclear weapons and the deterrence it provides always seems to be more reliable than giving up the development of nuclear weapons and exchanging them for uncertain or empty security assurances.

The second one is that nuclear weapons may restore the strategic balance between North and South Korea. When North and South Korea were founded in 1948, there existed an acute struggle over inheritance of the Korean Peninsula. But the balance of aggregate national strength began to tip in the early 1970s, and widened dramatically with the increase of South Korea's economic power which became 30 times greater than that of the North. What frustrated the North most is that there is almost no conceivable reversal in the near future. DPRK leaders consider mastering nuclear weapons as the only possible measure to dispel the fear of failure in this competition and, even possibly to take the initiative in unifying the Korean Peninsula through force.

The third one is that nuclear weapons will help alleviate the massive input of resources required for conventional weaponry and shift them to economic development(Shen 2006, 25). Though in the initial stages of nuclear development a significant outlay is necessary, DPRK has made this investment and can now reap the economic benefits of its nuclear effort.

In addition to those benefits, DPRK's bold move to develop nuclear weapons also makes war on the Korean Peninsula more unlikely. DPRK leaders have always lacked confidence in their own security which has been exacerbated by the American invasion of Iraq. It believes that if Saddam Hussein had nuclear weapons at his disposal, the United States would not have dared to attack and topple his regime. Though DPRK has sufficient artillery and short-range missiles to cause massive casualties to the U.S. forces in South Korea, the nuclear weapons constitute an additional deterrent, aimed at making the United States take DPRK more seriously. The balance of troops between DPRK and the United States as well as the destructive force of nuclear weapons simply makes it hard for the United States to take military action against DPRK.

For these reasons and purposes, DPRK has obscured its real intentions and has deluded all the concerned countries into believing that it could be persuaded to give up its nuclear program during the past years of negotiations. In this way, DPRK has bought itself more than a decade, safely passing unscathed through the period of tense security crisis, and successfully stepping over the nuclear threshold. And for the same reasons DPRK will not likely to abandon its nuclear weapons, so how to cope with the nuclear crisis?

III. How to cope with the Korea nuclear crisis

1. Six-party talks

For a long time, how to solve the peace and security problem on the Korean peninsula has been one of the key problems in the minds of leaders in northeast Asian countries. International society has made a lot of diplomatic efforts and attempts in years past; the Six-party talks were the most recent achievement. But when DPRK launched its "satellite" on April 5, 2009, conducted its second nuclear test on May 25, 2009 and quit the six-party talks, the international community began to consider the six-party talks as a total failure. But in my point of view, the six-party talks were not a failure but just a frustration, because the direction of the six-party talks is correct. In fact the six-party talks have provided a powerful means to resolve the Korean nuclear crisis and promoted the establishment of security mechanisms in Northeast Asia.

2. Six-party talks as a historical choice

In the Cold War, there was a large scale hot war taking place on the Korean peninsula. After the Cold War, the Korean peninsula was the only place that maintained the Cold War mechanism. The United States have not realized the normalization of relations with DPRK; from international law's perspective, DPRK and the United States are still in a state of war. Both sides maintain a large quantity of military power along the military demarcation line. After "the north triangle alliance" disappeared, in order to safeguard its security DPRK began to quicken its nuclear research and development which has finally resulted in an uclear crisis. The nuclear crisis greatly intensified the security dilemma in northeast Asia. So the Korean peninsula issue is the key problem that hinders peace and security in northeast Asia. During the past decades, those concerned countries continuously tried to establish a peace and security mechanism in this area. The six-party talks were the most recent achievement towards this direction and it was also a historical choice.

How to building a security framework in northeast Asia, those interrelated countries have put forward to a lot of proposals and assumptions. During the 1970s, "Nixonism" initiated a pull back from Asia; US president Nixon put forward to a proposal in the UN to hold a four-party talks involving China, DPRK, Korea and the United States (Xia 2005, 2). Also in the 1970s, Kin Dae-jung put forward a proposal to set up a six-party framework which included China, USA, USSR, Japan, DPRK and Korea (Ren 2005, 40). In June 1979, US president Jimmy Carter suggested holding three-party talks by the United States, Korea and DPRK. In 1988 Korean president Roh Tae-Woo put forward a proposal at the General Assembly of UN to hold a peace consultation conference including the USA, China, USSR, DPRK, Japan and ROK, namely 4+2 plan, in order to sign a Peace Agreement to replace the Korean Armistice Agreement(Schoff 2006, 1). When the first Korean nuclear crisis broke out, U.S. president Clinton suggested holding four-party talks by the USA, China, DPRK and Korea(Institute for Defense & Disarmament Studies) According to this suggestion the four countries held six rounds of four-party talks in Geneva(*People's Daily*, Dec. 3, 1997). There were two objects of the four-party talks, one was to ease up the intensity of the Korean peninsula and the other one was to establish the peace mechanism. But, for various reasons the four-party talks did not gain any tangible achievements. Though the four-party talks failed, it had significance. Holding the multilateral talks meant that the endeavor to establish the peace and security mechanism in northeast Asia had taken the first step.

Japan and Russia felt dissatisfaction about the four-party talks since they were excluded. After DPRK launched a missile in1998, Japan Prime Minister Keizo Obuchi put forward a clear suggestion to hold a six-party talks which would include Japan and Russia(Johnstone 1999). In 2001, after Russian president Vladimir Putin paid a political visit to Korea, in the association announcement he also requested a six-party talk. In October 2002, when the second Korean nuclear crisis broke out, U.S. president George W. Bush insisted on not to holding bilateral conversation with DPRK and stuck to multilateral negotiations which resulted in a serious crisis in the Korean peninsula. This crisis severely challenged China's diplomatic strategy which aims to create a peaceful outside environment for domestic economic construction. For China, solving the Korean nuclear crisis through a peaceful conversation, maintaining the peace and stability of Korean peninsula and realizing a nuclear-free Korean peninsula is a necessity for seizing the 20 years strategic opportunity period of the new century and for creating a favorable peripheral environment for domestic economic construction. China made a lot of diplomatic efforts between U.S. and DPRK and the three-party talks held in Beijing in April 2003. With the 'shuttle diplomacy' of China and other countries in effect, in August 2003, the six-party talks involving China, USA, Russia, Japan, DPRK and Korea were held in Beijing(*People's Daily* Aug. 27, 2003).

The Six-party talks were the result of sustained exploration and struggle by northeast countries, and it was a historical choice. The Six-party talks not only provided a diplomatic platform for resolving the Korean nuclear crisis, but also promoted the establishment of a security mechanism in northeast Asia.

3. From Three-party talks to Six-party Talks

The current Six-Party Talks originated from the three-party talks held in 2003. After the United States accused that DPRK had engaged in secret highly enriched uranium(HEU) program, the second Korean nuclear crisis broke up in 2002. As usual the DPRK demanded a solution to the emerging highly enriched uranium(HEU) crisis bilaterally with the United States, but the United States refused to deal with Pyongyang directly and preferred to broaden the field of players. The George W. Bush Administration did not want to repeat the 'failure' of the Clinton's Administration's Agreed Framework(The Agreed Framework between the United States of America and the Democratic People's Republic of Korea was signed on October 21, 1994 between) and the. The objective of the agreement was the freezing and replacement of DPRK's indigenous program with more resistant power plants, and the step-by-step normalization of relations between the U.S. and the DPRK. It was broken down in 2003).

In February 2003 when US Secretary of State Colin Powell went to ROK to attend the inauguration of President Roh Moo Hyun, he stopped in Beijing and suggested that Beijing would be well positioned to organize and host multilateral talks involving the United States, China, Japan, and North and South Korea. The Chinese did not respond directly to his suggestion. They remembered the failure of the four-party talks in Geneva, when former Foreign Minister and Vice Premier Qian Qichen went to Pyongyang in early March of 2002 and offered five-party talks to DPRK. DPRK rejected that proposal at once, so Vice Premier Qian revised his suggestion on the spot and offered three-party talks instead. However, Pyongyang continued to request bilateral talks between the US and the DPRK. Concurrently, China tried to convince Washington that the talks truly would be trilateral in every sense of the word and not simply an excuse for the DPRK and the United States to meet bilaterally. Given the fact that Pyongyang and Washington were exchanging information through the New York channel, China needed to take part in the conversation to prevent their deception. China stressed that the trilateral talks would be the official and only channel of communications dealing with the nuclear crisis. But because the United States did not want to negotiate with DPRK directly, when DPRK sent comments or requests through its UN Mission in New York, the United States replied through China. This arrangement of communications concerning trilateral talks served Beijing's purposes well and brought the DPRK and United States together in Beijing in April 2003 at last for an initial round of talks aimed at resolving the emerging second nuclear crisis.

But when the three parties met in late April 2003 in Beijing, the DPRK's delegation head still insisted on meeting with the United States delegation bilaterally. The United States delegation, on strict instructions, refused to meet the DPRK. Based on that refusal, DPRK ended their participation and returned to Pyongyang. What China hoped for did not occur at the end of the three-party talks.

Almost immediately after the failure of the April session, the Chinese began to resurrect the three-party talks, but this time, the United States insisted that any future rounds should include the ROK and Japan. Upon Moscow's insistence, the United States quickly added Russia to the list of future participants in any multilateral talks. In late July 2003,

Chinese vice Minister Dai Bingguo suggested another round of three-party talks to Secretary Powell because Pyongyang insisted that it would not attend any five-or six-party talks. As a compromise the United States agreed that it could attend an initial three-party session if it were followed immediately by a full six-party round of talks.

In late August 2003, the first round of Six-Party Talks was held in Beijing. According to the agreement the US and DPRK delegations held a brief talk for approximately thirty minutes. However ,at the end the plenary talks, unable to reach agreement on a joint statement it ended with a chairman's statement,“ The major result coming out of the talks is that all parties share a consensus with the following main points: All parties are willing to work for peaceful settlement of the nuclear issue on the Korean Peninsula through dialogue, and to work to safeguard peace and stability that brings about lasting peace on the Peninsula; All parties maintain that while a nuclear-free Peninsula should be realized, the DPRK's security concerns and other are as should be considered and resolved; All parties agree, in principle, to explore and decide on an over all plan for solving the nuclear issue In stages and through synchronous or parallel implementation in a just and reasonable manner; All parties agree that in the process of peace talks, any action and word that may escalate or intensify the situation should be avoided; All parties agree that dialogue should continue to establish trust, reduce differences, and broaden common ground; All parties agree that the six-party talks should continue, and the date and venue for the next round of talks should be decided through diplomatic channels as soon as possible"(*People's Daily* 29 August 2003).

When the chairman of the six-party talks, Wang Yi, was asked by reporters in Manila a few days later what he thought the biggest obstacle to achieving a next round of Beijing talks was. He said frankly, “The American policy towards DPRK—this is the main problem we are facing"(*Manila Chinese Commercial News* 2 September, 2003).

On February 25-28, 2004, the second round of Six Party talks was held in Beijing. But this time, the six-parties could not gain a joint statement and Beijing had to issue a Chairman's Statement once again: “The Parties agreed that the second round of the six-party talks had launched the discussion on substantive issues, which was beneficial and positive, and that the attitudes of all parties were serious in the discussion.

While differences remained, the Parties enhanced their understanding of each other's position through the talks. The Parties expressed their commitment to a nuclear-weapon-free Korean Peninsula, and to resolving the nuclear issue peacefully through dialogue in a spirit of mutual respect and consultation on an equal basis, so as to maintain peace and stability on the Korean Peninsula and the region at large. The Parties expressed their willingness to coexist peacefully. They agreed to take coordinated steps to address the nuclear issue and the related concerns. The Parties agreed to continue the process of the talks and agreed in principle to hold the third round of the six-party talks in Beijing no later than the end of the second quarter of 2004. They agreed to set up a working group in preparation for the plenary session. The terms of reference for the working group will be established through diplomatic channels"(*Xinhua News Agency*, 28 February 2004).

After the end of the second round of Six-party talks the United States and the Russia expressed their dissatisfaction for this kind of idle negotiation. The Russian head of the delegation said, "If the negotiating process is stalled, a number of countries could take certain measures against DPRK, for example, a blockade, which could further exacerbate the political and even military atmosphere on the Korean Peninsula"(Pritchard 2005, 31). The United States also threatened that if Pyongyang did not admit to its HEU programme and "commitment to complete, verifiable and irreversible dismantlement its program", all options were still on the table—a not so subtle threat that military action was possible(Pritchard 2005, 31). In a response, Chinese vice Foreign Minister Wang Yi said that all parties should make concerted efforts in three areas: First, they should carefully study key standpoints of substantial issues and solutions proposed during the talks, from which they could summarize positive factors. Second, a working group should be formed as soon as possible to prepare for the third round talks. Third, the parties should maintain a peaceful environment throughout the process of the talks and avoid words or actions that might intensify differences or provoke other parties(*Xinhua News Agency*, 5 March 2004). These remarks criticized the United States and Russia indirectly.

The third round of Six-Party Talks in late June 2004 proved to be an important session. If the third round talks followed the pattern of the previous two sessions, many observers believed it could have been the end of the multilateral process. But this time the situation changed somewhat, the talks between the two Koreas made progress. Japanese Prime Minister Koizumi made a second trip to Pyongyang. China made public comments about the need for additional US flexibility in dealing with DPRK. The US administration also faced problems such as continued critical world opinion, the coming election which influenced the United States to make its first concrete proposal to resolve the nuclear crisis during the third round of talks. In an initial three months period, the DPRK would provide a complete listing of all its nuclear activities, and cease operations of all its nuclear activities; permit the securing of all fissile material and the monitoring of all fuel rods; and permit the publicly disclosed and observable disablement of all nuclear weapons/weapon components and key centrifuge parts. In return, other parties would take corresponding steps such as provide the heavy fuel to DPRK. DPRK eventually rejected the US proposal and said, "The denuclearization of the Korean peninsula is our ultimate goal, we once again made it clear that if the United States gives up its hostile policy against us through action, we will transparently renounce all our nuclear weapons-related programs. We presented a concrete plan on nuclear freeze, on the premise that if the United States withdraws the CVID demand and accept sour demand for reward"(DPRK Spokesman's 25 June press conference at Six-party Talks in Beijing). Though the third round talks did not get any meaningful achievements, compared with the former two rounds talks, it had made progress that includes both the United States and the DPRK having made proposals.

4. The Six-party talks promoted the establishment of security mechanism in Northeast Asia greatly

As we know, at first the six-party talks aim was to resolve the DPRK's nuclear crisis, it was just a mechanism for solving a crisis, but while holding three rounds of Six-party talks, this mechanism kept developing. This mechanism might not only develop into a realistic and feasible form to solve the DPRK's nuclear crisis, but also might even solve the security issues of northeast Asia. First of all, the Six-party talks seized the sticking point(DPRK's nuclear issue) which affects the security of Korean peninsula and northeast Asia, solving the DPRK's nuclear issue has a crucial significance for maintain peace in Korean peninsula and in region. Secondly, the six-party talks have included all those countries which have important interests in this area. These countries negotiated on an equal basis and consulted sufficiently to gain some agreement or consensus which will no doubt lay a solid foundation for future security cooperation in northeast Asia.

In the past 6 years, the Six-party talks held six rounds successively, though the formula was not changed, the content and topics for discussion kept developing and deepening. In the previous three rounds of the talks, the DPRK's nuclear issue was the key topic for discussion, but from the fourth round Six-party talks, something changed.

From July 26th to August 7th, and from September 13th to 19th, 2005, the fourth round of the Six-party talks was held in Beijing again. Unlike the previous three rounds of Six-party talks, the fourth round of talks ended with a Joint Statement. In this joint statement, "the Six Parties unanimously reaffirmed that the goal of the Six-Party Talks is the verifiable denuclearization of the Korean Peninsula in a peaceful manner." And "the DPRK committed to abandoning all nuclear weapons and existing nuclear programs and returning, at a nearly date, to the Treaty on the Non-Proliferation of Nuclear Weapons and to IAEA safeguards. "In return, the United States affirmed" that it has no nuclear weapons on the Korean Peninsula and has no intention to attack or invade the DPRK with nuclear or conventional weapons." The ROK then "reaffirmed its commitment not to receive or deploy nuclear weapons in accordance with the 1992 Joint Declaration of the Denuclearization of the Korean Peninsula, while affirming that there exist no nuclear weapons within its territory. The 1992 Joint Declaration of the Denuclearization of the Korean Peninsula should be observed and implemented." "The DPRK stated that it has the right to peaceful uses of nuclear energy. The other parties expressed their respect and agreed to discuss, at an appropriate time, the subject of the provision of light water reactor to the DPRK. "The Six Parties undertook promotion of economic cooperation in the fields of energy, trade and investment, bilaterally and/or multilaterally. China, Japan, ROK, Russia and the US stated their willingness to provide energy assistance to the DPRK. The ROK reaffirmed its proposal of July 12th, 2005 concerning the provision of 2 million kilo watts of electric power to the DPRK"(Ministry of Foreign Affairs of the People's Republic of China).

Maybe while in the negotiations these terms were familiar. In fact almost all these terms had been written in the Framework Agreement in 1994 reached by the United States and DPRK, but the 9.19 Joint Statements is different from the Framework Agreement in many aspects. It also included these points:

"The DPRK and the United States undertook to respect each other's sovereignty, exist peacefully together, and take steps to normalize their relations subject to their respective bilateral policies. The DPRK and Japan undertook to take steps to normalize their relations in accordance with the Pyongyang Declaration, on the basis of the settlement o f unfortunate past and the outstanding issues of concern. The Six Parties committed to joint efforts for lasting peace and stability in Northeast Asia. The directly related parties will negotiate a permanent peace regime on the Korean Peninsula at an appropriate separate forum. The Six Parties agreed to explore ways and means for promoting security cooperation in Northeast Asia"(Ministry of Foreign Affairs of the People's Republic of China).

These three terms proved to be a milestone. Though the United States has regarded DPRK as one of the "axis of evil," significant progress was made for peace in Northeast Asia as both nations agreed to "respect each other's sovereignty and exist peacefully together"(For the U.S., this is premised on the North's abandonment of its nuclear pursuits.) Japan's promise to normalize relations with DPRK in accordance with the Pyongyang Declaration of September 2002 is equally significant as it came about through a multilateral framework. Apart from the relations normalization, the joint statement also brought forward clearly for the first time that "a permanent peace regime on the Korean Peninsula" should be established to keep the "lasting peace and stability in Northeast Asia." This statement pointed out the correct direction for solving Korea nuclear crisis by establishing security mechanism in northeast Asia.

The 9·19 joint statement is just a jumping-off point, fulfilling what has been outlined in the joint statement now becomes crucial. But in the Oct. 2006, the nuclear test put the nuclear crisis to a climax. The confrontation between the United States and DPRK intensified rapidly and seriously threatened the peace of northeast Asia. Some People began to suspect the validity of the Six-party talks. However those countries didn't give up hops but made more and more effects to promote solving this crisis. From February 8th to 13th 2007, the third session of the fifth round of Six-party talks held in Beijing and ended with an Initial Actions for the Implementation of the Joint Statement.

At the very beginning the statement said that the Parties had held serious and productive discussions on the actions each party will take in the initial phase for the implementation of the Joint Statement of September 19, 2005, and all the Parties had reaffirmed their common goal and will to achieve early denuclearization of the Korean Peninsula in a peaceful manner and reiterated that they would earnestly fulfill their commitments in the Joint Statement; and the Parties agreed to "take coordinated steps to implement the Joint Statement in a phased manner in line with the principle of 'action for action'"(*The Washington Post* 2007/02/13).

Those kinds of steps to implement the Joint Statement include:

The DPRK will shut down and seal the Yongbyon nuclear facility and will discuss with other parties a list of all its nuclear programs. The US and the DPRK will start bilateral talks and moving toward full diplomatic relations. The US will remove the DPRK from the list of the state-sponsor of terrorism and terminating the application of the Trading with the Enemy Act to the DPRK. Japan and the DPRK will start bilateral talks and normalize their relations. The Parties agreed to cooperate in economic, energy and humanitarian assistance to the DPRK and will provide emergency energy assistance to the DPRK, that is 50,000 tons of heavy fuel oil (HFO) within next 60 days. The Parties agreed to establish five Working Groups: 1. Denuclearization of the Korean Peninsula; 2. Normalization of DPRK-US relations; 3. Normalization of DPRK-Japan relations; 4. Economy and Energy Cooperation; 5. Northeast Asia Peace and Security Mechanism.) For carrying out the initial actions and all these five working groups will meet within next 30 days. Once the initial actions are implemented, the Six Parties will hold a ministerial meeting to confirm implementation of the Joint Statement and explore ways and means for promoting security cooperation in Northeast Asia. The Parties will take positive steps and make joint efforts for lasting peace and stability in Northeast Asia. The directly related parties will negotiate a permanent peace regime on the

Korean Peninsula at an appropriate separate forum(Ministry of Foreign Affairs, the People's Republic of China).

Compared with 9·19 Joint Statement, the 2.13 Joint Statement had made a big progress. One of the important differences between the two Joint Statements was that the six-party talks no longer take "the lasting peace of Korean peninsula" as an affiliated object or a bait for realizing the nuclear-free of the Korean Peninsula, but clearly indicated that the strategic goal of the Six-party talks is not only to realize the denuclearization of Korean peninsula, but also to establish a permanent peace regime in the Korean peninsula and set up a security cooperative mechanism in northeast Asia(Cai 2008, 12). The concerned countries realized gradually that it is the lack of peace and security mechanisms in northeast Asia that resulted in the lasting intensity of Korean peninsula. Only when peace becomes a clear goal, can DPRK give up their nuclear weapons. To this point of view, 2.13 Joint Statement is a real milestone.

From 18 to 20 July 2007, the sixth round of Six Party talks were held in Beijing. In the press communiqué it said that the Parties will earnestly fulfill their commitments in the Joint Statement of 19 September 2005 and the agreement of 13 February 2007. To fulfill the goals such as denuclearization of the Korean Peninsula, normalization of relations between the countries concerned and lasting peace and stability in Northeast Asia, the Six Parties will take three steps: firstly, the five working groups will convene their respective meetings within August; secondly, In early September, the Parties will hold the Second Session of the Sixth Round of the Six-Party Talks; thirdly, following the Second Session of the Sixth Round of the Six-Party Talks, the Parties will hold a ministerial meeting to confirm and promote the implementation of the September 19 Joint Statement, the February 13 agreement and the general consensus, and explore ways and means to enhance security cooperation in Northeast Asia.

During the past five years the Six-party talks gradually developed from a mere mechanism for solving crisis to a forum for discussion and establishment of the security cooperation mechanism of northeast Asia. Scan the world, and almost every region in the world has their own regional security and cooperative mechanism such as EU, ASEAN, AU and etc, but there is not a similar mechanism to deal with the out burst of bilateral and regional conflicts in northeast Asia, an area where a lot of great powers had broken up conflicts throughout the history of the region, so it poses a significant potential trouble are a to international security. Setting up the working group of Northeast Asia Peace and Security Mechanism according to the 2.13 Joint Statements is an important breakthrough; it will no doubt promote the establishment of the security mechanism in northeast Asia. It will also affect the peace and stability of northeast Asia and bears along-range strategic meaning.

Though the six-party talks achieved a lot of progress, before we can celebrate the achievements, the six-party talks bogged down once again at the end of 2007 when DPRK refused to declare its nuclear program thoroughly. When DPRK launched its "satellite" at April 5, 2009 and conducted its second nuclear test at May 25, 2009, the international community considered the six-party talks as a total failure and the mission of the six-party talks finished. They thought that the international community should have to face to a nuclearized DPRK. But shall we? And as a chairman nation in the six-party talks and a country which has a great interest in Korean peninsula, when the Six-party talks seem likely to fail, how will China respond?

IV. The changing Sino-DPRK relations

1. The continuity of china's policy toward DPRK

The Korean Peninsula is located at the Northeast Asian strategic hub where the land and sea powers meet. The special location of the Korean peninsula gives it particular strategic significance in international politics. Since DPRK is adjacent to China, when the emperor of Ming dynasty moved his capital to Beijing five hundred years ago, the Korean Peninsula has been of particular importance in China's security during the past few centuries for a special geopolitical reason. As a result, China's policy toward the Korean peninsula has a consistent characteristic. That's why the Ming Dynasty used its army to help the Korean Lee Dynasty to fight against Japan in 1592, why the Qing government sent troops to t he Korean peninsula for fighting against Japan in 1894, and why Chiang Kai-shek supported the Republic of Korea's independence movement.

And it is also why the newly founded China was involved in the Korean War in the 1950s. Due to geopolitical reasons these choices were inevitable.

Nowadays DPRK serves as China's strategic buffer zone in Northeast Asia. With a shared border of 1,400 kilometers, DPRK acts as a guard post for China, keeping at bay the tens of thousands of U.S. troops stationed in South Korea. This allows China to reduce its military deployment in Northeastern China regions and focus more directly on the issue of Taiwanese independence. To a certain extent, DPRK shares the security threat posed by U.S. military forces in South Korea and Japan. So the cooperation and assistance between China and DPRK is, at a minimum, mutual. There is an argument that China has helped DPRK without getting anything in return(Nam Ju Lee 2005). This statement is partially wrong. There is no altruism in international relations, in fact, by providing aid to DPRK; China is in essence helping itself. It is said that "for approximately no more than a few billion dollars a year, China has been provided with more than 50 years of peace"(Pan 2003, 14).

China's interests in the Korean Peninsula are based in these two aspects: one is to keep the stability of the Korean Peninsula; the other is to establish the denuclearization of the peninsula.

Firstly, China's diplomatic strategy determines its interest in peaceful diplomacy on the Korean Peninsula. After adopting reform and the open door policy, China set up a grand development strategy which mainly focused on economic construction. According to the principle that diplomatic policy should serve domestic affairs, China has been insist in g on independent, peaceful, diplomatic policy during the past thirty years. The aim is to create a peaceful and benign outside political environment that does not hinder domestic economic reforms. China's concerns and attentions not only go to the European countries, the United States and other developed countries, but particularly to its neighbor countries, just because the peace and security of its surrounding region is directly related to its domestic economic construction and development. So China's first concern on the Korean peninsula is to avoid war, to maintain the stability and peace. That is why China has always resolutely opposed resolution of the Korea nuclear crisis by force from the beginning to the end.

Any military strike could lead to a comprehensive Korean War, leading to regional instability which would undoubtedly affect China's economic construction seriously. If a war breaks out on the Korean Peninsula again, in accordance with the Sino-Korean Treaty of Friendship, Co-operation and Mutual Assistance signed in 1961, China will face very difficult choices.

The outbreak of war would bring some awesome consequences. First, since China has very deep economic ties with South Korea, Japan and the United States, the outbreak of war would destroy the prospects of China's economic development. Secondly, the outbreak of war is likely to lead to the collapse of the DPRK regime. The sudden collapse of the DPRK regime will not only bring tremendous economic and security consequences to China, at the same time, it will lead to the rapid reunification of the Korean Peninsula and the future of the Korean peninsula will become uncertain.

The war would present a serious refugee problem. At present, there are tens of thousands of illegal border violators from DPRK living in China due to sustained famine. It has increased China's economic and social burdens, and if there is awar, the refugee problem will indeed become a very serious problem(Cai 2009. 28).

China's interests in the denuclearization of the Korean peninsula are founded in these three reasons for not wanting DPRK to become a nuclear power:

A nuclearized DPRK may not serve its desire for safety, but may greatly increase the instability in the region and the possibility of military conflict.

DPRK's development of nuclear weapons would undermine the Nuclear Non-Proliferation Treaty system, leading to a regional arms competition and nuclear proliferation. This will pose a serious threat to the stability of the international community, and the follow-up acquisition of nuclear weapons by Japan, South Korea and even Taiwan will be fatal to China's interests.

Deliberations on how to solve the DPRK nuclear crisis has caused China to experience tremendous diplomatic pressure. China is DPRK's traditionalally and the largest aid donor to the Korean economy. In the past decade, the United States has repeatedly hoped for and requested China's use of political and economic leverage to force DPRK not to play with dangerous brinkmanship. Therefore, the outbreak of the DPRK nuclear crisis not only increases the difficulty for China to maintain the balance between the United States and DPRK, but also the difficulty in handling the relations between the ROK and DPRK(Cai 2009, 147).

So we can find that it is China's vital interests on the Korean Peninsula that make China to insist in the consistent policy. However, with the development of the situation, while China adhering to the policy consistency; it also has a certain degree of flexibility.

2. The flexibility of China's policy toward DPRK

For a long time, China has supported DPRK consistently, but this does not mean that this kind of support will continue under any conditions. As the situation changes, China's national interest also changes, and so does China's policy to ward DPRK.

On the Korean issue, China faces a difficult trade off. These difficulties not only come from the relations between China and other great powers, but also from Sino-DPRK relations. On the road to the rise of China, the level of cooperation between China and the United States is increasing, but at the same time, because of lacking of mutual trust between China and the United States, the conflicts are also gradually increasing. Nowadays, as the United States adopting a "pivot to Asia" or "rebalancing toward Asia" and strengthened the allies with Japan and ROK, China felt more strategy pressure and need the DPRK's existence and stability in order to keep the strategic balance on Korean peninsula. DPRK knows well about China concerns on the Korean peninsula, and also knows well about the differing interests between China and the United States on the Korean nuclear issue. Therefore DPRK often made use of China, if we didn't go so far as to call China a "hostage". In the years of the DPRK nuclear crisis, China has been trying everything to influence DPRK and hoping that DPRK will stand together with China. But the premise is that DPRK's brinkmanship will not violate China's national interests such as the stability and the denuclearization of the Korean peninsula. If DPRK's activities hurt the national interests of China, China will also say No to DPRK.

Therefore, when DPRK launched its missiles in July 2006, China with stood the pressure of the international community and even threatened to use its veto in the UN to protect DPRK. However, when DPRK conducted the nuclear test on October 2006, China carried out a strongly worded condemnation ahead of other countries and then supported the sanction resolution made by the UN because DPRK's nuclear test touched China's bottom line.

First, DPRK's possession of nuclear weapons will hurt the interests of China. No matter how the Sino-DPRK relations will develop in the future, once DPRK has nuclear weapons, from the experience of the international community, it will likely be permanent. The United States and DPRK do not have much direct conflict in geopolitical interest. Only when U.S. interests step up in Asia, there will be a conflict of interest between them. However, China and DPRK are eternally close neighbors; DPRK's possession of nuclear weapons will no doubt constitute constraints or even a threat to China's national interests at a geopolitical level.

Secondly, the DPRK's nuclear test would trigger the nuclear arms competition in Northeast Asia. Once DPRK really possesses nuclear weapons, the nuclear arms race in Northeast Asia and nuclear proliferation is almost inevitable; Japan and South Korea are likely to follow-up. Japan already has been clamoring to become a "normal country" and has made many efforts on that. Since Japan has acquired the nuclear technology, the money and nuclear materials, the manufacture of nuclear weapons is very easy. Once Japan and South Korea have nuclear weapons, China will become the only country in the world which will be surrounded by nuclear weapons, and China's national security will be seriously threatened.

Therefore, China must know where its interests lie and when anyone violates these interests it should say "No" loudly. That is the limit of flexibility in China's DPRK policy.

3. The Boundaries of Sino-DPRK Relations

From the 1990s, though China's diplomatic strategy still adheres to traditional bilateralism, with the changes of times, especially the improvement of its national strength, China's diplomatic strategy has become more inclined to multilateralism. China increasingly sees itself as as take holder in the international community and considers the anxieties and worries of international community from a higher level perspective. In this case, how China defines its own national interests, how it cooperates with the international community and pursues national interests, is becoming increasingly important. And the DPRK nuclear crisis has provided a lot of experiences and lessons to China.

As a large country, China not only must maintain its responsibility in the international arena, more importantly, it must be able to recognize and protect its national interests. In the DPRK nuclear crisis, to be a responsible great power and to protect its national interests have a high degree of consistency. In fact, denuclearization of the Korean Peninsula is almost in accord with all countries' interests.

China and the United States' interests on the Korean Peninsula are not always the same, but there are also some are as of common ground. For instance, the denuclearization of the Korean peninsula is a shared interest. The United States' pursuit of the denuclearization of the Korean Peninsula is determined by its tremendous interests in East Asia. Though Japan is an ally of the United States, the United States does not want Japan to possess nuclear weapons. The Japan which living under the U.S. nuclear umbrella rather than possessing its own nuclear weapons is more in line with U.S. interests. At the beginning of the DPRK nuclear crisis, China believes that the crisis was caused by the United States, so China did not want to be involved in it. Many people accused the United States and even suspected a conspiracy of the United States. However, with the deepening under standing of China's international status, as well as its national interests, China no longer merely acted as a by stander, but to promote peaceful talks and took the initiative to adopt effective measures to resolve the DPRK nuclear crisis. On the one hand, China criticizes the United States continuously; on the other hand, it also condemns DPRK's extreme risk-taking behavior severely. While taking effective measures to protect its national interests, China maintained a large country's international obligations as well. This fully reflects the combination of principle and flexibility of China's foreign policy.

China and DPRK used to carry the responsibility of a "blood-bound alliance." But the Sino-DPRK relationship has been sharply weakened, since China established diplomatic relations with South Korea without DPRK's understanding in 1992. Around the time of Kim Il-sung's death, ties and exchanges between two countries' top officials decreased, and the two nations' relations soon became nothing better than mere friendly relations as China accelerated its open policies. When DPRK conducted its first nuclear test, China voted for the UN Security Council's sanction resolution on DPRK's test and Sino-DPRK relations reached rock bottom. The allied cooperation seems to have greatly dissipated, though it is not abolished under international law. China appears uninterested in sustaining Article II of its Treaty with DPRK signed in 1961, which assures mutual military assistance in the case of aggression by a third party against either one of them. An attack launched by DPRK on South Korea or the United States, regardless of whether DPRK has nuclear weapons, would not fall within the scope of mutual assistance required under the China-DPRK Treaty. But China will still maintain a 'strategic partnership' with DPRK due to several common interests. Even though DPRK has conducted a nuclear test it is still a security partner–albeit a difficult one–to China(Shen 2006, 27). China needs DPRK, and DPRK understands that well.

V. Conclusions

In the short term, a DPRK with nuclear weapons would not pose a direct threat to China because China has not threatened DPRK. Yet it is reasonable to ask what the long-term impact of a nuclear weapons-capable DPRK will have on China and the region. In the long term, to deal with the DPRK nuclear issue, China should develop a long-term strategy. This strategy should build on its own international status and the profound national interest, in order to use a variety of means to defend its own interests, therefore, China should think about these questions carefully and thoroughly:

First, China's interests on the Korean Peninsula are to keep the peace and stability of the peninsula and the denuclearization of the peninsula, so DPRK's extreme risk-taking policy cannot be tolerated or accommodated.

Second, from the historical experience and practical development, the unification of the Korean peninsula is inevitable, China must pay close attention to which, South Korea or DPRK will reunify the Korean Peninsula and in what way they aim to achieve the unification.

Third, from a long term view, the DPRK nuclear issue is not the conflict between DPRK and the United States, but China's developing strategy in response to the United States' Asia-Pacific strategy. Then The Sino-DPRK relations should be subordinate to the Sino-America relations, China should pay high degree of attention to how to keep the balance between Sino-DPRK relations and the Sino-America relations.

Fourth, in the long run, China is to become a great power. To be a responsible member of the international community, China should not prioritize its responsibilities and obligations to DPRK above those to the international community.

Only by thinking about these questions seriously can China work out a foreign policy with the stability, continuity as well as the flexibility to defend its national interests.

References

Bin LI. 2004. "The developing armament of DPRK", *the Research and Development of Arms Control*, Vol.2. p8.

Charles L. Pritchard. 2005. "the Korean peninsula and the role of multilateral talks". *North-East Asian Security*, Second issue, p31.

Christopher B. Johnstone. 1999. "Paradigms Lost: Japan's Asia Policy in a Time of Growing Chinese Power", *Contemporary Southeast Asia*, Vol.21. p31.

Dingli SHEN. 2006. "DPRK's strategic significance to China", *China Security*, Autumn, p25.

Henry C K LIU. 2007. "China and the US: the DPRK's perspective," Asia Times, Jan.11,2007, p35.

Jian CAI. 2009. "How will China to cope with the nuclear crisis", *World Affairs*, Vol.9, p27.

Jian CAI. 2008. "the six-party talks and the Northeast Asian security mechanism", *Northeast Asia Forum*, issue 6. p12.

Jian CAI. 2009. "Korea Nuclear crisis tests the consistency and flexibility of China's policy toward Korea", *China and World Affairs*, Vol.2. p147.

Jinwook CHOI. 2006. "The DPRK's domestic situation and its impact on the nuclear crisis", *Ritsumeikan Annual Review of International Studies*, 2006. Vol.5. p1.

James L. Schoff. 2006. "Political Fences and Bad neighbors: DPRK policy making in Japan and implications for the United States", the institute for foreign policy analysis. p1.

Liangui ZHANG. 2006. "Coping with a nuclear NK", *China Security*, Autumn. p3.

Ming LIU and Amin LIU. 2007. "Korean nuclear crisis: Assessment and Prospect", *Shanghai Academy of Social Sciences' International Review*, January 2007. p17.

Liping XIA. 2005. "the peaceful unification process and the security mechanism in northeast Asia", *International Observer*, the second issue. p2.

Nam Ju LEE. 2005. "Changes of DPRK and Sino-North Korean Relations," *Contemporary International Relations*, Issue 9. pp27-49.

Philip Pan. 2003. "China Treads Carefully Around DPRK," *The Washington Post*, Jan.10, 2003, A14.

Stephen hoadley. 2002. "President Bush's Foreign Policy: Innovation or consolidation?" *New Zealand International Review*, March-April 2002V. 27. pp.6-8.

Xiao REN. 2005. "six-party talks and the possibility of founding the multilateral security mechanism", *International Studies*, the first issue, 2005. p40.

CHOSUNILBO, 2012/05/31.

U.S. DEPARTMENT of STATE.

Korean Central News Agency, April, 30, 2003.

People's Daily, Dec. 3, 1997

People's Daily, Aug.27, 2003.

People's Daily, 29 August 2003.

Manila Chinese Commercial News, 2 September, 2003.

Xinhua News Agency, Beijing, 28 February 2004

Xinhua News Agency, Beijing, 5 March 2004.

Ministry of Foreign Affairs of the People's Republic of China.

The Washington Post, 2007/02/13.

6장
일본의 국가이익과 북일관계*

이기완

(창원대학교)

Ⅰ. 서론

일본은 팔레스타인, 대만, 북한 등과 비공식 채널을 가지고 있지만 아직 미수교 상태에 있다. 특히 일본은 자국의 안보 환경과 동북아 국가 간 세력 관계에 큰 변화를 초래할 수 있는 북한과 냉전종식 이후 몇 차례 수교 협상을 진행해 왔지만, 아직까지 큰 진전이 없다. 또한 일본은 거듭되는 북한의 핵 · 미사일 문제에 의해 초래된 유엔 안보리 대북제재의 확대 · 강화 속에서 북한과 행해 왔던 종래의 인적, 물적 교류마저도 거의 중단한 상태다. 이러한 현상은 대북 강경파의 대표적 정치인들로 구성된 아베(安倍晋三) 내각의 장기 집권으로 한층 더 강화

* 이 글은 "일본의 국가이익과 대북정책"이라는 제목으로 『지역과 정치』 제3권 2호에 실린 논문을 수정하고 보완한 것이다.

되었다.

일본은 북한과의 수교 협상을 통해 동북아 지역에서의 정치적 영향력 확보, 북한의 핵 · 미사일 위협으로부터 초래되는 안보 위협 해소, 일본인 납치문제 해결 등과 같은 국가이익을 얻을 수 있다. 이러한 문제들은 단층적 사안이 아니라 서로 복잡하게 연동되어 있는 문제인 동시에 일본이 처해 있는 국제체제의 특수성과 안보적 요인에 의해 규정되는 문제이기도 하다.

1945년 제2차 세계대전에서의 패전 후, 일본은 1947년 평화헌법체제와 1952년 미일안보체제에 의해 형성된 미국과의 특수한 관계를 유지하면서 국가이익의 극대화를 추구해 왔으며, 지금까지도 비록 정도의 차이는 있지만 그러한 관계를 그대로 유지하고 있다. 최근 미중 양국의 갈등 격화와 북한의 핵 · 미사일 위협과 같은 국제체제의 불안 요인은 냉전기와 마찬가지로 일본 외교의 대미 의존 내지 대미 협조 노선을 강화시키는 요인으로 작용하고 있다. 일본은 미국의 대중정책과 대북정책에 적극적으로 편승하면서 자국의 안전과 평화를 안정적으로 확보하고 있다.

이러한 일본의 외교정책은 북한과 해결해야 할 중대한 외교현안인 '북한에 의한 일본인 납치문제'의 해결을 어렵게 하는 요인이 되고 있다. 여기에 바로 일본 외교의 딜레마가 있다고 하겠다. 다시 말하자면 일본은 북한과의 수교 협상을 성사시켜야만 일본인 납치문제를 해결하고 국교 정상화를 통해 동북아 지역에서의 정치적 영향력을 확보할 수 있다. 이러한 수교 협상은 북일 간 외교 영역의 문제로 '양국의 의지'만 있다면 언제든지 해결 가능한 사안이다.

그런데 문제는 북일 간 외교 협상을 제한하는 국제적 요인, 이른바 국제체제의 압력이 여전히 강하게 존재한다는 점이다. 일본의 대북접근은 양국 간 외교문제뿐만 아니라 안보 요인, 즉 북한의 핵 · 미사일 문제에 의해 상당한 제약을 받지 않을 수 없다. 북한의 핵 · 미사일 문제는 일본의 안보와 밀접히 관련되어 있는 문제인 동시에 북미 양국과 동북아 6개국의 이해관계가 밀접히 맞물려 있는 중차대한 사안이다. 이 때문에 이 문제는 일본인 납치문제처럼 북일 간 협상을 통해 해결 가능한 문제가 아니라 북일 간 문제를 넘어 북미 양국 또는 동북아 6개국의 이해관계와 관련되어 있는 국제문제이다.

더욱이 평화헌법체제와 미일안보체제 하에서 주조된 미일 간 특수한 관계가 일본 외교의 행동반경을 상당히 제약하고 있으며, 일본도 그러한 관계를 외교정책결정과정에서 그 무엇보다도 우선적으로 고려하고 있다. 이 때문에 일본은 북미 비핵화 협상에 큰 진전이 없는 상황에서 북한이 북미관계, 북중관계 그리고 미중관계 등을 전략적으로 고려하지 않을 수 없어 수교 협상에 적극적으로 나서지 못할 것으로 판단하고 있다. 이러한 상황에서 일본은 북한과 무리하게 수교 협상을 진행하기보다는 미국과의 동맹관계를 공고히 하면서 북한 문제를 구실 삼아 군사력 증강을 통해 동북아 국제체제의 불안정 요인에 효과적으로 대처하는 것이 국가이익에 도움이 된다는 입장이다.

바로 이러한 특수한 상황이 일본으로 하여금 북한과의 수교가 자국의 국가이익에 도움이 된다는 것을 알면서도 수교 협상에 적극적으로 나서지 못하게 하는 제약 요인으로 작용하고 있는 것이다.

북한도 이러한 점에 있어서는 일본과 그 처지가 비슷하다고 하겠다. 북한은 일본과의 수교가 자국의 국가이익 - 일본과의 국교 정상화, 일본의 대북제재 조치 해제, 그리고 한 · 미 · 일 3국 공조체제의 와해 - 확보에 도움이 된다는 것을 알면서도 미중 양국과의 관계에 정책적 우선순위를 두지 않을 수 없다. 북한은 일본이 동북아 지역에서 중국을 견제하면서 정치적 영향력을 확대하기 위해서는 미국과의 동맹관계를 우선적으로 고려할 수밖에 없다고 보고 있다. 이 때문에 북한은 미국의 대북정책이 근본적으로 바뀌지 않는 한 또는 북미관계가 개선되지 않는 한, 일본의 대북접근에는 '보이지 않는 손'의 작동으로 한계가 있을 수밖에 없다. 즉 북한은 자국의 핵 · 미사일 문제를 둘러싼 북미 간 협상이 진전되고 타결되어야만 일본과의 수교 협상을 위한 외적 환경이 만들어질 수 있다고 본다. 이러한 상황 인식이 북한으로 하여금 대일접근에 소극적인 입장을 취하게 하는 요인으로 작용하고 있는 것이다.

이처럼 북일 수교는 양국 모두에게 '비영합 게임(non-zero game)'의 성격을 강하게 가지고 있음에도 불구하고 당분간 북일 간 수교 협상에 커다란 진전이 있기는 어려울 것이다. 즉 북일 양국이 처해 있는 특수한 상황이 양국 모두 수교를 원하고 있으며, 그것이 상호 간 국가이익에 도움이 된다는 것을 알면서도 수교 협상에 적극적으로 나서지 못하게 하는 정치적 제약 요인이 되고 있는 것이다. 결과적으로 북일 양국이 수교 협상을 원활히 진행하기 위해서는 양국 간 문제 해결과 함께 북미 간 비핵화 협상의 타결이 이루어져야 한다. 특히 북미 간 북핵문제를 둘러싼 협상 타결이 이루어지지 않는 한, 일본도 북한도 수교 협상에 소극적으로 임할 수밖에 없을 것이다.

또한 북일 양국은 동북아 안보정세를 둘러싼 국제체제에 근본적인 변화가 발생하지 않는 상황에서 양국 관계를 개선하기 위한 시도가 자칫 국가이익에 커다란 손실을 초래할 수 있다는 점을 우려하고 있다. 이 때문에 북일 양국은 비핵화를 둘러싼 북미 간 동향 위에서 양국 간 미해결 외교 현안을 둘러싼 협상을 천천히 진행해 나갈 것이다.

이렇게 볼 때, 일본의 대북수교 문제를 논의함에 있어서 양국 간 미해결 쟁점에 대한 인식 차이뿐만 아니라 한반도 안보정세를 둘러싼 동북아 국가 간 이해관계, 특히 미일관계, 북미관계, 미중관계가 중요한 변수임을 알 수 있다. 여기서는 다음과 같은 세 가지 문제들이 포함되어 분석될 것이다. 첫째로, 미일관계의 특수성이 북일 수교에 어떠한 한계를 부과하고 있는지의 문제를 살펴볼 것이다. 일본이 미국과의 동맹관계를 바라보는 인식과 이해관계를 정확히 파악하는 것은 북일 수교의 교착상태의 원인을 정확히 진단하기 위한 선결과제라고 할 수 있다. 둘째로, 급변하는 동북아 안보정세 속에서 미중 간의 치열한 경쟁이 북일 양국의 외교정책 결정에 미치는 하중을 살펴볼 것이다. 이것은 북일 양국이 미일관계와 북중관계의 특수성을 무시할 수 없는 현실이 양국의 외교정책 및 수교 교섭에 미치는 영향에 대한 균형 잡힌 이해를 모색하는 데 있어 중요하다. 셋째로, 일본은 북한과 수교 협상에서 풀어야 하는 미해결 외교현안인 일본인 납치문제와 자국의 안보를 위협하는 북한의 핵 · 미사일 문제에 어떻게 대처하고 있으며, 이를 국가이익과 관련하여 어떻게 활용하고 있는지의 문제를 규명할 것이다.

이러한 문제인식 하에 본 연구는 일본의 대북관계 개선을 위한 수교협상이 답보상태에 놓여 있는 요인을 세 가지 측면-국제체제, 안보, 외교-에 초점을 맞추어 분석하고, 이러한 요인들이 일본의 국가이익과 관련하여 집권세력의 정책결정에 어떤 영향을 미치고 이것이 어떤 방식으로 활용되고 있는지를 규명해보고자 한다.

이하 제2장에서는 냉전기부터 현재까지 북일관계의 동향을 간단히 검토하고, 제3장에서는 국제체제의 압력이 일본의 대북한 외교에 가져오는 한계를 국가이익과 관련하여 살펴볼 것이다. 제4장에서는 북한의 핵 · 미사일 문제에 대한 일본의 전략적 고려가 북일관계에 미치는 영향을 분석하며, 제5장에서는 북일 간 일본인 납치문제를 둘러싼 정치 동학과 딜레마를 설명하고, 마지막 제6장에서는 결론과 전망을 제시할 것이다.

Ⅱ. 전후 북일관계의 동향

1945년 8월 15일 제2차 세계대전 패망 후, 일본의 국가 진로는 1947년 평화헌법체제와 1952년 미일안보체제에 의해 규정되어졌다. 특히 헌법 제9조에 의해 전쟁 포기와 군대 보유 금지를 강요받은 일본은 자국의 안전보장을 미국에게 전적으로 의존하지 않을 수 없었다. 이러한 특수한 상황이 일본의 대외정책을 미국의 대외정책의 '종속변수'가 되게 했고, 그것은 일본의 대한반도 정책에서도 그대로 투사되어 나타났다.

1965년 한일 국교 정상화 이후, 일본은 한미 양국과의 공적 관계를 중시하여 남한 중심의 대한반도 정책을 취했고, 역으로 이것이 북한과의 관계 개선에 소극적인 입장을 취하게 하는 요인이 되었다. 이 때문에 일본은 '일본사회당'을 매개로 한 비공식 통로를 통해 북한과의 비정치적 문제들을 처리할 수 있었다.

그러나 냉전종식과 소연방의 붕괴는 일본의 대북한 외교에 있어서 방향 전환의 필요성을 요구하는 계기가 되었다. 특히 일본은 동북아 지역에서 정치적 영향력 확대를 위해서는 북한과의 관계 정상화가 필요하다고 보았고, 그 귀결이 1991년 9월 '3당 공동선언'이었다. 일본은 3당 공동선언에 입각하여 북한과 1991년 1월 제1차 수교 회담을 시작했고, 이후 1992년 11월까지 8차례의 회담을 개최했다. 하지만 북일 양국은 미해결 쟁점에 대한 입장 차이(신정화 2002, 71)뿐만 아니라 일본 집권정당인 자민당 내 권력투쟁과 북핵 문제를 둘러싼 위기 등으로 인해 수교 협상을 더 이상 진전시킬 수 없었다(이기완 2009, 95). 다시 말해 북일 간 수교 협상을 위한 시도는 북일 간 변수와 함께 일본 내 정치상황의 변화와 국제체제 변수 등이 맞물리면서 실패로 막을 내렸다. 이후에도 북일 양국은 수교 협상을 위한 물밑교섭을 통해 몇 차례의 회담(9차~11차 협상)을 진행했지만, 양국 간 이견을 좁히지 못하고 중단되었다.

답보 상태에 있던 북일관계는 2002년 9월 제1차 정상회담에서 '납치 공작선의 활동 재발 방지, 미사일 발사 시험 동결 연장, 북일 국교 정상화 교섭 개시' 등의 내용을 담은 '평양선언'의 채택으로 급물살을

타는 듯 했지만(伊豆見元 2002, 63-64), 김정일 국방위원장의 납치문제에 대한 '사실 확인'이 오히려 일본인의 대북 적대감정을 불러일으킴으로써 역풍을 초래했다(윤홍석 2007, 187; 신정화 2006, 162; 船橋洋一 · 오영환 2007, 47-52; 朝日新聞 02/9/18). 이러한 교착상태를 타개하기 위해 고이즈미(小泉純一郎) 총리는 2004년 5월 제2차 방북을 단행하여 2002년 평양선언의 약속을 재확인하는 동시에 피랍 일본인 잔류가족들의 본국 송환 성사 등을 이끌어냈다(김경일 2007, 539). 제2차 북일 정상회담 이후 호전되는 듯하던 양국관계는 요코다 메구미(横田めぐみ)의 유골 감정결과를 둘러싼 입장 차이로 인해 재차 냉각국면으로 빠져들었다.

이 시점을 전후하여 일본의 대북정책은 기존의 소극적 자세에서 탈피하여 "납치문제의 해결 없이 관계 정상화는 없다."는 식의 강경입장으로 선회하기 시작했고, 그 귀결이 2004년 6월 특정선박 입항금지 특별조치법과 2006년 6월 제정된 북한인권법이었다. 특히 북한인권법은 2004년 10월 18일 미국의 북한인권법 제정과 보조를 맞추면서 일본인 납치문제로 드러난 자국 내 대북 불신을 정치적으로 반영한 것이었다. 이러한 점은 일본인 납치문제 해결을 '국가의 책무'로 규정한 것에서 명확히 알 수 있다.

이러한 일본의 대북정책은 2006년 7월 미사일 발사와 10월 9일 제1차 핵 실험으로 인해 한층 더 강경 모드로 전환했고, 국제 사회의 대북제재에 대한 적극적 동참과 함께 독자적인 대북제재 조치의 발동으로 나타났다. 이러한 일본의 대북제재 조치는 이후에도 북한의 핵 실험 및 미사일 발사 시험에 비례하여 그 강도와 범위가 계속 확대·강화되었다. 2007년 9월 성립된 후쿠다(福田康夫) 내각에서 양국관계를 개선하려는 작은 움직임이 있었지만 큰 성과를 거두지 못했다. 또한 2009년 9월부터 3년 3개월간 정권을 장악했던 민주당의 하토야마(鳩山由紀夫)·간(菅直人)·노다(野田佳彦) 내각도 북일관계를 개선하기 위한 의미 있는 시도를 추진하지 못했다(이기완 2013, 86-89).

2012년 12월 제46회 중의원 총선거에서 자민당의 승리로 재집권에 성공한 아베 내각은 종래와 마찬가지로 대북 강경 정책의 기조를 그대로 유지했지만, 한·미·일 3국 공조체제에 미묘한 변화를 초래하기 시작했다. 그 계기는 2013년 2월 제3차 핵 실험으로 촉발된 북핵 위기 고조와 이에 따른 국제 사회의 대북제재 강화 속에서 이뤄진 이지마(飯島勲) 내각관방 참여(총리 자문역)의 방북이었다. 문제는 일본의 대북특사 파견이 한미 양국과 사전 협의 없이 이루어졌다는 것이다. 이러한 결정은 아베 총리가 선거공약으로 제시한 일본인 납치문제 해결을 위한 정치적 선택의 일환으로 비밀리에 추진했다고 하더라도 북핵 문제를 둘러싸고 한반도 안보 정세가 급변하는 상황임을 고려하면 매우 '이례적'이라고 말하지 않을 수 없다.

어쨌거나 이러한 노력의 결실로 2014년 5월 28일 북일 간 '스톡홀름 합의'가 이루어졌다. 스톡홀름 합의는 일본 측 입장에서 보면 세 가지 점에서 주목할 만한 것이다(이기완 2014, 4-7). 첫째로, 일본은 북한으로부터 일본인 납치문제와 관련하여 '양보'를 이끌어내는 데 성공했다는 것이다. 북한은 후쿠다 내각과의 수교 협상 결렬 이후 납치문제에 대해 북일 간 해결이 끝난 사안이라는 입장을 고수해 왔다. 이러한 북한이 종래의 입장에서 일보 후퇴하여 이 문제를 원점에서 다시 논의할 수 있다는 입장을 보였다.

〈표 6-1〉 북일 간 스톡홀름 합의(5 · 29 합의서)의 주요 내용

일본 측 이행 사항	북한 측 이행 사항
북한의 조사 개시 단계에서 일본의 독자적 대북 제재 일부 해제 검토	납치문제 전면적 해결을 위한 특별조사위원회 설치
양국 간 인적 왕래 규제 조치 해제 북한 선박의 일본 입항 금지 조치 해제	북한 내 일본인의 유골 및 잔류 일본인, 납치 피해자와 행불자에 대한 전면 재조사
북한에 대한 인도주의적 지원 실시 검토 조총련의 지위 문제 협의	일본인 관련 조사 상황을 수시로 일본 측에 통보
북한 내 일본인의 유골과 묘지 처리 협의	조사 확인을 위한 일본 측 관계자의 북한 체류 및 면담 허용

(출처 : 이기완 2014, 5-6)

둘째로, 일본이 국제 사회가 취해 온 대북제재의 공동전선에서 일보 후퇴하기 시작했다는 것이다. 일본은 유엔 안보리 대북제재에 대해 적극적인 동참 의사를 피력하면서도 자국이 북한에 대해 독자적으로 취했던 대북제재 조치 중 일부를 해제하겠다는 입장을 보였다.

셋째로, 일본이 지금까지 주장해 온 일본인 납치문제와 북한의 핵 · 미사일 문제의 동시 해결 입장에서 '이탈'하기 시작했다는 것이다(통일연구원 2014, 3). 지금까지 일본은 일본인 납치문제와 북한의 핵 · 미사일 문제의 동시적 접근과 해결의 입장을 취해 왔지만, 이번 합의과정에서는 북한의 핵 · 미사일 문제 해결보다는 일본인 납치문제가 우선적인 해결

과제임을 명확히 하고 이 두 문제를 분리하여 접근하기 시작했다는 것이다.

이러한 스톡홀름 합의에 따라 북일 양국은 정부 당국 간 실무 회담을 재개할 수 있었지만, 북한의 조사 상황에 대한 일본의 불만으로 재차 교착국면에 빠지게 되었다. 이러한 상황은 이미 예견된 것이었나. 일본도 북한도 처음부터 수교 협상을 위한 진정성 있는 상호 접근을 한 것이 아니었기 때문이다. 일본의 대북접근은 국내정치적 상황과 한반도 상황을 자국에게 유리하게 전환시키기 위한 하나의 전술적 카드 속에서 이루어진 결정이었다. 반면 북한은 핵 실험 및 미사일 발사 시험에 의해 초래된 체제 위기와 대북제재를 해제하기 위한 전술의 일환으로 일본에게 접근했던 것이다.

전후부터 지금까지 진행된 북일관계의 동향을 통해 추론할 수 있는 것은 북일 양국이 상호 수교를 통해 얻을 수 있는 국가이익이 존재하지만, 현 단계에서 수교 협상을 둘러싼 양국의 입장 차이와 국제체제의 제약으로 인해 극적 타결이 이루어질 개연성은 그다지 높지 않다고 하겠다.

Ⅲ. 일본의 대북한 외교와 국제체제

1. 일본 국가의 특수성과 미일관계

전후 일본 국가의 성격은 헌법 제9조와 미일안보체제에 의해 규정된다고 볼 수 있다. 제2차 세계대전 이후, 일본은 1946년 11월 3일 일체의 전쟁 권한을 부정하는 '평화헌법'을 제정했다. 또한 일본은 1951년 9월 8일 체결된 미일안보조약을 통해 미국의 세계전략과 동북아 전략의 하위 파트너로 편입되었다. 이러한 평화헌법과 미일안보체제는 일본으로 하여금 군사력을 미국에 의존하는 '특수국가'(abnormal state)로 전락시키는 계기가 되었다(岩見隆夫 1991, 76). 이러한 특수국가 하에서 일본은 미국 위주의 외교정책을 대외정책의 근간으로 설정했고, 이러한 정책 기조는 현재까지도 큰 변화 없이 그대로 유지되고 있다.

이렇게 볼 때 일본 국가의 특수성에 대한 정확한 이해는 북일관계에 대한 논의를 전개하는 데 있어 그 향방을 좌우할 수 있는 중요한 요인임을 알 수 있다. 이 때문에 일본 국가의 특수성과 미일관계로부터 파생하는 일본 외교의 특징과 대응을 살펴보는 것은 향후 일본의 대북접근의 한계를 이해하는 데 있어 필수불가결한 요인이라고 말할 수 있다.

이미 설명한 바 있듯이 전후 미국 세력권으로의 일본 편입은 헌법 제9조와 함께 냉전이라는 국제체제의 압력에 의해 이루어졌다. 헌법 제9조와 냉전이 일본으로 하여금 미국과의 동맹을 체결하고 대미 의존을 가져오는 동인이 되었다(荒敬 1990, 188-189). 하지만 일본은 미국과의 동맹을 통해 전범 국가라는 이미지에서 벗어날 수 있었고, 안보 불안을 해소할 수 있게 되었다. 이러한 특수한 상황 속에서 일본은 고도 경제성장을 실현하고 세계 제2위의 경제 대국이 되었다. 결과적으로 일본은 미국과의 동맹을 통해 미국이 제공하는 안보 우산하에서 최소한의 재군비, 안전과 평화의 확보, 경제발전의 실현 등과 같은 실질적인 이익을 얻을 수 있었다.

그러나 일본은 이러한 과정에서 보이지 않는 힘에 의한 주권 침해를 감수해야만 했고, 또한 미국에 대한 지나친 의존으로 인해 변화하는 국제정치 환경에 신속히 대응하지 못하는 이른바 '사고 정지의 외교'를 보이기도 했다(内田健二 · 早野透 · 曾根泰教 1994, 11).

탈냉전기에 들어 전후 대미 추종적 외교에 대한 반성으로 냉전의 산물이며 자국 외교의 족쇄로 작용해 온 미일동맹관계를 전면적으로 재조정해야 한다는 의견이 일부 정치인들을 중심으로 제기되기는 했지만, 큰 호응을 얻지 못했다. 반면 중국위협론과 북한의 핵 · 미사일 위협에 효과적으로 대처하기 위해서는 미국과의 동맹관계를 안정적으로 유지하고 강화해야 한다는 입장이 여전히 우세했다. 이러한 배경에는 냉전기 가상의 적으로 설정했던 소연방의 소멸로 인해 전 지구적 규모에서 대규모 전쟁의 가능성은 현저히 줄어들었지만, 중국의 군사력이 빠르게 증가하는 현실과 함께 북한의 반복적인 핵 실험 및 미사일 발사 시험으로 인해 자국의 안보 상황이 악화되고 있다는 인식이 강하게 내재되어 있다(권태환 2019).

이러한 현실 인식에 입각하여 일본은 미국과의 동맹관계를 강화하면서도 자조 능력을 확보하기 위한 다양한 노력을 추진해 왔다. 일본정부는 2013년 최초의 국가안보전략서를 책정, 방위계획대강을 개정했으며, 2014년 '무기 수출금지 3원칙'을 폐지했다. 이어 2015년에는 미일방위협력지침을 17년 만에 개정했으며, 관련한 11개 안보법제를 제 · 개정했다(김현정 · 이기완 2018, 275)[1]. 일본은 자국의 군사력 증강을 군국수의 부활로 바라보는 주변국의 우려를 미일동맹에 기대어 이를 얼버무리고 있다. 이러한 점을 고려해보면, 일본은 미국이 자국에 대한 방위공약을 철회하지 않는 한, '자주 외교의 부재' 또는 '미국 안보의 이중대'라는 국제 사회의 비아냥에도 아랑곳하지 않은 채 급변하는 동북아 지역에서 자국의 이익을 극대화하기 위해 미국과의 동맹관계를 한층 강화해나갈 것으로 보인다(Kennedy 1987, 546).

2. 미중관계 변화와 중일관계

위에서 언급한 미일관계의 특수성에서 기원하는 것으로 전후 일본의 대중정책은 미중관계라는 변수에 의해 큰 영향을 받아 왔다. 일본은 미일안보체제 하에서 미국의 세계전략과 동아시아 전략에 편승하여 대중정책을 전개해 왔고, 지금까지도 그러한 기조를 그대로 유지하고 있다.

전후 일본은 두 개의 중국정책을 모색했지만, 냉전체제 하에서 미국의 타이완 지지로 1952년 타이완과 '일화평화조약'을 체결하고 중국과는 적대관계를 청산하는 데 실패했다. 하지만 1971년 10월 유엔 총회에서의 '중국의 유엔 가입과 타이완 추방' 결정과 미국의 대중 국교 회복이 이루어지자(草野厚 1985, 286-290), 일본은 '중국과의 국교 회복,

1) 제·개정된 안보법제의 기존의 자위대법, 국제평화협력법, 주변사태안전확보법, 선박검사활동법, 사태대처법, 미군행동관련조치법, 특정공공시설이용법, 해상수송규제법, 포로취급법, 그리고 국가안전보장회의 설치법의 10개 법이 집단적자위권 행사의 도입 및 자위대 역할의 확대와 관련하여 부분 개정되었고, 국제평화지원법이 상시법으로 새롭게 제정되었다.

타이완과의 절연'을 선택했다. 이러한 일본의 결정은 미국을 추종하는 사고 정지 외교의 결정판이라고 볼 수 있지만, 국가이익을 위한 불가피한 선택이라고도 볼 수 있다.

그러나 1980년대 말 냉전종식과 소연방의 붕괴로 미 · 중 · 일 3국의 공통 목표가 사라지자, 일본의 대중정책도 변화했다. 특히 중국의 급속한 경제성장과 군사력의 증강은 일본 내에서 중국위협론을 확산시키는 동시에 대중국 인식의 변화를 가져오는 계기가 되었다. 일본은 기존의 경제적 상호의존에 기초한 관계구축에서 중국의 잠재적 위협에 대응하는 '수동적 현실주의'로 대중정책을 전환했다(Green & Self 1996, 35-58). 이러한 정책 전환은 1990년대 정치변동의 과정에서 기존의 친 중국파의 몰락과 친 타이완파의 득세로 인해 큰 저항 없이 진행될 수 있었다.

특히 타이완 문제와 관련하여 1972년 중일 국교 회복 이후 전략적 모호성 입장을 취해 왔던 일본이 1990년대 후반부터 점진적으로 친 타이완 정책을 표방하면서 중일 간 갈등은 점차로 고조되기 시작했다. 이러한 배경에는 미일관계의 특수성하에서 중국의 패권을 억제하기 위한 미국의 정책에 전적으로 찬동하지 않을 수 없는 현실과 타이완 문제를 독자적으로 결정할 수 없는 현실적 한계에서 비롯된다고 말할 수 있다.

더욱이 일본은 1995년 2월 미국의 '동아시아 전략보고'에 기초하여 미일동맹을 강화하기 위한 각종 법안을 마련했고, 이러한 움직임이 중국의 강한 반발을 불러일으키면서 미일 양국과 중국의 갈등 양상을 한층 심화시켰다.

〈표 6-2〉 미국과 중국의 국력 비교

미국	항목	중국
21조 달러	GDP	14조
6846억 달러	국방비	1811억 달러
5800	핵탄두	320
400	ICBM	94
14	핵전략 잠수함	4
11	항공모함	1(5척 건조 중)
53	원자력 잠수함	6

(출처 : 영국 IISS '세계군사력 보고서 2020,' 『중앙일보』 2020년 9월 6일)

이러한 갈등은 최근 중국이 세계 최대 채권국으로 부상하면서 공공연히 미국 중심의 금융질서를 재편하겠다는 강력한 의지를 드러내는 동시에 미일 주도의 국제금융질서인 ADB의 대항마 성격이 강한 아시아인프라투자은행(AIIB)의 설립을 주도하면서 한층 고조되었다. 특히 중국의 AIIB 주도는 미일 양국으로 하여금 동아시아 지역뿐만 아니라 전 지구적 규모에서 중국에게 경제 패권을 빼앗길 수 있다는 위기의식을 불러일으키는 동시에 미일 양국으로 하여금 군사적 협력의 필요성을 한층 더 강화시키는 계기가 되었다.

중국은 2015년 국방백서에서 동중국해에서 남중국해에 이르는 미국의 해상 제해권에 도전하겠다는 입장에서 근해방어와 원해호위라는 전략 개념을 제시했다(이기완 2016, 18). 이러한 동향은 중국의 군사력 팽창에 대해 견제 입장을 천명하고 있는 미국과 그 주변국들을 '반 중국 동맹'에 동참시키는 계기가 되었다. 특히 미국은 중국의 '반 접근 지역거부 전략'을 무력화시키기 위한 일환으로 일본과의 동맹을 강화하는 동시에 '인도-태평양 전략'을 통해 대 중국 포위망의 구축을 확대 · 강화하고 있는 상황이다. 일본 정부 또한 미중 신형대국관계(新型大國關係)를 주장하는 중국의 팽창, 핵 · 미사일에 의한 북한의 위협, 지정학 · 지경학적 힘의 정치 부활이라는 위기에 처하여 원칙적으로 미일동맹을 강화하고, 미국-일본-호주-인도로 구성된 '자유롭고 개방된 인도태평양(FOIP)' 모토를 구체화시키기를 원하고 있었다.

이러한 미중 간 갈등 격화는 일본의 대미 협조 노선으로 인해 중일 간 갈등으로 이어질 가능성도 배제할 수 없다. 위에서 언급한 바 있는 AIIB와 관련해서도 일본은 미국의 요청으로 AIIB에 참여를 거부함으로써 중국과 대립하는 양상을 보였다. 또한 일본은 미중 갈등의 요인으로 작용하고 있는 중국의 반 접근 지역거부 전략과 미국의 인도-태평양 전략 중에서 전적으로 미국의 입장을 지지하면서 유사시 미국의 후방기지 역할을 자임하고 있다. 이를 통해 일본은 미일동맹을 기축으로 하여 대중국 견제를 강화해 나가겠다는 입장이다. 따라서 향후 미중 갈등에 따라 중일관계도 그 방향이 결정될 것으로 보인다(권태환 2018).

3. 북중관계 변화와 북일관계

위에서 살펴본 바 있듯이 미중관계 변화는 북중관계와 북일관계에도 큰 영향을 미칠 수 있다. 이러한 이면에는 북한과 중국의 특수한 관계, 즉 중국은 한국전쟁 때 인민지원군을 파견해 준 국가이며, 1961년 7월 11일에 체결된 '조중 우호협력 및 상호원조조약(이하 북중동맹조약)'을 견지하고 있는 국가라는 점이 내재되어 있기 때문이다.

이러한 북중관계의 특수성도 비록 1992년 한중 수교를 계기로 상당히 약화되고 있지만, 북중 양국은 전략적 이해관계 속에서 그럭저럭 협력관계를 유지하고 있다. 이러한 점은 중국의 대북 정책에서 명확히 알 수 있다. 그동안 중국은 북한의 비핵화를 대북정책으로 설정하고 미국의 대북 압박에 대해 북한의 입장을 적극 지지해 왔다. 이러한 중국의 입장은 2006년 10월 9일 북한의 제1차 핵 실험으로 딜레마에 직면하게 되었다. 중국은 자국의 반대에도 불구하고 핵 실험을 감행한 북한을 응징하기 위해 미국이 주도하는 유엔 안보리 결의 제1718호에 찬성했지만, 북한을 고려하여 군사적 제재가 아닌 경제적 제재로 제한하는 동시에 경제제재의 경우에도 각 국의 자율적 판단에 위임하도록 했다(이기완 2018, 118-121). 북한은 이러한 중국의 입장에 강한 불만을 표출했지만, 어쩔 수 없이 중국과의 관계를 유지하지 않을 수 없었다.

〈표 6-3〉 북한의 핵 · 미사일 도발과 유엔안보리의 대북제재 결의안

연도		핵 · 미사일 도발 행위	유엔 제재
2006	7월 5일	광명성 1호	1695호
	10월 9일	제1차 핵 실험	1718호
2009	4월 5일	광명성 2호	의장성명
	5월 25일	제2차 핵 실험	1874호
2012	12월 12일	광명성 3호	2087호
2013	2월 12일	제3차 핵 실험	2094호
2016	1월 6일	제4차 핵 실험	2270호
	2월 7일	광명성 4호	
	9월 9일	제5차 핵 실험	2321호
2017	5월 14, 21, 27, 29일	중단거리 미사일 발사	2356호

연도		핵 · 미사일 도발 행위	유엔 제재
	7월 4, 28일	화성 14 발사	2371호
	9월 3일	제6차 핵 실험	2375호
	11월 29일	화성-15형 시험 발사	2397호

(출처 : 이기완 · 여현철 2018, 187)

이후에도 북중 양국은 북한이 핵 · 미사일 문제를 둘러싼 정치 동학 속에서 중국의 유엔 안보리 대북제재 찬동과 이에 대한 반발로 북한의 중국에 대한 거리두기와 같은 '갈등적 상황'을 되풀이하곤 했다. 또한 이러한 갈등적 상황은 시진핑 주석에 의한 박근혜 정부와의 전략적 동반자 관계 강화로 한층 악화되었다. 이 때문에 북한은 중국에 대해 북중 동맹을 내세워 자국의 핵 무력 건설을 방해하고 미국이 주도하는 대북제재 조치에 동조하고 있다는 불만을 그대로 드러냈다.

이러한 상황에서 중국은 "미국이 주도하는 대북제재에 찬성하고 한국과의 관계를 개선한다고 하여 대북정책을 수정한 것은 아니며, 여전히 북중동맹은 견고하다."는 입장을 피력하면서 북한의 대중 이탈을 차단하려고 했다.

이러한 점은 2018년 평창올림픽 이후 북미 간 비핵화 협상을 위한 움직임이 빠르게 진행되는 과정에서 중국이 취한 대북 우호적 입장에서 알 수 있다. 특히 아태지역에서 미국과의 군사적, 경제적 갈등을 확대하고 있는 중국의 입장에서 볼 때 북한을 잃게 되는 것은 중국 안보에 있어 최악의 상황을 초래할 수 있기 때문에 북한에 대한 다양한 지원과 지지를 통해 북한과의 동맹의 공고성을 드러내려고 했던 것이다(오승렬 2012, 31). 이 때문에 중국은 대미 억지력을 확보한다는 전략 하에 북미 비핵화 협상에 소극적인 입장을 보였던 것이다(나영주 2013, 208).

북한도 이러한 중국의 전략을 정확히 간파하고 있다. 북한은 중국이 미국과의 협상에 있어 자국의 핵 · 미사일 문제를 지렛대로 활용하고 있으며 미중관계의 동향에 따라 중국이 핵 · 미사일 문제에 대해 입장을 전환할 수 있다는 점을 잘 알고 있다(김태우 2016, 164-165). 하지만 이러한 상황 인식에도 북한은 현 단계에서 유엔 안보리 대북제재로 인한 자국의 경제사정 및 자금 사정의 악화, 대중 무역의존도, 그리고 미국의 군사적 수단의 선택 억제 등을 고려하여 중국과의 관계 유지의 필요성을 절실히 느끼고 있으며, 이러한 현실이 북한으로 하여금 중국에 의존하게 만드는 요인이 되고 있다.

Ⅳ. 일본의 대북한 외교와 북한의 핵 · 미사일 문제

북한의 핵 · 미사일 문제는 동북아 국가 간 특수한 관계와 함께 일본의 안보를 위협하는 요인으로 일본의 대북한 외교의 커다란 제약요인이 되고 있다. 북한의 핵 · 미사일 개발 능력은 지금까지 국제 사회의 예상보다 훨씬 빠르게 발전해 왔다. 북한은 1993년 3월 NPT를 탈퇴하고 2006년 10월 9일 제1차 핵 실험을 거쳐 2017년 9월 3일 제6차 핵 실험을 실시했다. 이러한 일련의 과정을 거쳐 북한은 2018년 1월 신년사에서 '핵무력 건설의 완성'을 선언하기에 이르렀다. 일본은 북한 당국의 발표를 곧이곧대로 수용하지는 않지만 제6차 핵 실험을 통해 주변국의 안보를 심각히 위협할 수 있을 정도의 핵 무력을 보유한 것으로 추정하고 있다.

〈표 6-4〉 북한의 핵 실험 추이와 능력

구분	제1차 핵 실험	제2차 핵 실험	제3차 핵 실험	제4차 핵 실험	제5차 핵 실험	제6차 핵 실험
연도	2006.10.9	2009.5.25	2013.2.12	2016.1.6	2016.9.9	2017.9.3
지진 규모	3.9	4.5	4.9	4.8	5.0	6.3(미 · 중)
위력	1kt	3–4kt	6–7kt	6kt	10kt	50–100kt

(출처 : 신문 자료를 참조하여 작성)

또한 북한은 1993년 사정거리 1,000km의 노동미사일 시험 발사를 시작으로 1998년 대포동 1호 발사를 거쳐 2017년 11월 29일 대륙간 탄도미사일인 화성-18의 시험 발사를 했다. 이러한 일련의 과정을 거쳐 북한은 현재 다종의 탄도미사일을 보유하고 있으며, 중거리 탄도미사일인 화성 12호와 화성 14호의 시험 발사를 통해 괌의 미군 기지를 타격할 수 있고, 화성 18호의 사거리를 고려하면 미국 전역의 타격도 가능할 것으로 추정된다. 이러한 사실은 2020년 10월 10일 북한 노동당 창건일에서 선보인 다종의 미사일을 통해 확인할 수 있다. 이러한 다종의 탄도미사일 보유를 통해 가능성은 낮지만 미국의 선제타격을 사전에 통제하려는 것으로 보인다.

북한은 핵 · 미사일 능력의 고도화를 통해 미국 주도의 체제 전복을 방지하면서 핵보유국으로서의 위상을 바탕으로 미국과의 관계를 재설정하겠다는 것이다. 이러한 목표가 있었기 때문에 북한은 핵 · 미사일 문제에 대한 유엔 안보리 대북제재와 미국의 군사적 위협에도 불구하고 핵 무력 건설의 기본 방침을 수정하지 않았던 것이다. 이 때문에 북한은 미국에 의한 체제 보장과 대북제재 조치 완화 등과 같은 가시적인 성과가 도출되지 않는 한, 다시 말하자면 2019년 2월 27일 '하노이 노딜'의 실패를 되풀이하지 않기 위해서라도 미국 주도의 '협상을 위한 협상'에는 소극적인 반응을 보이면서 미국의 양보를 얻어내기 위해 미사일 시험 발사를 할 것으로 보인다.

이러한 북한의 핵 · 미사일 정책은 일본의 안보를 크게 위협하는 요인이 될 뿐만 아니라 북일 양국이 상호 원하지만 답보상태에 있는 수교 협상을 원천적으로 봉쇄하는 걸림돌로 작용하고 있다. 이러한 사실은 2020년 현재 북한의 핵 · 미사일 문제가 남북한만의 문제가 아닌 미국과 중국, 그리고 주변국의 안보와 밀접히 연결되어 있는 국제적 문제로 전환되었던 것에 기인한다.

일본은 북한의 핵 · 미사일 문제가 처음 제기되었을 때부터 이 문제를 자국 안보의 큰 위협요인으로 간주했다. 일본은 1992년 뮌헨 G-7회담에서 NPT의 영구화에 동의하겠다는 입장을 취했지만, 이듬해 북한의 핵 개발 의혹이 제기되자 기존의 입장을 번복하면서 록카쇼무라에 세계 최대의 재처리 공장을 건설하기 시작했다(朝日新聞 93/4/29; 吉岡斉 2011, 41). 또한 일본은 1998년 8월 31일 북한이 대포동 미사일을 처음으로 발사했을 때 이를 1854년 도쿠가와 막부의 몰락을 가져온 페리 제독의 흑선에 빗대어 '제2의 흑선'에 비유하기도 했으며(朝日新聞

99/2/28; 이기완 2009, 89), 또한 2002년 평양선언에 '북한의 미사일 발사 시험 동결 연장'을 주요 의제에 포함시키기도 했다.

그런데 여기서 중요한 점은 일본이 이러한 외부적 환경을 구실 삼아 전후 평화헌법과 미일안보체제 하에서 형성된 특수 국가의 족쇄로부터의 탈각을 모색했다는 것이다. 일본은 북한의 핵 · 미사일 위협을 과내 포장하면서 국민들의 안보 불안 심리를 최대한 자극하여 그 동안 금기시되어 온 안보 관련 법제들을 하나씩 정비하기 시작했다. 주변사태안전확보법(주변사태법), 테러대책특별조치법과 PKO 협력법 개정, 헌법개정을 위한 국민투표법 제정, 집단적 자위권 해석 변경 검토, 적기지 선제공격론, 그리고 2015년 4월 28일 미일방위협력지침 개정과 9월 19일 안보 관련 법제의 제 · 개정 등이 바로 여기에 해당한다(조양현 2017, 365-366).

이렇게 놓고 본다면 북한의 핵 · 미사일 문제는 북한으로부터 초래될 수 있는 안보 위협을 현재화함으로써 일본의 군사대국화를 '간접 지원'하는 데 큰 기여를 했지만, 역으로 이 문제를 둘러싼 북미 간 갈등과 대립 속에서 일본의 대북접근 기회를 상대적으로 제약하는 요인이 되었던 것이다. 즉 북한의 핵 · 미사일 문제는 양국 간 외교현안인 일본인 납치문제와 함께 양국관계를 개선하기 위한 협상과정을 규정할 수 있는 변수이다. 이 때문에 북한의 핵 · 미사일 문제가 북미 간 타협점을 찾지 못한다면 일본의 대북정책은 매우 제한적일 수밖에 없을 것이다.

이러한 측면에서 본다면 2014년 스톡홀름 합의는 매우 예외적인 상황일 수 있다. 여기서 일본은 북한의 핵 · 미사일 문제와 일본인 납치문제의 동시 해결 입장에서 한 발 뒤로 물러나 일본인 납치문제 해결을 우선적으로 강조했다. 이러한 일본의 대북접근은 다분히 자국의 정치 상황에 대한 전략적 고려에서 비롯되었다고 하더라도 미국의 우려를 불러일으키기에 충분했다. 이러한 일본의 행동은 미국으로부터 소외될 수 있다는 막연한 불안감이 조성될 때 돌출적으로 나타나곤 했다. 2014년 일본군 위안부 문제를 둘러싸고 한일 간 갈등이 심화되는 상황에서 미국이 일본군 위안부 문제를 심각한 인권 침해 문제로 규정하면서 아베 총리의 보수적 자세를 비판하면서 한국을 우회적으로 지지했던 것에 대한 반작용이었다.

하지만 일본의 이러한 일회성의 정책은 대미정책의 변화 징후가 아니라 큰 틀 속에서 자국의 외교적 자율성을 확보하기 위한 시도의 일환으로 보는 것이 타당하다. 일본은 동북아 지역에서 자국의 외교적 취약성을 미국과의 동맹관계를 통해 보완하는 상황에서 이러한 점은 더더욱 그렇다. 이러한 사실은 다음에서 명확히 확인할 수 있다. 일본은 2018년 10월 30일 한국대법원의 일제 강제징용피해 판결에 대한 불만으로 2019년 7월 1일 '일본의 대한국 수출관리운영 재검토'를 통해 한국 반도체 공정 핵심 부품인 플루오린 폴리이미드, 포토레지스토, 에칭가스 등의 수출 규제를 발표했고, 더 나아가 8월 2일 한국을 백색국가에서 제외했다. 이에 대한 반발로 한국도 8월 12일 일본을 백색국가에서 제외했고 8월 22일 한일군사정보보호협정(GSOMIA)의 종료를 선언했다(이기완 · 여현철 2020, 76-80). 그런데 미국은 한국에 대한 일본의 백색국가 제외와 한국의 지소미아 종료 사이에는 어떠한 연관성도 찾아볼 수 없다는 일본의 입장을 지지하면서 한국에 대해 지소미아의 종료 철회를 요구했다. 이처럼 일본은 미국을 자국의 외교안보정책을 추진하는데 있어 없어서는 안 될 핵심적인 국가로 간주하고 있다.

최근 미중 간 갈등이 심화되고 한반도 문제에서 자국의 정치적 영향력이 줄어드는 '일본 패싱(Japan Passing)' 상황에서 일본이 미국의 의사에 반하여 일본인 납치문제와 대북제재를 맞교환하는 외교적 우(禹)를 범할 가능성은 현실적으로 매우 낮다. 이 보다는 현 단계에서 일본은 미국의 대중봉쇄정책에 적극 편승하는 동시에 북한의 핵 · 미사일 문제에서도 한국과의 차별화를 부각시키기 위해 미국의 입장에 '거의 무조건적으로' 찬동하는 입장을 취해나갈 것으로 보인다.

Ⅴ. 일본의 대북한 외교와 일본인 납치문제

북한의 핵 · 미사일 문제가 북일 간 문제가 아닌 북미 간, 더 나아가 동북아 국가 간 문제라고 한다면, 일본인 납치문제는 북일 간 외교문제인 동시에 양국관계 정상화로 나아갈 수 있는 시발점이 될 수 있는 문제이다. 이러한 사실은 일본인의 북한에 대한 관심사항 중 일본인 납치문제가 첫 번째 우선순위를 차지하고 있는 것에서 확인할 수 있다.

〈표 6-5〉 일본인의 북한에 대한 관심사항

관심순위	2002년	2006년	2010년	2012년	2013년	2017년	2019년
1	일본인납치 83.4	일본인납치 86.7	일본인납치 83	일본인납치 87.6	일본인납치 86.4	미사일문제 83.0	일본인납치 77.6
2	괴선박문제 59.5	핵문제 79.5	핵문제 68.4	핵문제 59.1	핵문제 70.0	일본인납치 78.3	미사일문제 70.3
3	핵문제 49.2	미사일문제 71.5	미사일문제 56.9	미사일문제 49.6	미사일문제 60.6	핵문제 75.3	핵문제 63.8
4	미사일문제 43.7	밀수 · 마약 46.0	정치체제 50.7	정치체제 41.7	정치체제 41.8	정치체제 44.6	정치체제 36.1
5	식량지원 37.6	정치체제 44.5	탈북자문제 40.6	탈북자문제 35.1	탈북자문제 38.6	탈북자문제 34.5	탈북자문제 29.4
6	북일수교 37.0	북일수교 30.3	북일수교 23.3	북일수교 25.6	북일수교 24.1	북일수교 24.8	북일수교 23.7

(출처 :『外交に関する世論調査』를 참조하여 작성)

일본인 납치문제는 1991년 북일 수교 협상이 시작되는 초기 단계부터 북일 간 뜨거운 외교쟁점이 되었던 것은 아니다. 일본은 자국이 제2차 세계대전 중, 동아시아 전역에서 자행했던 인권 만행에 대한 정치적 부담으로 인해 당시 '소문'으로만 무성하던 일본인 납치문제를 수교 협상의 테이블에 올려놓지 않았다. 하지만 일본은 북한이 과거 청산 이슈를 핵심 쟁점으로 삼아 자국에 대해 사죄와 보상을 요구하자, 이에 대한 맞불작전으로 일본인 납치문제를 제기하기 시작했다. 이에 대해 북한은 애초부터 존재하지도 않는 문제를 끄집어내어 과거 청산 문제를 빗겨가기 위한 술책으로 폄하했다(이기완 2016, 192). 결과적으로 일본인 납치문제를 둘러싼 북일 간 공방 속에서 어렵사리 만들어진 수교 협상은 큰 진전을 거두지 못했다.

이러한 상황에서 일본 내에서 의혹 형태로 제기되던 일본인 납치문제에 대해 정치세력과 국가권력이 개입하면서 대두하기 시작했다. 특히 초당파 국회의원 모임인 '북한 납치의혹 일본인 구제의원연맹'의 결성과 일본경시청의 북한 공작원에 의한 11명의 일본인 납치 개연성 발표는 일본인 납치문제를 기정사실화하는 동시에 일본인들의 대북 적대감정을 한층 고조시키는 계기가 되었다(이기완 2012, 88-89).

일본인 납치문제와 북한의 미사일 시험 발사로 인해 북한에 대한 '불편한 감정'이 수그러들지 않던 상황에서 2002년 9월 제1차 북일정상회담에서 김정일 국방위원장의 일본인 납치문제에 대한 '사실 고백'은 양국관계를 개선하는 모멘텀이 될 수 있을 것이라는 기대와는 정반대로 일본 내에서 대북 적대감정을 고조시키는 요인이 되었다. 또한 이를 계기로 아베를 중심으로 한 대북 강경파가 정치의 주도권을 장악하게 되었다.

여기서 중요하게 지적해야 할 점은 김정일 국방위원장의 일본인 납치문제에 대한 고백이 북일 간 협상의 이니셔티브를 종래의 북한에서 일본으로 전치시키는 계기가 되었다는 것이다. 이미 위에서 언급한 바 있듯이 일본은 과거 동아시아 지역에서 자국이 자행했던 인권 탄압 문제로 북한과의 수교 협상에서 불리한 입장에 놓여 있었다. 이러한 수세적인 입장에서 공세적인 입장으로의 전환을 가능케 했던 것이 바로 김정일 국방위원장의 일본인 납치문제의 인정이었다.

이 시점부터 일본은 북일 국교 정상화의 전제조건으로 일본인 납치문제 해결을 전면에 내세울 수 있게 되었고, 2006년 북한인권법 제정의 토대가 되었다. 그런데 북한인권법 제정을 전후한 시기에 북한의 미사일 시험 발사와 제1차 핵 실험이 진행되면서 일본의 대북정책은 강경 모드로 전환하기 시작했다. 이로 인해 일본인 납치문제는 '일본정부 및 정치인들의 언술'과는 정반대로 해결이 요원한 과제로 전락하기 시작했다. 이때부터 일본인 납치문제는 정치적 의지와 현실이 분리된 채 정치적 목적 달성을 위한 수단으로 변질되었던 것이다.

그나마 아베 내각은 시종일관 일본인 납치문제 해결을 정책의 최우선 순위에 둔 정권이었다. 2006년 9월 정권을 장악한 아베 총리는 북한의 핵 · 미사일 문제로 인해 촉발된 국제체제의 압력에 편승하지 않을 수 없어 일본인 납치문제 해결보다는 대북제재에 집중했지만, 2012년 재차 정권을 장악하여 2020년 9월 15일 퇴임할 때까지 이 문제를 해결하려고 했다. 특히 아베 총리는 2012년 정권을 장악한 후 '북한에 납치된 일본인을 조기에 구출하기 위해 행동하는 의원연맹'에서 활동해 온 인사들을 주요 직책에 기용하면서 일본인 납치문제 해결 의지를 명확히 했다.

〈표 6-6〉 제2차 아베 정권과 자민당 주요 인사들의 정치성향

직책	성명	소속	특이 사항
내각	아베 신조 (安倍晋三)	내각 총리대신	'북한에 납치된 일본인을 조기에 구출하기 위해 행동하는 의원연맹' 회원, 2007년 고노 담화 부정
	아소 다로 (麻生太郎)	부총리 겸 재무상	2006년 외상, 북한 미사일 발사에 '적기지 선제공격론' 제기, 2009년 총리, 북한의 미사일 발사에 강경 대응
	스가 요시히데 (菅義偉)	관방장관	2006년 아베 정권의 총무상
	신도 요시타카 (新藤義孝)	총무상	2011년 울릉도 방문 소동의 주역

직책	성명	소속	특이 사항
	시모무라 하쿠분 (下村博文)	문부상	'일본의 미래와 역사교육을 생각하는 의원모임' 간사장 근린제국조항 수정 입안
	이나다 도모미 (稲田朋美)	내각부 특명담당상	2011년 울릉도 방문 소동의 주역
	오노데라 이쓰노리(小野寺五典)	방위상	아베 정권(2006-2007) 외무부대신으로 영토문제강경론자
	야마모토 이치타 (山本一太)	영토문제 담당상	대북 강경파, 독도 일본 영토 주장
	후루야 게이지 (古屋圭司)	납치문제 담당상	'일본의 미래와 역사교육을 생각하는 의원 모임' 회장 2012년 뉴저지주에 설치된 위안부기림비 철거 요구
자민당	이시바 시게루 (石破茂)	간사장	'북한에 납치된 일본인을 조기에 구출하기 위해 행동하는 의원연맹' 회장, 집단적 자위권, 헌법 개정 주장
	노다 세이코 (野田聖子)	총무회장	2009년 아소 정권에서 유일하게 야스쿠니신사 참배
	다카이치 사나에 (高市早苗)	정조회장	마쓰시타(松下)정경숙 출신

(출처 : 이기완 2013, 79-80)

아베 총리는 2006년 때와는 달리 유엔 안보리 대북제재를 충실히 이행하면서도 교착상태에 빠진 북일관계를 개선하고 일본인 납치문제를 해결하기 위해 독자적인 움직임을 보였고, 그 결실이 2014년 5월 스톡홀름 합의이다. 스톡홀름 합의는 미국과의 관계에서 본다면 일본에게는 큰 '모험'이었다. 북한의 핵 · 미사일 문제로 미국을 필두로 한 국제 사회가 대북제재 조치를 강화하고 있는 상황에서 미국의 가장 가까운 동맹국인 일본이 미국의 대북정책에 반하여 '국내 문제-일본인 납치문제' 해결을 위해 자국이 독자적으로 취해 온 대북제재 조치의 일부를 해제하겠다는 것이었다. 따라서 이 문제는 보기에 따라 미국의 대북정책에서 '일본의 이탈'로도 비칠 수 있었다. 아베 총리는 이러한 위험을 감수하고서라도 일본인 납치문제를 해결하고 싶다는 정치적 의지를 보였던 것이다.

하지만 아베 총리의 기대와는 달리 북한이 일본인 납치 피해자 문제 전면 재조사에 성의를 보이지 않자, 일본은 2016년 북한의 핵 실험과 탄도미사일 시험 발사를 계기로 일부 완화했던 독자적 대북제재 조치를 재차 발동했고, 이에 북한도 일본인 납치 피해자에 대한 포괄적 조사 중단을 선언했다. 이를 계기로 북일관계는 재차 냉각국면으로 접어들었다.

아베 총리는 일본인 납치문제는 북일 간 문제로 주변국의 이해관계와는 어떠한 관련도 없기 때문에 이 문제만큼은 독자적으로 대북정책을 취할 수 있다는 입장을 보였다. 이 때문에 재임 기간 동안 아베 총리는 대내적으로는 '납치문제 대책본부'를 중심으로 이 문제를 논의하면서 납치 피해자 가족, 구원회 대표 등과의 면담을 이어갔고, 대외적으로 기회가 될 때마다 북핵 문제를 논의하기 위한 회담과 특히 미국 대통령과 협상 대표에게 일본인 납치문제를 제기해줄 것을 요청하곤 했다(조은일 2019, 101).

특히 2019년 5월 2일 아베 총리는 "조건 없이 김정은 위원장과 만나 허심탄회하게 이야기해 보고 싶다."고 언급하면서 "일본이 주체적으로 대처하는 것이 중요하기 때문에 내가 김정은 위원장과 직접 마주보는 것 이외에 방법이 없다."고 강조했다(한국일보 2019. 5. 2). 이러한 아베 총리의 제안은 판문점 선언 이후 '일본 패싱'을 타개하기 위한 방편으로 대북접촉을 시도했던 것과는 사뭇 다르다고 할 수 있다.

이러한 아베 총리의 제안이 비록 7월 21일에 실시되는 제25회 참의원 선거에서 표를 의식한 측면이 있다는 점을 부정할 수는 없지만, 일본인 납치문제를 조속히 해결하지 않으면 안 된다는 위기의식도 작용한 것으로 볼 수 있다.

2020년 9월 아베 내각을 이어 출범한 스가(菅義偉) 내각 역시 대북 정책에 일관성을 띤 상황이다. 스가 총리 또한 북한 문제에 대한 일본의 입지를 구축하기 위한 전략적 자세를 견지하고 있다. 스가 총리는 9월 26일 유엔 총회 연설 및 10월 24일 일본인 납치 피해자 가족들이 주최한 납치문제 해결을 위한 '국민대집회' 연설에서 납치문제가 현 내각의 가장 중요한 과제임을 재확인하며, 조속한 시일 내 북일 간 성과 있는 관계 수립을 강조했다. 이어 10월 26일 스가 총리의 첫 국회연설에서도 김정은 국무위원장과의 조건 없는 만남의 입장을 재확인하며 북한과의 관계 정상화 의지를 피력했다.

이러한 일본의 제안에 북한의 반응은 여전히 부정적이다. 현 단계에서 북한은 교착상태에 빠진 미국과의 비핵화 협상에 외교적 역량을 집중할 것으로 보이기 때문에 당분간 북일관계는 일본의 기대와는 달리 급진전할 가능성은 매우 낮다고 하겠다.

Ⅵ. 결론

지금까지 살펴본 바와 같이 북한과 관련하여 일본이 가지고 있는 국가이익은 크게 세 가지로 요약할 수 있다. 첫째, 동북아 지역에서의 정치적 영향력 확대이다. 둘째, 안보 요인으로 북한의 핵 · 미사일 위협으로부터 발생하는 안보 위협의 해소이다. 셋째, 외교 쟁점으로 북한에 의해 자행된 일본인 납치문제의 해결이다. 이러한 문제는 개별적인 사안이 아니라 다층적으로 연계되어 있는 사안으로 국교 정상화의 실현과도 밀접히 관련되어 있다.

지금까지 일본은 인도적 차원의 식량지원을 일본인 납치문제와 연계하고, 대북제재 조치의 해제를 핵 실험 및 미사일 시험 발사 중단과 연계하는 '상호주의 전략'에 방점을 두는 대북정책을 취해 왔다. 그리고 일본인 납치문제와 핵 · 미사일 문제가 동시에 해결되는 상황에서 국교 정상화가 가능하다는 '단계적 방안'에 무게를 두어 왔다. 이러한 대북 상호주의 전략과 단계적 접근방식은 일본이 처해 있는 국제체제의 압력과 현실에 대한 냉철한 인식 위에서 국가이익을 고려한 최선의 선택, 즉 미일관계의 특수성에서 기인하는 외교적 한계를 안보 이익으로 전환시키는 실용주의적인 전략이라고 말할 수 있다. 이것은 현 단계에서 점점 현실화되고 있는 중국위협론과 북한위협론에 맞서 안보와 국가이익을 안정적으로 확보하기 위해서는 미국과의 동맹관계가 필수불가결하다는 점으로 귀결된다.

이러한 점을 고려하면 북미 간 비핵화 협상이 진전되지 않는 한, 일본은 미국과의 동맹관계에서 초래되는 압력과 함께 북한의 핵 · 미사일 공격의 직접적인 타격 범위 내에 들어감으로써 초래될 수 있는 안보 위협의 미 해소로 인해 북한과의 수교 협상을 본격적으로 나서지 않을 것이며, 이런 상황에서 수교 협상을 진행하는 것 자체가 자칫 국가이익에 큰 손실로 이어질 수 있다고 판단하고 있다.

그렇다고 한다면 일본은 “지금까지 왜 일본인 납치문제 해결을 전제로 국교 정상화를 추진할 수 있다는 입장을 취해 왔던 것인가?”하는 의문이 생길 것이다. 이 문제에 대한 해답은 두 가지 측면에서 찾을 수 있을 것이다. 첫째, 일본인 납치문제를 지속적으로 제기함으로써 향후 북한의 핵 · 미사일 문제가 해결되었을 때 북한과의 수교 협상에서 우위를 점하기 위한 정치적 포석일 수 있다. 둘째, 1990년대 정당-지지단체 간 결속력이 약화된 상황에서 일본인 납치문제를 정치의 영역으로 가져와 유동화 된 지지 세력을 동원하려는 선거 전략일 수 있다.

일본은 국내적 관심사이자 외교현안인 일본인 납치문제 해결을 위해 북한과의 접촉을 계속 시도할 것으로 보이지만, 일본이 처해 있는 국제체제의 현실과 북한의 핵 · 미사일 문제에 의해 초래되는 안보 요인으로 인해 성과를 거두기는 어려울 것으로 보인다. 핵 · 미사일 문제가 해결되지 않는 한, 북한은 일본이 미국의 의사에 반하여 선택할 수 있는 외교적 수단이 제한되어 있다는 현실인식에 기초하여 일본과의 협상을 부차적인 문제로 간주할 것이기 때문이다. 이러한 현실이 일본으로 하여금 북한의 핵 · 미사일 문제가 해결되기 전까지 미국의 대북정책에 적극적으로 편승하면서 북한과 대화 및 타협보다는 압박에 중점을 둔 강경 정책을 취하도록 할 것이다.

이러한 사실은 2015년 미일방위협력지침 개정과 안보관련 법안의 제 · 재정에서 명확히 드러났다. 1997년 9월 미일방위협력지침 개정 때부터 이미 예견된 일이었지만, 일본은 그 당시만 해도 한반도 유사시 미일동맹에 근거해 미군의 군사작전에 후방지원 의무만을 수행할 것이라고 주장했다. 하지만 이번에는 한반도 유사시 집단적 자위권 행사는 물론 북한의 미사일 공격으로 일본의 안전이 위협받고 있다고 판단될 때에는 '존립위기사태법'에 따라 독자적으로 북한 문제에 개입할 것임을 명확히 했다.

이러한 일본의 입장은 "우리의 동의와 승인 없이 북한 지역으로의 자위대 전개가 불가하다."는 한국의 입장과 배치되는 것으로 향후 한일 갈등을 심화시키는 요인이 될 수 있다. 이에 대해 미국은 방위협력지침에 제3국의 주권에 대한 완전한 존중을 명기하고 있어 한국과 협의해 나갈 문제라며 명확한 답변을 회피했다. 이러한 미일 양국의 입장은 한반도 유사시 중국이 개입할 수 있다는 점과 함께 한반도 통일에 대한 양국의 속내를 드러낸 것으로 볼 수 있다. 이러한 연장선상에서 한국이 2019년 8월 22일에 2016년 11월 23일 일본과 체결했던 지소미아의 일방적 종료를 선언했을 때 미일 양국이 보였던 반응에서도 명확히 알 수 있다.

현 시점에서 일본은 미국과 우호적 관계를 유지하고 있을 뿐 동북아 주변국과 갈등 관계를 노정하고 있으며, 한국과의 갈등도 한치 앞도 내다볼 수 없을 정도로 전개되고 있다. 특히 미중 간 강(强) 대 강(强) 대결구도가 강화되고, 북미 간 핵 · 미사일 문제에 대한 인식 격차를 좁히지 못하는 상황에서 한일 갈등의 심화는 한일 양국의 외교적 입지의 협소화를 초래할 수 있고, 더 나아가 미국의 대중외교 및 대북외교에도 큰 부담으로 작용할 것이다.

현 단계에서 한국의 제일차적 외교 과제는 한반도 평화정착과 통일기반구축일 것이고, 일본의 핵심적 외교 과제는 일본인 납치문제 해결과 북일 국교 정상화를 통한 지역강국으로서의 위상 확립일 것이다. 이러한 목표 달성은 말할 필요도 없이 북한의 핵 · 미사일 문제 해결이 전제되어야만 실현 가능한 문제이다. 이러한 점에서 본다면 한일 양국은 핵심적 이익을 공유하고 있다고 말할 수 있다.

그런데 만에 하나 한일 갈등이 계속되고 북한의 핵 · 미사일 문제를 둘러싸고 한 · 미 · 일 3국 공조체제가 정상적으로 작동하지 못하게 된다면, 미국은 비핵화가 아닌 비확산을 축으로 북한, 또는 북중 양국과 '비딜'을 추진할 수 있을 것이다. 이러한 상황은 비록 현실적으로 실현 가능성이 매우 낮다고 하지만, 만에 하나 성사된다면 한일 양국이 북한에 대해 가지는 핵심적 이익 실현을 어렵게 할 뿐만 아니라 직접적으로 안보적 위협에 노출시킬 개연성도 배제할 수 없다.

더욱이 이러한 한일 갈등의 심화는 미국에게 한일 양국 중 어느 한 국가를 선택하도록 하는 외교적 딜레마를 초래할 것이며, 이러한 갈등을 활용하여 중국도 '한미 분단 전략'을 구사할 것으로 보인다. 결과적으로 한일 갈등의 심화는 동북아 지역질서의 변화를 촉발하는 요인으로 발전할 가능성이 높다고 하겠다.

참고문헌

권태환. 2018. "최근 일본의 안보정책 변화와 향후 전망: 미중 대립과 북한 비핵화를 중심으로." 『한국국가전략』 제8호. pp. 77-124.

권태환. 2019. "최근 일본의 안보군사 정책 변화와 한반도 안보." 『군사논단』 제100호, pp. 69-94.

김승현. 2015. "아베정권의 안보정책 변화와 의의: 평화안전법제 논의를 사례로." 『한일군사문화연구』 제20집. pp. 107-127.

김영춘. 2001. 『일본의 군사위협 인식과 군사력 강화』. 서울: 통일연구원.

김준섭. 2007. "북핵문제와 일본의 대응." 『국제평화』 제4권 1호. pp. 141-173.

김태우. 2016. "북핵 문제의 현황과 대책." 박병석 외. 『국제정치 변수로서의 한반도』. pp.135-180. 서울: 콘드라 아데나워 재단.

김현정·이기완. 2018. "트럼프정부 출범 이후 일본의 대미 외교안보정책." 『아시아연구』 제21권 3호. pp. 265-300.

나영주. 2013. "북중동맹의 과거와 현재." 이기완 편. 『동맹과 영토분쟁』. pp. 180-212. 창원: 성연.

배정호. 2012. "일본 자유민주당에서 민주당으로의 정권교체와 대북정책." 『한일군사문화연구』 제13집. pp. 59-81.

손기섭. 2007. "일본의 대북한 국교교섭의 정책결정." 『일본연구논총』 제25권. pp. 33-70.

송화섭. 2006. "대화와 압력의 대북정책에서 대북 압력정책으로 전환." 『북한』 제9호. pp. 66-73.

신정화. 2002. "북일관계의 역사." 『역사비평』 제61호. pp. 66-79.

신정화. 2006. "일본의 대북정책-대화에서 제재로." 전현준 외. 『10.9 한반도와 핵』. pp.152-170. 서울: 이룸.

신정화. 2013. "일본 외교의 변화와 대북정책: 중핵국가로서의 영향력 확대."

『일본연구논총』 제38권. pp. 278-295.

오승렬. 2012. "북한의 대외관계 전망." 『수은북한경제』 겨울호. pp. 2-17.

윤홍석. 2007. "상호주의와 고이즈미 정권의 대북한 정책." 『세계지역연구논총』 제25호 제3호. pp. 177-206.

이종국. 2016. "일본 아베정권의 대북한 정책: 대화, 압력, 그리고 제재." 『북한학연구』 제12권 1호, pp. 37-70.

이기완. 2009. "일본의 군사화와 북일관계." 이기완. 『일본 외교와 동아시아』. pp. 89-115. 서울: 매봉.

이기완. 2012. "일본의 북한인권정책의 본질과 한계." 『대한정치학회보』 제19집 제3호. pp.143-161.

이기완. 2013. "일본의 정치변화와 북일관계." 『국제관계연구』 제18권 제2호. pp. 75-98.

이기완. 2014. "'스톡홀름 합의'와 일본의 대북 제재 해제의 배경." 『국제정치연구』 제17집 제2호. pp. 155-167.

이기완. 2016. "김정은 정권의 대일 접근과 북일관계." 『국제정치연구』 제19집 2호. pp. 177-196.

이기완. 2016. "북한의 핵·미사일 위협과 동북아 국제관계." 『국제관계연구』 제21권 2호. pp. 5-26.

이기완. 2018. "북핵 문제와 북-미-중 관계, 그리고 한국 대응." 『한국지방정치학회보』 제8집 1호, pp. 113-133.

이기완·여현철. 2020. "일본의 수출규제 조치와 한일관계." 『평화학연구』 제21권 3호. pp. 73-88.

이성봉. 2015. "북한과 일본 관계: 접근의 동인과 결별의 구조." 『민족연구』 제61권. pp. 146-167.

조양현. 2017. "북핵에 대한 중국과 일본의 인식 및 대응." 한국국가전략연구원-미국 브루킹스연구소 국제회의. 서울. 5월, pp. 354-372.

조영서. 2013. "김정은 체제의 특성과 변화 전망," 『수은북한경제』 봄호. pp.

2-25.

조은일. 2019. “일본 아베 정권의 대북정책: 현황과 전망.” 『한일군사문화연구』 제27권. pp. 87-108.

진미영. 2004. “탈 냉전시대와 일본의 대 북한 외교정책.” 『통일문제연구』 제41권. pp. 85-106.

최희식. 2010. “일본의 정치변동과 대북정책.” 『한국정치연구』 제19집 제1호, pp. 205-231.

통일연구원. 2014. 『북일 스톡홀름 합의와 동북아 정세』. 서울: 통일연구원.

하영선. 2006. 『북핵 위기와 한반도 평화』. 서울: 동아시아연구원.

홍성후. 2007. “북핵문제와 일본의 대한반도 정책.” 『국제정치연구』 제10집 제1호. pp. 123-140.

“영국 IISS 세계군사력 보고서 2020.” 『중앙일보』 2020. 9. 6.

伊豆見元. 2002. “小泉訪朝の意義.” 『東亜』 10月号.

岩見隆夫. 1991. “政界再編を目論む金丸人脈.” 『中央公論』 9月号.

内田健三·早野透·曾根泰教. 1994. 『大政變』. 東京: 東洋經濟新報社.

木村光彦·安部桂司. 2008. 『戦後日朝関係の研究』. 東京: 知泉書舘.

小此木政夫·西野純也. 2013. 『朝鮮半島の秩序再編』. 東京: 慶応大学出版会.

小林良彰. 2012. 『政権交代』. 東京: 中央公論新社.

吉岡斉. 2011. 『原発と日本の未来』. 東京: 岩波書店.

草野厚. 1985. “二つのニクソンショックと対米外交.” 近代日本研究会. 『近代日本研究』. 東京: 山川出版社..

寺林裕介. 2012. “北朝鮮による日本人拉致に対する我が国の取組.” 『立法と調査』 第334号.

瀨川謙一. 2010. “安保理決議の実効性確保のため-北朝鮮特定貨物の検査等のための法整備.” 『時の法令』1871号.

船橋洋一·오영환 역. 2007.『김정일 최후의 도박』. 서울: 후마니타스.

毛里和子. 2006.『日中関係』. 東京: 岩波書店.

読売新聞政治部. 2006.『外交を喧嘩にした男』. 東京: 新潮社.

荒敬. 1990. "サンフランシスコ講和." 歴史學研究會.『日本同時代史: 占領政策の轉換と講和』. pp. 162-190. 東京: 青木書店.

田中明彦. "座談会: 北朝鮮の転換どこまで."『朝日新聞』2002. 9. 18.

田原総一朗. "安倍外交に手詰まり感, 飯島内閣参与が訪朝した真の狙い." http://www.nikkeibp.co.kr.jp/article/columm (검색일: 2013. 7. 28)

『朝日新聞』1993. 4. 29.

『朝日新聞』1999. 2. 28.

Kennedy Paul. 1987. *The Rise and Fall of the Great Powers*. New York: Vintage Books.

Green Michael J. & Benjamin L. Self. 1996. "Japan's Changing China Policy: From Commercial Liberalism to Reluctant Realism." *Survival*. Vol. 38, No. 2. pp. 35-58.

7장
한반도 안보와 러시아의 대북 국가이익: 북핵과 군사협력

우평균

(한국학중앙연구원)

Ⅰ. 서론

러시아의 대북 국가이익은 러시아가 북한과 관계를 맺어온 역사적 경과에 따라 변천해 왔다. 러시아는 20세기 중반에 한반도 북부에 북한이라는 국가를 세우고 사회주의 체제의 원형을 제공했다. 6 · 25전쟁이 끝나고 미소냉전과 중소분쟁, 데탕트의 시기에 소련의 북한에 대한 이익은 다소 변형된다. 결정적으로 1991년 소연방 해체 후 러시아는 북한을 다른 관점에서 보기 시작했으며, 2001년 북한과 신조약을 맺은 이후 현재까지 과거와 다르게 경제적 이익을 우선시하면서 북한을 러시아의 국가이익의 관점에서 인식하고 있다. 21세기에 들어와 러시아의 대북관과 대북정책은 북한만을 고려대상으로 하기보다는 한반도

전체에 대한 러시아의 관점과 이익에 따라 결정하는 경향이 증대했다. 즉, 러시아의 대북 이익은 대한국 이익 및 한반도에 대한 종합적 이해관계에 따라 고려될 수 있는 사안이 되었다. 하지만 종종 북한만 고려 대상으로 삼아 대북 관계를 유지하려는 특성도 내재되어 있다. 대북 무기 거래 및 군사협력이 그 사례이다.

러시아는 한반도 안보에 커다란 이해관계를 갖고 있으며, 확고한 독자적 이익을 추구하고자 한다. 이는 러시아가 한반도에 본격적으로 관심을 갖기 시작한 19세기 이래 한반도 역사가 이를 입증한다. 러시아는 20세기 초 러·일전쟁 패배로 인해 한반도에 대한 개입을 강제로 포기당했지만, 일본이 한반도에서 물러가자 북한정권을 수립하고 6·25전쟁에 적극 개입하였고 냉전기 북한을 적극적으로 후원하여 한반도 질서를 수립하는데 핵심적인 역할을 담당하고자 하였다. 러시아는 냉전 종식 이후 한국과 수교하였고, 2000년대에 남북한 균형외교를 지향하고 있다. 이 같은 상황에서 한반도에 대한 러시아의 안보적 이해와 좁게는 북한에 대한 안보 이익을 어떻게 볼 것인가에 대한 해명은 북핵과 한미동맹의 변화를 경험하고 있는 한국에게 중대한 과제이다.

본 글에서는 이와 같은 러시아의 대북 이익의 성격을 감안하여 오늘날 한반도 차원에서 러시아가 일관되게 갖고 있는 국가이익 및 전략을 안보 및 군사적 차원에서 살펴보려는 목적을 갖고 있다. 이를 위해 크게 한반도 안정을 위협하는 대표적 문제인 북핵문제와 러시아와 북한 간의 군사협력을 중심으로 푸틴 집권 이후 지난 20여 년 동안 러시아가 수행해 온 정책 및 이슈 중심으로 대북한 국가이익의 측면들을 살펴보려 한다. 본 글은 제2장에서 한반도 안보 이슈 중 가장 큰 현안인 북핵 문제에 대한 러시아의 정책과 한반도 평화프로세스에 대한 러시아의 입장을 살펴볼 것이다. 제3장에서는 러시아와 북한의 군사협력 실태와 쟁점에 대해 중점적으로 제시할 것이다. 제4장에서는 한반도에 대한 러시아의 안보 이익에 대해 총괄적으로 평가할 것이다. 제5장에서는 결론을 제시하고자 한다.

Ⅱ. 북핵과 한반도 평화프로세스

1. 북핵과 러시아의 입장

러시아의 북핵 프로그램에 대한 정책은 크게 보아서 지역 내 지정학적 목표와 글로벌 차원에서 추구하고 있는 전략에 종속된다. 러시아의 장기 목표는 미국 주도 하에 한반도가 통일되는 것을 예방하고 동북아 및 한반도에서 미국의 지위를 약화시키는 데 있다. 러시아의 단기 목표는 한반도에서 무력 분쟁의 발발 위험성과 발생 가능한 북한의 붕괴를 회피하는데 있다. 이런 점에서 러시아의 한반도 통일에 대한 긍정적인 언급은 순수하게 선언적 의미가 강하며, 실재에 있어 러시아는 한반도에서 정치적 세력균형(status quo)을 유지하려고 노력하고 있다. 러시아는 남북한과 공히 경제관계를 발전시키고, 정치적 접촉을 유지함으로써 자신의 영향력을 극대화하고자 한다(Rodkiewicz 2018, 5).

러시아의 한반도 정책 목표를 전제로 할 때, 북핵에 대한 러시아의 입장은 어떤 인식 수준에서 출발하는지, 다시 말해 어느 정도 중시하는지에 대해 먼저 살펴볼 필요가 있다. 북핵 사안의 중요성에 대한 러시아의 인식은 절대적인가? 아니면 덜 중요한 사안인가? 결론은 후자에 가깝다. 러시아의 북핵 비핵화에 대한 시각은 동북아 안보 정책에서 우선순위를 차지하지 못하고 있으며, 북핵을 수단적(instrumental)으로 접근하는 태도를 반영하고 있다. 러시아는 북한의 핵 야망을 공식적으로는 비난하고 있지만, 북핵 협상 과정에서 북한에 대한 서구의 경제제재를 강화하는 데 앞장서서 막음으로써 결과적으로 비핵화 과정을 순조롭게 이행하는 데 방해하는 역할마저 수행했다. 러시아가 푸틴 집권기 북핵 협상에서 보여 준 태도를 시간의 순서대로 정리하면 다음과 같다.

러시아가 북핵 이슈와 관련하여 행위자로 나서게 된 계기는 2002년 10월 북한의 우라늄 농축에 대한 의혹이 제기되고 북한이 반발하여 핵동결 해제를 선언하면서 북핵의 위기 국면이 다시금 조성되던 시기부터였다. 당시 북핵 위기를 해소하기 위해 소집된 6자회담의 한 구성원으로써 러시아가 포함되면서 러시아는 비핵화의 취지에 공감하면서도 미국, 일본, 한국과 다른 러시아만의 원칙이나 중재안을 제안했다. 이를테면, 2003년 로슈코프(Alexander Losyukov) 외무차관이 북핵 패키지 딜과 다자안전보장을 제안하면서 북핵문제를 일괄 타결하는 이른바 '패키지 딜' 방식을 고수해 왔다. 러시아는 북한이 핵 실험을 본격적으로 실시하기 시작한 2006년부터 '적극적인 중재자(active arbitrator)' 역할을 자임하면서 영향력 제고에 나섰다.

북핵에 대한 러시아의 입장은 나름대로 일관된 패턴을 유지하고 있다.

그것은 첫째, 핵 실험이 없는 평시에는 비핵화에 대한 원론적인 반대와 북한을 압박하지 말고 대화로 유도해 다자 구도 내에서 해결책을 모색해야 한다는 입장을 반복적으로 표명해왔다. 이를 통해 미국 주도의 대북 제재 및 압력 강화에 반대한다는 견해를 분명히 함으로써 미국을 견제하려는 의도를 드러내고 있다.

둘째, 북한이 핵 실험을 하는 등 핵협상 진전을 어렵게 만드는 강력한 도발을 할 때마다 주로 유엔차원에서 제기된 대북 제재안에 찬성하는 등 국제사회의 대북견제에 참여하는 태도를 보여주었다. 동시에 북한의 핵개발에 이용될 수 있는 물자와 주요 무기체계의 북한으로의 수출 금지에 동의하지만, 러시아가 보기에 과도한 대북제재라고 판단되는 안에 대해서는 반대함으로써 대북제재의 한계에 대해 분명한 선을 긋고 있다. 즉, 대북제재가 북한을 고립시키는 압박일변도의 제재로 강화되는 데 대해서는 명백하게 반대하는 입장을 반복적으로 표명해왔다.

셋째, 러시아는 북한의 핵 실험 등 강경조치와 무관하게 대북 영향력을 유지하고 북한과의 연대를 명시화하기 위해 국제사회의 지원이 고갈된 상태에 처해있는 북한에 인도적 지원을 간헐적으로 해왔다. 이 세 가지 큰 틀 내에서 러시아의 행위가 정형화되는 구조를 보여주고 있다.

이에 더해, 6차에 걸친 북핵 실험에 대해 취했던 러시아의 반응을 통해 러시아의 인식에 접근할 수 있다. 핵 실험은 북한의 도발 수위가 가장 높은, 용인할 수 없는 한계를 의미하는 “레드라인(Red line)”에 해당되기 때문이다.

2006년 10월 9일 북한이 행한 첫 번째 핵 실험 진행 과정에서 러시아의 행위 패턴이 전형적으로 나타난다. 핵 실험 직전 북한이 핵 실험을 할 것이라는 공식적인 선언을 하자 러시아의 라브로프(Sergey Lavrov) 외무장관은 "북한의 핵 실험 주장은 이번이 처음이 아니며, 이러한 주장은 대부분 실체화되지 않았다"고 언급하면서 미북 양자회담 개최를 촉구했다(『조선일보』, 2006. 10. 4). 러시아의 이 같은 입장 표명은 대북 압박을 회피하면서 북핵문제 공전의 책임을 미국이 져야한다는 점을 강조하려는데 있다고 보여 졌다. 10월 9일 북한이 최초의 핵 실험을 강행하자 러시아는 핵 실험 이전에 밝혔던 입장과 달리 핵 실험을 행한 북한에 대한 비난과 더불어 비핵화에 대한 원론적인 지지를 표명했다. 또한 유엔이 결의한 안보리 결의 1718호가 규정하는 대북제재를 이행하기 위해 북한에 대한 주요 물자의 수출금지를 단행했다. 동시에 러시아는 북핵 실험 이틀 후에 세계식량계획(World Food Programme) 사업의 일환으로 북한에 12,800톤의 곡물을 전달했다(Brezhneva and Ukhova 2013, 9). 2007년 3월에는 약 80억 달러에 달하는 북한의 대러시아 채무 중 90%를 탕감하는 조치에 대해 언급하기 시작했다.[1] 북핵 실험에 대해 비핵화 원칙을 저버린 행위로 비난하되, 북한을 고립시키는 과도한 대북제재에 반대하면서 북한에 대한 영향력을 유지하기 위해 인도적 지원을 종종 하는 러시아의 행동 방침은 2009년 5월 북한이 제2차 핵 실험을 실시한 후에도 크게 변화하지 않았다.

---

1) "Russia, North Korea sign deal on $11 bln debt," https://interfax.com/newsroom/top-stories/54311/(검색일: 2020. 11. 20).

러시아는 6자회담의 모멘텀을 유지하기 위해 독자적인 노력을 기울이기도 했고, 그 과정에서 크지는 않지만 성과를 얻은 적도 있었다. 2007년 2·13합의 이후 러시아가 중국은행의 거부로 지연되고 있던 BDA(Banco Delta Asia) 문제 해결을 위해 러시아 은행을 내세워 처리하였으며, 러시아가 제안하여 6자회담 과정에서 합의되어 운영되었던 '동북아 평화·안보 체제(NEAPSM ; Northeast Asia Peace and Security Mechanism) 실무그룹'의 의장 역할을 수행하는 등 중재자로서의 소임을 다하기 위해 노력하기도 했다. 6자회담에서 나타난 러시아의 대북 입장은 북핵에 관한 러시아의 견해를 대변한다. 그것은 앞서 밝혔듯이, 러시아는 원론적인 측면에서 한반도 비핵화를 지지하지만, 북한정부에게 핵개발 계획의 포기를 강요하는 것은 역효과가 발생할 수 있다고 본다.[2] 더불어 6자회담의 진행 과정에서 러시아는 북한의 핵무기 개발은 반대하지만, 북한이 평화적 핵 프로그램을 발전시킬 주권국가로서의 권리에 대해서는 줄곧 인정하는 태도를 표명했다. 이 문제는 특히 북한이 제4차 6자회담의 성과물인 '9·19 공동성명'을 채택하고서도 끝까지 경수로 건설에 집착했던 사례에서 드러나듯이, 미국과 북한 간에 가장 첨예하게 대립했던 사안과 결부되어 있다. 4차 회담 당시에 러시아의 이 같은 입장에 한국과 중국도 동조한 바 있다. 러시아의 이와 같은 입장은 단순히 주권국가의 평화적인 핵이용 권리를 옹호하는 차원일 뿐 아니라,

2) 한반도 비핵화는 러시아 뿐 아니라 모든 6자 회담 참여 국가들이 천명하는 원칙이며, 러시아 역시 북핵문제는 이 원칙에서 출발한다. 그렇지만 러시아가 미국이나 일본과 다른 점은 한반도 비핵화를 위해 모든 정치적 대화와 협상을 시도한 후 북한에 대한 제재를 논의해도 늦지 않다는 입장을 고수했다(우평균 2015, 174).

북핵문제 해결 과정에서 자신의 경제적 이익을 고려한 것이기도 하다. 그것은 당시 러시아가 취했던 다른 제안들을 통해서도 알 수 있다. 러시아는 북한의 에너지난 해소를 위해 러시아 극동지방으로부터 전력, 석유, 천연가스 공급은 물론 소련 시절에 건설된 북한 내 발전소 재건에도 참여할 수 있다고 거론했다(Юрьева 2005). 이는 러시아가 북한 내 원자력 발전소 건설에 직접 참여할 수 있다는 기대를 표명한 것으로 판단할 수 있다. 러시아의 이 같은 제안으로 미루어보건대, 북핵문제 해결 과정에서 러시아의 이익지향이 한반도 비핵화라는 안보적 측면에만 있는 것이 아니라 북한과의 경제협력, 특히 에너지 협력의 측면에도 존재한다는 것을 보여준다(우평균 2015, 174-175).

2차 핵 실험 직후 러시아 외무부는 북한의 핵 실험에 대해 "유엔안보리 결의 1718호를 위반하였으며, NPT 체제 및 포괄적 핵실험금지조약(Comprehensive Test-Ban Treaty, CTBT)에도 심각한 타격을 주었다"고 발표했다.[3] 러시아는 2차 핵 실험 이후 유엔안보리가 채택한 결의안 1874호에 찬성했지만, 이를 도출하는 과정에서 대북제재가 과도한 압박한 압박이라고 주장하고 나섬으로써 독자적인 목소리를 냈다.[4] 지금은 국제사회에서 일반적으로 용인되고 있는 결의안 1874호의 제2항, "북한은 더 이상 핵 실험이나 탄도 미사일 기술을 이용한 어떠한 발사도 하지 않아야 한다"는 내용에 대해 당시에 러시아는 평화적 이용을 위한 위성 발사까지 제한해서는 안 된다는 입장을 개진했다.[5]

3) "Russia Condemns Declared N. Korea Nuke Test," Interfax, May 25, 2020.

4) "Lavrov: UN SC New resolution On DPRK Should Facilitate Non-proliferation," *ITAR-TASS*, May 27, 2009.

2013년 2월 12일 북핵 제3차 실험 직후 발표된 성명을 통해 러시아 외무부는 국제법과 유엔안보리 결의를 무시한 북한의 도발은 비난받을 만하다고 인정하면서, 동시에 러북 국경 지역에 살고 있는 러시아인들에게 위협이 될 만한 것은 아니었다고 밝혔고, 북한의 도발이 주변국들의 군사행동을 증대하는 구실로 사용되어서는 안 된다는 점을 분명히 했다.[6] 러시아 당국의 언급은 북한의 1차 핵 실험 이후 공식화했던 입장과 일치하고 있다. 핵 실험과 관련한 대북 제재 결의안에 안보리 상임이사국으로서 동참은 하지만, 미국과 일본 등 서방국가들이 요구하는 수준까지 순순히 응하지는 않았다. 때론 북핵 실험 이후 북한에 대한 비난 수위를 높이고 UN의 대북 제재에 능동적으로 참여하는 모습을 보여주기도 했지만, 러시아는 대북 제재에 있어 한계를 분명히 설정하고 있음을 분명하게 보여주었다. 더 나아가 북한에 대한 무력제재에 반대하는 것은 물론이고, 북핵 프로그램과 북한 정권교체 문제를 연계해서 풀어서는 안 된다고 주장함으로써 북한의 체제 유지에 대해서 강조하였다(우평균 2010, 141).

2016년 1월 6일 북한이 3년 만에 단행한 제4차 핵 실험에 대해서

---

5) "Speech by v. I. churkin, Russia's permanent representative to the U.N., on motives for voting on the U.N. Security council resolution on the DPRK," New york, June 12, 2009, Ministry of Foreign Affairs of the RF, Department of Press and Information, 945-13, June 2009.

6) "Russia says no danger to Far East residents over North Korea's nuclear test," http://siberiantimes.com/other/others/news/russia-says-no-danger-to-far-east-residents-over-north-koreas-nuclear-test(검색일: 2020. 8. 6.).

러시아는 과거와 동일한 용어를 사용하여 비핵화에 대한 원론적 반대 입장을 표명하는데 그쳤다. 북한의 행위가 국제법과 유엔안보리 결의를 위반한 것이지만, 관련 국가들은 사태를 악화시키지 말아야 하며 6자회담의 틀 내에서 해결할 것을 주문했다.[7] 수소폭탄 실험설이 제기되었던 당시 상황에서 러시아는 핵 실험에 대해서는 전례 없이 강하게 비판하였지만, 핵 실험에 대한 후속조치로 유엔이 과거에 비해 더욱 강력한 제재안을 도출하는 데는 동의하지 않았다. 러시아의 핵 실험에 대한 강도 높은 비판에 대해 당시 서구 일각에서는 러-북 협력관계가 제한적이기 때문에 푸틴이 대북 강경 비판으로 선회한 것이라는 평가도 있었지만,[8] 결국 러시아는 북한을 강하게 압박하는 데는 동의하지 않았다. 4차 핵 실험 이후 유엔안보리에서의 결의 채택을 놓고 3차 핵 실험 이후와 마찬가지로 중국과 공조하여 미국과 서방국가들이 북한을 강도 높게 압박하지 못하도록 막는데 주력했다. 러시아는 2014년 2월 크림반도를 점령하고 연이어 우크라이나 사태에 개입한데다가 2015년 말부터는 탈냉전 시기에 처음으로 원거리에 군 병력을 투사하면서 시리아 내전에 개입한 상태였다. 우크라이나 사태 이후 시작된 미국과 서방의 대러 경제제재와 국제유가 하락에 따른 국내 경제 침체 등 안팎으로

---

7) “Russia wants 'proportionate response' to North Korea nuclear test,” https://www.reuters.com/article/us-northkorea-nuclear-un-russia-idUSKBN0UK1ZQ20160106 (검색일: 2020. 8. 6.).

8) 이 같은 해석의 근거는 러·북 접근이 서구의 대러제재로 인해 외교적 고립을 탈피하기 위해 러시아가 불가피하게 선택한 결과라는 데 초점이 맞춰졌다. 그러나 러시아는 북한에 대한 제재 강화에는 일관되게 반대했다(Ramani 2016).

러시아가 대처해야 할 커다란 현안과제로 인해 북핵문제에 대한 몰입도가 과거보다 덜한 상태였다. 그럼에도 불구하고 러시아는 강력한 대북제재안이 성립하지 못하도록 제동을 걸었다. 그 결과, 4차 핵 실험 이후 57일 만에 유엔안보리가 채택한 결의 2270호(UNSC, 2016)는 과거에 채택했던 어떤 결의보다도 강력한 대북제재 내용을 담게 되었다. 안보리 결의 2270호는 WMD(Weapons of Mass Destruction, 대량살상무기) 및 재래식무기 개발 관련 품목의 수출 금지, 북한산 광물자원 수입 금지, 항공유 공급 및 판매 중지, 금수품 선적이 의심되는 북한 선박의 입항 금지, 자국 내 북한 은행지점 폐쇄 등 군사적 수단을 제외한 상당한 제재조치를 포괄했다. 그러나 대북제재의 예외조항으로 북한 나진항을 통한 외국산 석탄 운송의 허용, 북한 민항기의 북한 밖 급유 허가, 조선광업무역개발회사의 러시아 주재 대표에 대한 제재 제외 등을 허용함으로써 러시아가 원하는 대로 유예 사항을 두었다(United Nations Security Council 2016). 이를 통해 유엔 안보리 차원에서 러시아가 미국에 일방적으로 끌려가지 않고 중국과 공조하여 자신의 견해를 관철하려 한다는 입장을 고수하고 있다는 점을 알 수 있다.

북한은 4차 핵 실험 이후 8개월 만인 2016년 9월 9일 5차 핵 실험을 단행했다. 이 실험을 통해 북한은 기존 핵 실험을 통해 입증하지 못했던 강화된 핵 폭발능력을 과시했다. 5차 실험을 계기로 핵탄두의 표준화와 규격화에 성공하는 등 기술력을 확보하고, 핵무기 대량생산에 나설 우려가 커진 가운데 유엔 안보리에서 새 대북 제재 결의안(제2321호)을 핵 실험 이후 82일 만인 11월 30일에 채택하였다. 러시아는 핵 실험 직후 라브로프 외무장관이 “유엔 안보리 결의는 반드시 이행되어야 하고, 우리는 강력하게 이러한 메시지를 전달하겠다”고 했지만,[9] 새 대북경제제재가 미칠 자국 내 영향 때문에 부처 간 조율이 필요하다고 제재채택에 시간을 끄는 등,[10] 유엔에서의 논의를 지연시켰다는 의심을 샀다.

2017년 9월 3일 북한의 제6차 핵실험 직후에도 러시아 외무부는 성명에서 “안보리의 관련 결의와 국제 규범을 위반한 북한의 무책임한 행동은 가장 강력한 비난을 받을 만하다”면서 “북한 지도부가 전 세계 비확산 체제를 악화시키기 위한 행동을 통해 한반도와 지역 전체의 평화와 안보에 심각한 위협을 끼친 것은 유감스러운 일”이라는 입장을 보였다.[11] 북한의 핵실험 직후 러시아 블라디보스토크 극동연방대학에서 열린 제3차 동방경제포럼에 참가한 한국의 문재인 대통령과 푸틴 러시아 대통령이 9월 6일 가진 정상회담 이후 언론발표를 통해서도 북핵과 관련하여 동일한 기조로 북한의 핵 실험을 규탄했다.[12] 이 같은 입장은 북한의 핵 실험 직후 러시아 외무부가 발표했던 원론적 수준의 핵 실험 규탄이라고 할 수 있으며, 핵 실험 자체에 반대한다는 의사표명이며 북한을 핵 실험으로 인해 더욱 압박해야 한다는 의견이

9) 러시아 “북한 핵 실험, 국제법 무시한 도발행위” MBC 뉴스, 2016. 9. 10., https://imnews.imbc.com/replay/2016/nwtoday/article/4113166_31361.html(검색일: 2020. 8. 7).
10) “중국, 러시아 대북제재 한 목소리,” 자유아세아방송, 2016년 12월 13일.
11) “중국 · 러시아 “북한 핵 실험, 강력 규탄” https://www.voakorea.com/korea/korea-politics/검색일: 2020. 8. 10).
12) “[전문]한 · 러 공동 언론발표…“北 6차 핵 실험 규탄” – 아시아경제,” https://www.asiae.co.kr/article/2017090616141276401(검색일: 2020. 8. 10).

포함되어 있는 것은 아니다. 러시아의 구체적인 입장이 드러나는 것은 핵 실험 이후에 채택되는 유엔 결의 채택 과정이라고 할 수 있다. 2017년 12월 22일 채택된 결의 2397호는 이미 강력했던 재제를 또 다시 강화하는 조치로써, 정제유 허용치는 기존 200만 배럴에서 50만 배럴로 낮아졌고, 원유에는 400만 배럴이라는 구체적인 상한선과 함께 각 회원국들의 공급량에 대한 보고의무가 생겼다. 더불어 유엔 회원국이 생산한 모든 산업기계류, 교통수단, 철, 강철, 기타 금속류가 북한으로 직간접적으로 공급, 판매, 이전되는 것이 금지되었다. 단, 북한이 상업용으로 시민을 승객으로 하는 이동 수단의 안전한 운행에 필요한 부품의 공급은 허용되었다. 또한 북한에서 파견한 해외노동자는 2년 안에 모두 북한으로 귀국하게 됐으며 북한 선박의 해상 차단도 절차가 완화되었다.[13] 이 제재안 채택 과정에서 러시아는 중국과 더불어 북한에 대한 경제 제재에 원유를 직접적인 대상으로 삼지 않도록 했는데, 이것은 기존의 공급량이 400만 배럴로 추정되기 때문에 동결한 것으로 볼 수 있으며, 다만 개별 회원국들의 대북 원유공급량 보고는 의무화하도록 했다. 러시아는 유엔 안보리의 새로운 대북 제재 결의 2397호를 채택하는 과정에서 일부 조항을 제외시키는 등 반대 노선을 고수하여 기존 안보다 약화된 제재안을 이끌어냈다. 러시아 외무부는 결의 2397호가 채택되자마자 발표한 성명에서 "사실상 북한에 대한 전면적 경제통상 봉쇄와 북한의 모든 지도부에 대한 제재를 요구했던 미국의 아주

13) "Security Council resolution 2397 (2017)," https://www.un.org/undpa/en/speeches-statements/22122017/resolution2397%282017%29(검색일: 2020. 8. 10).

엄격한 초안을 상당 정도 수정하는 데 성공했다"고 자평하기도 했다 (Lukin 2019).

중국과 러시아는 2019년 12월 "민간인의 생계를 증대시키기 위해" 북한의 수산물, 섬유제품에 대한 수출 금지와 현재 해외에 나가 있는 북한 노동자들의 송환 조치를 해제할 것을 제안하는" 결의안을 유엔 안보리에 제출했지만 채택되지 못했다. 이전까지 러시아가 대북 제재 완화를 자주 언급했지만 유엔 차원에서 결의안을 제출한 것은 처음이었다. 러시아는 해외 파견 북한 근로자들을 값싼 노동력으로 고용할 수 있는 극동 지역에서 요구되기 때문에 안보리 결의 2397호의 일부내용을 완화하고자 했다.

〈표 7-1〉 북핵 실험과 러시아의 대응

실험 회수	공식발언	유엔제재안에 대한 입장
제1차 (2006. 10. 9.)	북한의 핵 실험 비판 및 비핵화에 대한 원론적인지지 표명	*안보리 결의 1718호가 규정하는 대북제재 이행하기 위해 주요 물자의 수추금지 단행 *핵 실험 이틀 후 세계식량계획을 통해 12,800톤의 곡물 북한에 전달
제2차 (2009. 5. 25)	유엔안보리 결의 1718호를 위반하였으며, NPT 체제 및 CTBT에도 심각한 타격을 주었다고 성명서 발표	1874호 도출하는 과정에서 대북제재가 과도한 압박한 이라고 주장. 동시에 평화적 이용을 위한 위성 발사까지 제한해서는 안 된다는 입장 개진
제3차 (2013. 2. 12.)	국제법과 유엔안보리 결의를 무시한 북한의 도발은 비난받을 만하다고 인정하면서, 동시에 러·북 국경지역에 살고 있는 러시아인들에게 위협이 될 만한 것은 아니라고 밝히면서, 북한의 도발이 주변국들의 군사행동을 증대하는 구실로 사용되어서는 안 된다는 점을 분명히 함	핵 실험과 관련한 대북 제재 결의안에 안보리 상임이사국으로서 동참은 하지만, 미국과 일본 등 서방국가들이 요구하는 수준까지 순순히 응하지는 않음

실험 회수	공식발언	유엔제재안에 대한 입장
제4차 (2016. 1. 6.)	과거와 동일한 용어를 사용하여 비핵화에 대한 원론적 반대 입장을 표명하는데 그쳤다. 북한의 행위가 국제법과 유엔안보리 결의를 위반한 것이지만, 관련 국가들은 사태를 악화시키지 말아야 하며 6자회담의 틀 내에서 해결할 것을 주문	3차 핵 실험 이후와 마찬가지로 중국과 공조하여 미국과 서방국가들이 북한을 강도 높게 압박하지 못하도록 막는데 주력함
제5차 (2016. 9. 9)	기존 유엔 안보리 결의는 반드시 이행되어야 하고, 우리는 강력하게 이러한 메시지를 전달하겠다고 외무장관이 밝힘	새 대북경제제재(안보리 결의안 2321호)가 미칠 자국 내 영향 때문에 부처 간 조율이 필요하다고 제재채택에 시간을 끄는 등, 유엔에서의 논의를 지연시킴
제6차 (2017. 3. 3)	북핵 실험 규탄에 기존 발언과 동일	새로운 대북 제재 결의 2397호를 채택하는 과정에서 일부 조항을 제외시키는 등 반대 노선을 고수하여 원안보다 약화된 제재안을 이끌어 냄

북핵문제와 관련하여 러시아의 기본 입장은 2017년 9월 공식화된 '한반도 긴장 완화 로드맵'을 통해서 구체화되었다.[14] 이 로드맵은 2017년 6월 27일 모르굴로프 러시아 외무차관이 발표한 '핵을 포함한 동북아의 지속가능한 평화메카니즘 형성을 위한 로드맵'에서 비롯되었다. 동년 9월 한국 측에 전달한 러시아 측의 로드맵은 3단계로 이루어져 있다. 제1단계에서는 북한이 추가적인 핵 실험과 탄도미사일 실험을 중단하겠다고 발표하고 핵과 미사일의 비확산을 공약하면, 한미 양국도 연합훈련을 축소하거나 중단한다. 이는 중국이 주장해 온 '쌍중단(雙中斷, 북한 핵·미사일 도발과 한미 연합 군사훈련 중단)·쌍궤병행(雙軌竝

14) "Russia Drafts, Ready to Discuss With Partners North Korea Roadmap," https://sputniknews.com/politics/201706271054999083-north-korea-roadmap-draft.(검색일: 2020. 8. 4.)

行, 북한 핵 포기와 북미 간 평화협정 동시 추진)'과 일치하는 내용으로 이 틀 속에서 미·북간 직접대화를 핵심적인 방법으로 제시하고 있다. 러시아 역시 중국의 입장을 수용하고 있다. 2018년 6월 12일 싱가포르에서 열린 미북정상 회담과 2019년 하노이에서의 제2차 미북정상회담을 통해 중국과 러시아의 쌍중단·쌍궤병행이 시도된 것으로 볼 수 있다. 제2단계에서는 남 · 북과 북 · 미, 북 · 일 간 평화공존 및 군사력 불사용과 관련한 협정을 체결하면 정전협정을 평화협정으로 대체하고 한반도 평화 문제는 비핵화 프로세스에서 제외한다는 데 합의한다. 즉, 남북과 북미가 군사력을 사용하지 않고, 한반도 정전협정을 평화협정으로 대체하는 단계이다. 제3단계에서는 동북아 지역의 안보체제 수립을 위한 다자협정을 체결, 이 협정에서 비핵화와 제재 해제, 군비 통제, 주한미군 등 복합적 이슈를 논의한다. 제3단계는 러시아가 전통적으로 주장해온 동북아 다자안보협력체의 설립을 최종 목표로 설정하면서 비핵화 등 현안을 일괄논의하자는 안이다(우평균 2018, 177).

〈표 7-2〉 러시아 정부의 한반도 긴장완화 로드맵

단 계	내 용
1단계	북한이 추가적인 핵 실험과 탄도미사일 실험을 중단하겠다고 발표하고 핵과 미사일의 비확산을 공약하면 한미 양국도 연합훈련을 축소하거나 중단
2단계	남 · 북과 북 · 미, 북 · 일 간 평화공존 및 군사력 불사용과 관련한 협정을 체결하면 정전협정을 평화협정으로 대체하고 한반도 평화 문제는 비핵화 프로세스에서 제외한다는 데 합의
3단계	동북아 지역의 안보체제 수립을 위한 다자협정을 체결, 이 협정에서 비핵화와 제재 해제, 군비 통제, 주한미군 등 복합적 이슈를 논의

(출처 : 『연합뉴스』, 2017년 9월 6일)

2018년 초부터 조성된 미 · 북 정상회담 추진 및 남북정상회담 진행과정에서 러시아는 환영의 뜻을 표명하면서 한반도가 안정의 국면으로 진입하고 있다는 견해를 피력했다. 2018년 5월 러시아의 라브로프 외무장관이 방북하여 북한의 김정은과 면담 과정에서 김정은이 제시했다고 알려진 단계적 핵폐기안에 해서도 러시아 측은 전적인 지지를 표명했다. 이를 통해 북한과 러시아는 한반도에서 비핵화가 단계적으로 진전되어 나가야 한다는 데서 의견을 같이 하고 있다.

2018년 6월 12일 개최된 미북회담에 대해서 러시아의 전문가들은 긍정적으로 평가했다. 회담을 통해 양측 모두 성과가 있었고, 특히 북한이 가시적인 성과를 더 많이 얻었다고 보았다(한국국가안보전략연구원 2018, 176). 북한은 비핵화 일정이 제시되지 않았음에도 불구하고 체제안전을 보장받았으며, 일련의 회담이 진행되는 동안 사실상의 핵보유국 지위를 확보하기에 이르렀다는 평가도 있었다(Косырев, 2018). 러시아 당국으로서는 수년이 걸리는 회담 과정은 한반도에서 정세가 안정되는 효과를 가져와 러시아가 추구하는 한반도 정책 목표를 달성하는데 유리한 환경을 조성할 것이라는 기대감을 표시했다(Косырев, 2020).[15)]

러시아는 트럼프 대통령 집권 이후 2018년부터 미국과 북한 간의 정상 접촉이 시도되는 등 한반도를 둘러싼 환경에 변화 기류가 보이자 김정은을 초청하여 정상회담을 갖자고 제안하는 등 적극적인 대북 접근을 시도했다. 그러나 미국과 2번, 중국과 3번, 한국과 세 차례의

---

15) "дипломатический дебют разыгран," https://ee.sputniknews.ru/politics/20180612/11141523/Tramp-Kim-Singapur-vstrecha-itogi-skepticizm.html(검색일: 2020. 8. 10).

정상회담을 갖는 동안 북한은 유독 러시아와의 정상 회담을 진행하지 않았다. 결국 2019년 2월 미국과 북한의 하노이 회담 개최가 결실 없이 끝나고 북핵 협상이 다시금 교착 상태에 빠지고 북한의 외교적 고립이 우려되는 상황에서 2019년 4월 25일 북한의 김정은이 블라디보스토크(Vladivostok)를 방문하여 푸틴 대통령과 정상회담을 가졌다. 양국 정상이 처음 대면한 이 회담은 2월 하노이(Hanoi) 북미정상회담 결렬 후 전격적으로 이루어졌다. 회담 후 푸틴 대통령은 기자회견을 통해 회담 내용에 대해 밝혔고, 주요 내용은 다음과 같다.[16)]

○비핵화: 김정은 위원장으로부터 비핵화 중재자 요청을 받았다. 김정은은 러시아가 직접 북한 측의 입장을 미국 행정부와 다른 정상들에게 알릴 것을 희망했다.

○6자회담: 북한의 체제보장 논의를 위해 6자회담 체제가 가동되어야 한다. 한·미가 체제보장 조치를 충분히 제공할 수 있다면 6자회담 가동이 불필요할 수 있지만, 한·미의 보장 메커니즘은 충분치 않은 것으로 보인다.

○미·중 관계 및 대미 입장: 회담 결과를 미국 및 중국과 공유할 것이며, 김정은도 이를 부탁하였다. 한반도 문제에 있어 러시아의 입장은 WMD 비확산과 핵전쟁 위협 감소를 지향하는 미국의 이익과도 부합한다.

---

16) "Пресс-конференция по итогам российско-северокорейских переговоров," http://www.kremlin.ru/events/president/news/60370(검색일: 2019. 7. 15).

ㅇ러 · 북 관계: 전통적인 우호관계를 지속 발전시키기로 합의하였다. 전력, 가스관, 석유 등 공급 문제, 여행비자 간소화 문제, 러시아 파견 북한 노동자 문제 등을 논의하였다.

이 같은 언급에도 불구하고 러·북회담은 어떠한 합의문이나 선언도 남기지 않았다. 이것은 푸틴과 김정은, 양 측이 주요 사안에 대해 본질적인 합의에 도달하지 못했다는 사실을 의미한다. 이를 통해 양국 관계 역시 큰 변화가 없다는 점도 드러냈다. 다만 김정은으로서는 북한이 핵시설을 해체하기 전에 북한에 대한 국제적인 안전 보장을 해주어야 한다는 푸틴의 언급이 북한에 위안이 될 수 있으나 김정은이 회담에 임하는 목표가 그 정도 수준일 것이라고 추정하기는 힘들다. 북한은 소량의 인도적 지원 외에 러시아로부터 어떠한 경제적 지원도 받지 못한 것으로 알려졌다. 북한이 러시아로 부터 물질적 지원을 받지 못하면 북한은 러시아를 신뢰하기 힘들다. 러시아는 경제적으로 등가적인 경제협력을 원하지만 북한은 이를 감당할 여력이 없는 상태이다. 군사적인 측면 역시 북한이 원하는 첨단 무기 양도를 러시아는 수용하지 않고 있다. 이를 반영하듯, 북한이 핵협상의 당사자인 미국에게 제재 완화 논의 과정에서 중국, 러시아를 너무 의식하거나 고려하지 말라는 뜻을 전달한 것으로 보도되었다.[17] 즉, 북한이 비핵화 논의에서 제재 완화 논의가 진행되면 그동안 북한의 대북제재 해제 주장에 동조

17) "美와 비핵화 담판 속도 내고 싶은 北… "南 빠지는게 좋겠다", "『동아일보』, 2019. 7. 5.

했던 중국, 러시아를 어느 정도 멀리해 균형을 맞추겠다는 의미로 받아들여진다(정한범 외 2019, 266-268).

또 한편으로, 북한과 미국 간의 정상회담은 2018년 6월 싱가포르와 2019년 2월 17~28일 베트남 하노이에서 두 차례 기대 속에 개최되었지만, 기대에 부합하는 결실을 맺지 못했다. 회담 결렬의 책임 소재를 놓고 러시아는 북한보다는 미국에 비중을 두고 이를 비판하는 언급을 했다. 2019년 11월 라브로프 외무장관은 "러시아는 2017년 중국과 함께 내놓은 '로드맵'에 따라 북한과 미국 측에 핵 실험 · 미사일 발사 중단 등의 조치를 취하고 대화에 나서라고 촉구했으며 실제로 그런 방향으로 상황이 진개됐었다"고 밝혔다. 러시아는 정상회담을 포함한 북미 양측의 접촉을 환영했지만, 2차 정상회담 이후 북미 간 접촉이 중단된데 대하여 "북한은 이미 구체적으로 적잖은 일을 했으며, 보답을 받아야 한다고 생각하는 반면 미국은 모든 것을 한꺼번에 해결할 필요가 있다고 판단하고, 북한에 무엇을 요구할지를 생각하고 있다"고 평가했다. 또한 중단된 한반도 비핵화 협상 과정을 지원하고 활성화하기 위해 러시아와 중국은 군사, 정치, 경제, 인적 교류 등 4개 분야의 세부 행동 계획을 만들었다고 언급했다.[18]

러시아가 중국과 함께 제안한 한반도 문제에 대한 단계적 접근법에 따르면 2020년 8월 현재 1단계가 진행된 상황에서 협상이 중단된 상태라고 할 수 있다. 미 · 북 간 대화 결렬 없이 협상이 진행되었다 할지라도, 현실적으로 3단계에서 설정한 비핵화와 대북 제재 해제

---

18) "러시아 "美 입장 때문에 북핵 협상 중단,"
https://www.ytn.co.kr/_ln/0104_201911212258040182(검색일: 2020. 8. 4).

문제가 2단계에서도 함께 제기되었기 때문에 러시아가 설정한 구도에 따라 순서대로 진행된다는 보장은 없다. 다만 러시아는 6자회담 틀을 형성하여 동북아 다자안보체제로 연결하는 일련의 과정이 적합하다는 주장을 고수하고 있다. 김정은은 하노이 회담 결렬 이후 시진핑과 푸틴을 만나면서 북핵 문제를 다자 틀로 끌고 갈 수도 있을 것 같은 행보를 보였지만, 예상치 못했던 판문점 회동 이후 양자 구도로 재설정되고 있다. 이처럼 미 · 북 일변도로 진행되고 있는 비핵화 회담이 6자 구도로 연결될 가능성에 대해 확신할 수 없는 상황에서 러시아의 주장은 하나의 의견에 그치고 있다(정한범 외 2019, 270-271).

2. 한반도 평화프로세스와 러시아

6자회담과 북핵 실험과 미 · 북 간 북핵 협상의 과정을 시간의 경과에 따라 추적해본 결과, 러시아의 시각과 반응은 정해진 틀에서 벗어나지 않고 있다는 점을 지적한 바 있다. 그렇다면 러시아의 반응에 따라 제시할 수 있는 러시아의 사고의 기저에 놓여 있는 핵심가치는 무엇인지에 대해 언급할 필요가 있다. 이를 몇 가지로 정리하면 다음과 같다.

1) 북 핵무기와 비핵화

러시아가 공식적인 언급을 통해서는 북한의 비핵화에 반대한다고 하지만, 실제로 그럴지는 미지수이다. 다른 6자 회담 참여국도 마찬가지지만, 러시아가 줄곧 비핵화를 강조했지만 북한은 결국 핵을 보유했다. 러시아는 북한의 핵 야망을 소위 "한반도 핵문제(Korean Peninsula nuclear issue)"로 간주하고 있다. 잘 알려져 있듯이, 한반도 비핵화와 북한 비핵화는 서로 완전히 다른 내용을 포함하고 있다. 북한 비핵화는 북한이 보유한 핵물질, 핵시설, 핵무기를 폐기하는 절차를 의미하지만, 한반도 비핵화는 문자 그대로 미국의 한국에 대한 핵우산 폐기까지 포함한다. 즉, 러시아는 북한과 마찬가지로 "한반도 비핵화"를 북한 비핵화에 대한 정당한 협상 카드로 간주한다. 그러나 이것은 명백하게 불가능한 요구이다. 러시아에게 핵무장한 북한 보다 더 중대한 것이 존재한다. 중국과 마찬가지로 러시아는 안정된 북한을 핵무기를 포기하는 것 보다 더 중요하게 여긴다. 또한 러시아 입장에서 핵을 가진 북한은 중국의 전적인 영향력 하에 놓이지 않게 될 것이며, 일종의 완충지대가 되어 혹시 있을지도 모르는 중국의 군사 개입을 억제할 능력을 보유하다는 의미도 갖고 있다.

러시아는 1967년 1월 1일 이전에 핵국가로서 핵 실험을 단행했던 국가들에 한해 핵보유국으로 인정하고 있다. 따라서 여기에 해당되지 않는 북한은 NPT에 가입하여야 한다는 입장을 고수하고 있다. 러시아는 북한을 포함한, "사실상의(de facto) 핵 국가"라는 범주를 수용하지 않으며, 북한과 더불어 이스라엘, 인도와 파키스탄을 비핵 국가로 규정하고 있다. 북한의 핵무기를 정당하지 않은 것으로 간주하고 있음에도 불구하고, 크렘린은 군축에 대한 요구에 수반하는, 국제안보를 보장하는 조지가 되기를 원한다. 그 귀결로 "비공식적 핵 국가"에 대해서는 NPT의 틀 안에서 머물러 있기를 요구하게 된다. 북한 핵문제를 해결하기 위해서는 전반적인 군사 및 정치적 긴장을 완화하고, 군사적 인프라 구조를 구축하고, 적대행위를 줄이고, 지역 내 국가들 간의 신회를 형성하지 않고서는 불가능하다고 언급하고 있다.

2) 한반도 비핵화

'비핵화(denuclearization)'라는 용어는 정의가 명확하지 않다. 비핵화의 내용과 범위에 있어 정의하는 주체마다 각기 다른 입장을 주장하는 게 현실이다. 미국과 한국에게 비핵화란 북한이 핵무기 역량 개발을 멈추고, 보유 중인 핵무기를 모두 폐기하는 것을 의미한다. 북한에게 비핵화란 긴급한 상황에서 미국이 핵무기로 한국을 보호하지 않는 것을 의미한다(이조은 2020). 비핵화의 의미가 이렇게 다르지만 비핵화가 무엇을 의미하는지 미국과 북한은 규정에 대해 합의한 적이 없다. 심지어 북한이 주장하는 "조선반도의 비핵화"와 미국이 기존에 고수해온 "북한 비핵화"에 대한 원칙적 합의 없이 2018년 싱가포르 회담 결과 "한반도 비핵화"를 채택함으로써 미국도 북한에 동의하는 모양새를 보여주었다. 결국, 북한은 북한대로 미국은 미국대로 생각하고 믿고 있는 상황에서 회담을 해서 큰 원칙에 합의를 해도 사실상 동상이몽을 그대로 갖고 있다. 러시아는 한반도 비핵화에 있어 미국보다 북한 입장에 가깝다.

러시아는 북핵문제를 북한에 국한하지 않고 한반도 수준에서 보고 있으며, 북핵문제의 해결을 위한 최소한의 선결 조건이 한반도 비핵화라는 점을 강조하고 있다. 즉, 북한에게만 일방적인 무장해제를 요구하는 것은 부당하다. 북한은 현재 대규모의 적 침략에 맞서는 자신의 주요한 억제책으로 핵무기에 의존하고 있으며, 이것은 핵 뿐 아니라 재래식 공격에 대비해서도 적용할 수 있다. 이 같은 관점에서 전체 한반도의 진정한 비핵화만이 북한이 수용할 수 있는 방안이며, 러시아도 이에 동의한다는 입장이다. 이를 위해서는 미국이 한국에 대해 제공하고 있는 핵우산 보장을 제거해야 한다. 한국이 또 다른 나라의 핵무기에 의존하는 한 비핵 상태를 유지하고 있다고 볼 수 없다. 한반도 비핵화는 북한의 비핵화 뿐 만아니라 한반도 내 핵무장한 폭격기와 잠수함을 포함하여 미국 핵병기의 완전하고(complete), 검증가능하고(verifiable), 되돌릴 수 없는(irrevisible) 폐기(removal)를 요구한다. 북한에만 일방적인 무장해제를 요구하는 것이 아니라 미국의 한반도에서의 무장해제를 의미한다. 앞서 언급했듯이, 2018년 6월 싱가포르 정상회담 후 미·북 양국이 발표한 합의문에 따르면 "한반도 비핵화"를 지향한다고 선언함에 따라 미국이 북한과 러시아가 주장하던 한반도 비핵화, 즉 미국의 한반도 내 핵자산의 전개 금지를 포함하는 내용을 수용한 것이 아니냐는 의혹이 뒤따랐다.[19] 다시 말해 북한이 그동안 주장해 온 '조선반도의 비핵화"를 승인하는 용어 선택이 아닌가 하는 의구심을 갖게 만들었다. 그러나 이에 대한 구체적인 해명은 없었고, 그대로 넘어갔다. 앞서 언급했듯이,

19) '한반도 비핵화'란 북한이 평소 주장하는 '조선반도 비핵화'와 같은 의미로 오해될 소지가 있다. '김정은의 선대(先代)'인 김일성 · 김정일 시절 북한은 핵을 갖지 못했기 때문에 이들이 말하던 '조선반도 비핵화'는 북한을 공격할 수 있는 우리의 핵개발 역량 제거, 미국의 핵전력과 핵우산 차단 등을 주장하는 '구호'를 활용했다. '조선반도 비핵화'는 사실상 '한미동맹을 해체한 뒤 한반도 문제에 절대 관여하지 마라'는 식의 '남한 적화 묵인'을 미국에 요구하는 의미를 담고 있다. 2016년 7월, 북한은 소위 조선중앙통신의 '조선반도 비핵화' 선결조치를 발표하면서 남한과 미국의 핵무기 제거, 주한미군의 철수, 체제 보장을 언급했다(박희석 2020).

한반도 비핵화라는 용어에 대해 미국과 북한이 각자 생각하는 내용대로 의미를 부여하고 넘어간 결과라고 할 수 있다.

3) 군비증강

원칙적으로 북핵 이슈는 보다 포괄적인 지역안보 환경에서 부분적인 문제이다. 다만 북핵 문제가 장기화되면서 해법을 찾지 못하고 고착된 결과 종합적인 안보환경에 대한 이해를 방해한 측면이 존재한다. 동북아에서 안보 구조는 북핵문제 발생 이후 예측 불가능한 형태로 진전되어 왔다. 동북아 국가들은 북핵 문제 제기 이후 북핵 프로그램을 군사력 건설을 위한 정당화 수단으로 사용해 왔다. 그 결과 지역 수준에서 군비 경쟁이 야기되었다. 국가들은 자신의 병력과 군비를 현대화했으며 북한도 물론 핵무기의 수준을 발전시켰고 미사일 개발에 큰 진전이 있었다. 미국은 북한의 핵미사일은 물론 중국으로부터의 미사일 방어를 염두에 둔 사드 미사일을 한국에 배치하여 중국과 러시아가 이에 강력 반발하였다. 러시아와 중국 역시 미국의 미사일 방어에 맞서 극초음속(hypersonic) 무기를 개발하여 자신의 전략적 능력을 증대시키고 있다. 중국과 러시아에서 전략미사일 방어체계에 대한 구상을 발전시키고 있다. 일본 역시 북핵 위협에 맞서 군사력을 증강시키고자 노력해왔다. 일본은 군대를 현대화하고, 자위에 초점을 맞추는데서 벗어나 적극적으로 미국의 미사일 방어 시스템 전개에 합류하고 있다. 북핵은 동북아뿐 아니라 인도, 파키스탄, 이란과 그 외 다른 나라들에까지 영향을 미치면서 광범위한 국가들에서 군비 경쟁을 촉발하고 있다.

4) 북한 안보

북한은 오랫동안 자신들이 핵을 개발할 수밖에 없도록 만든 미국의 대북 적대시 정책을 철회하고 북한의 안전을 보장하는 방책을 제공할 때까지 필연적으로 핵을 보유해야 한다는 논리를 주장해왔다. 대북 적대시 정책 철회라는 추상적이고 정치적인 북한의 주장은 필연적으로 대북적대시 정책을 무엇으로 철회하는가에 대한 의문을 제기하게 만들었다. 북한은 이에 대해 서면으로 북한체제 안전을 제공한다는 약속을 하고 대사관 신설 등 관계정상화의 구체적인 조치를 실행하게 될 때 가능하다는 의사를 표명해왔다. 결국 북한의 체제 안전이라는 안보상의 생존을 미국 같은 외부 세력이 보장해야 한다는 의미로 이해하도록 만들었다.

러시아는 북한의 이 같은 주장에 대해 원론적으로 비핵화 입장을 천명하면서 북한의 핵보유는 용납될 수 없다고 공식적으로 의견 표명을 해왔다. 1990년대 까지 이와 같이 일관되었던 러시아의 입장은 2000년대 푸틴 집권 이후, 특히 그의 3기 집권이 시작된 2012년 이후 이중적인 태도를 보여주기 시작했다. 푸틴은 2017년 동방경제포럼에서 "북한은 상황의 전개를 아주 잘 알고 있을 것이다. 예를 들어 이라크에서처럼, 그들은 핵무기와 미사일 보유만이 자신을 지킬 수 있는 유일한 수단임을 잘 알고 있다"고 언급한 바 있다.[20] 이 같은 언급은 북한이 핵개발을 하는 동기를 이해하고 이 외의 다른 어떤 대안이 없다는 점을 지적해

20) "Пленарное заседание Восточного экономического форума," http://kremlin.ru/events/president/news/55552 (검색일: 2020. 11. 15).

주고 있다. 즉 공식적으로는 북핵 불용과 비핵화를 천명하면서, 다른 한편으로는 북한이 핵을 가질 수밖에 없는 북한의 논리를 일견 수긍할 수 있다는 입장을 푸틴이 언급하기 시작했다. 상호모순적인 러시아의 이 같은 대응은 이중적이라기보다 후자, 즉 북한이 핵을 개발할 수밖에 없게 된 동기를 이해하는 심경이 더욱 본질적이고, 북핵 불용은 공개적으로 언급하는 대외용 발언이라 할 수 있다. 이는 북한의 핵보유를 러시아가 선호해서라기보다는 북핵이 러시아에 위협이 되지 않기 때문에 현실적으로 지닐 수 있는 본심이기도 하다. 러시아로서는 미국이 북한의 핵위협을 과장하여 동북아에서 미국의 군사력을 확장하는 것을 정당화하는 수단이 될 수 있다는 점을 경계한다. 러시아는 미국이 북한에 제기한 위협의 자연스러운 결과 북한이 핵무기를 보유하게 된 것이고, 그로 인해 미국이 북한체제를 인정하지 않고, 관계 정상화를 할 수 없는 명분으로 삼고 있다고 보려는 경향이 있다(Жебин 2018, 48). 이로 인해 러시아는 핵 포기의 대가로 서구로부터 경제적 보상을 요구하는 북한의 요구를 지지해왔다.

러시아가 북한이 주장하는 안전보장이 필요한 동기와 그 형태에 대해서 이해하고 지지한다 할지라도, 효과적인 군사협력 조약이 부재한 가운데 실제로 러시아가 북한에 제공할 수 있는 것은 거의 없다고 해도 과언이 아니다. 1961년에 체결한 조소우호협력 및 상호원조 조약(North Korean-Soviet Treaty of Friendship, Cooperation, and Mutual Assistance)을 갱신한 2000년의 북한-러시아 간 조약에는 군사협력에 관한 조항이 없다. 반면에 북한이 중국과 맺은 조약에는 제3국이 북한을 공격을 경우 중국이 북한을 원조한다는 내용이 들어가 있다. 하지만 중국은 조약에 의거한 자신의 의무에 대해 종종 의문을 제기하는 태도를 표명해왔다. 따라서 북한은 어떠한 조약보다도 핵을 포함하여 자신의 힘에 의존하여 안보를 지켜야한다.

여기서 제기할 수 있는 한 가지 문제는 북한이 자신의 핵이 제거된 상태에서 자신의 안보를 보장해 줄 타국의 핵우산이 필요한가이다. 많은 전문가들은 중국이 그러한 역할을 해 줄 최적의 국가로 믿어왔다. 그러나 러시아 전문가들은 북한이 중국 같은 강대국이 제공하는 핵우산에 의존하는 결정을 하지 않을 것이라고 주장하고 있다(Barannikova 2019, 1-13). 중국의 핵우산이 자신의 무기를 통해서부다 더 확고하게 안전을 제공할 수 있지만, 이 같은 핵우산을 통한 보호는 한반도 비핵화 개념에 모순된다.

북한이 그간 표명해 온 태도를 보면 자신의 핵 업적을 과시하고 이에 긍지를 갖는 등 핵에 집착해왔기 때문에 북한의 비핵화 및 강대국의 핵우산 제공에 대한 가정은 비현실적이다. 북한은 이미 핵무기를 획득하고 운반수단을 발전시키는 등 충분한 시스템을 갖추고 있는 핵 국가가 되어 미국을 협상 테이블로 불러 왔다. 이러한 국가가 자신의 최적 전략으로 추진하고 있는 핵보유를 통한 안전보장책을 변경할 필요가 없다. 북한의 핵보유 선언은 국가의 공식 이데올로기 수준으로 격상되어 활용되고 있으며, 심지어 현행 북한헌법에까지 핵 지위(nuclear status)를 명시하고 있다. 따라서 북한의 핵 포기는 핵을 권위의 상징으로 활용하고 있는 김정은의 국내 통치 기반을 상실하는 효과와 다름없다. 만일 핵을 포기하면 안전보장을 위한 대안으로 외국과 동맹을 추진해야 한다. 이 같은 가정은 러시아가 원치 않는 최악의 전개 사태가 될 수 있다. 결국 푸틴과 러시아 정부는 북한의 체제안전 및 정권안보를 지킴으로써 북한이 미국 혹은 중국의 세력권으로 완전히 넘어갈 수 있는 사태를 방지하고자 북한이 주장하는 안전 보장을 위한 수단으로써 북한의 핵보유를 사실상 용인하고 있는 셈이다.

5) 비핵북한보다 안정된 북한을 선호

러시아는 냉전 시대부터 미국과 더불어 글로벌 핵 비확산 체제를 수호하는 역할을 해왔다. 냉전 종식 후에도 미국과 러시아는 핵 초강대국으로써 이와 같은 기조를 유지해왔고, 비확산 레짐을 운용하는 상징적 기구로 NPT 체제를 존속시켜왔다. 핵무기 생산을 포기하고 핵의 평화적 이용을 권장함으로써 비확산을 실질적으로 달성하는 데 미국과 러시아가 합심해 온 것이다. 북핵에 대한 러시아의 기본적 입장도 이 같은 글로벌 비확산 구도에서 벗어나지 않기 때문에 2003년 북한이 NPT를 탈퇴하고 핵보유를 추진할 때부터 러시아는 북한의 NPT 복귀를 주장했다. 그러나 푸틴 집권이 연장되고 러시아가 공격적인 대외정책을 추구하기 시작하면서 NPT 체제 고수에 입각한 엄격한 해석에 반대하지는 않지만, 사실상 북한을 핵국가로 다소나마 인정하는 국내 전문가들의 견해가 제기되기 시작했다. 북한이 이미 개발한 핵무기를 완전히 없애기보다는 핵무기 수를 제한하되 억제의 수단으로 일부를 보유해야 한다는 견해를 러시아와 중국학자들 일각에서 제기하였다(Есин 2017,

112-126). 러시아의 시각에서 핵무기는 북한 정권의 안전을 보장할 수 있다. 또한 북한의 핵무기는 외부 세력에 의한 폭력적인 정권 변동 시도를 방지할 수 있는 수단이다. 이를 통해 북한 지도부는 자신의 통제 범위 내에서 독립성을 유지할 수 있다. 이는 러시아가 바라는 바이다.

결국 김정은 정권의 안전은 북한의 러시아와의 접경지대의 안정을 보장해 준다. 안정된 북한 정권의 존재는 러시아에게 러시아로 유입되는 난민의 부재와 갈등 지대의 정상적인 관리를 확보해 준다. 뿐만 아니라 북한을 잠재적으로 통합할 수 있는 미군의 북한지역 전개도 방지할 수 있다. 외교적 레버리지로서의 핵무기와 더불어 북한은 중국으로부터 독립성을 유지할 수 있다. 북한 정권의 안정성은 러시아에게 러시아와 중국 간에 일종의 완충적인 역할을 제공한다(Barannikova 2019, 4-5).

6) 북핵의 러시아에 대한 위협 평가

모스크바의 시각에서 한반도와 동북아시아는 상대적으로 안정되어 있으며, 러시아 안보에 직접적으로 위협으로 작용하지는 않고 있다. 러시아와 북한의 관계는 그렇게 친밀하지는 않지만, 소원하지도 않다. 북한 지도부는 중국의 한반도 이슈에 대한 공세적인 대응과 대조적인 러시아의 조심스럽고, 급격한 변화를 추구하지 않는 방식의 접근에 만족한다. 러시아가 국가 주권을 국제 관계 및 양자 관계의 근본 원칙으로 존중할 필요가 있다는 언급을 하는데 대해 북한은 역시 만족한다.

러시아는 북한의 내부 문제에 개입하려 하지 않으며, 북한은 러시아를 외부적 위협으로 간주하지 않는다.[21)]

러시아의 많은 분석가들은 북한의 핵 프로그램을 방어적인 것으로 간주한다. 북한의 핵관련 언급은 북한을 공격할 계획을 갖고 있지 않은 나라에 북한이 핵무기를 사용하지 않는다는 점을 드러내고 있다고 본다. 러시아와 양자 관계에 있어서도 러시아가 북한을 공격할 계획을 갖고 있지 않다는 것을 보장한다는 데에서도 어느 정도 확신을 갖고 있다.

여기서 흥미로운 점은 북한의 핵무기가 러시아에 위협이 될 수 있는 한 가지 시나리오를 제시할 수 있다. 김정은이 미국을 향해 미사일을 발사하면, 미국이 러시아를 향해 공격할 가능성을 지적하는 러시아 내 전문가들이 있다. 미국의 미사일 방어 체제가 러시아와 미국 간의 전쟁 가능성을 내포하고 있다는 것이다. 그러나 러시아 전문가들은 북한이 미국을 공격할 일은 없다고 보고 있다. 그런 행동을 감행하기에는 김정은은 너무 합리적이라는 것이다(Barannikova 2019, 6).

7) 유엔제재에 대한 러시아의 지지?

북한이 러시아를 위협할 가능성이 거의 없다고 하더라도 왜 러시아가 북한에 대한 유엔 안보리의 제재에 찬성하는지에 대한 문제가 있다.

---

21) 러시아의 한반도 전문가인 게오르기 톨로라야(Georgy Toloraya)는 중국보다 러시아가 덜 두렵기 때문에 북한 내에서는 중국보다 러시아에 대해 더 우호적이라고 보고 있다. 특히 2014년 5월 러시아가 북한의 대러채무 90%를 탕감해준 것이 큰 역할을 했다고 본다(엘레나 김, 올레크 예고로프 2020).

이에 가능한 대답은 한반도에서의 상황이 상당히 긴장된 상태라는 점을 지적할 수 있고, 러시아는 미국이 군사 행동을 취하는 것보다 경제제재를 가하는 것을 선호한다. 북한이 핵과 미사일 프로그램에서 괄목할만한 진전을 이루어서 최소한의 핵 억제력을 갖출 때 북한이 공격받을 가능성은 상당히 줄어들게 된다. 2017년 9월에 부과된 유엔제재안은 러시아 극동지역에서의 러시아의 경제적 이익을 침해하는 등 러시아에 경제적 장애물로 등장했다. 반면 러시아가 제재에 찬성했을지라도, 러시아는 제재가 북한의 핵 야망을 좌절시키는데 효과적이지 못하리라는 확신을 갖고 있다. 사실상 제재가 시행된 기간은 짧으며, 핵 잠재력을 발전시키려는 북한의 의도를 제어하는데 효과가 있다는 사실을 입증하지는 못했다. 그와 정반대로 북한은 핵개발 속도를 가속화시켰다. 중국은 북한 지도부에 영향을 미치면서 북한과 무역 관계를 독점했다. 따라서 러시아가 제재를 지지하여 얻을 효과는 거의 없다고 볼 수 있다.

러시아의 북핵에 대한 공식 입장은 러시아 북한이 갖고 있는 핵 억제력으로부터 일부 효과를 사실상 보고 있다는 데에서 연유한다. 동시에 러시아의 유엔 제재에 대한 찬성은 논리적인 기초에 의존한 것은 아니다. 이 점은 러시아가 과연 미국처럼 한반도에 대한 확고한 전략을 갖고 있는지에 대해 의문을 갖게 만든다고 평가하는 시각도 있다. 즉, 북핵과 관련하여 이중적인 러시아의 태도는 러시아가 한반도에 대한 자신만의 전략을 갖고 있지 못하기 때문이라는 견해와 일치한다 (Barannikova 2019, 7).

Ⅲ. 러 · 북 군사협력

1. 군사협력 현황

러시아는 1949년 북한군이 창설할 때부터 무기와 군사력을 직접적으로 지원했으며, 6 · 25전쟁 준비와 전개 과정에서 군비는 물론 작전계획 수립까지 개입하여 북한과 밀접한 군사협력 관계를 형성했다. 러시아의 대북 군사지원은 1960년부터 1980년대까지 주로 군사 기술 이전을 통한 북한의 자체 무기 개발 역량 확보에 초점이 맞추어졌다. 이 시기에 북한은 T-55 주력전차와 T-62 전차 1천여 대의 생산 허가를 소련으로부터 획득했으며, 이후 천마호로 알려진 5종의 자체 개발 전차도 생산하였다. 그러나 소연방이 붕괴하고 혼란의 시기를 겪었던 러시아가 1990년대에 옐친 정권하에서 북한과의 관계를 소련 시기와는 다른 관점에서 평가하게 되면서 자연히 군사협력관계도 소원하게 되었다(Dyachkov, Lykin and Gubin 2017, 43-45).

소련 붕괴 후 러시아와 북한 간의 군사협력의 필요성이 제기되어 공식적으로 발표된 시초는 2000년 7월 푸틴 대통령이 평양을 방문하면서부터 라고 할 수 있다. 2001년 4월 26~28일 김일철 북한 인민무력부장이 소련 붕괴 이후 처음으로 무력부장으로서 모스크바를 방문하여 양 국 간 군사협력에 관한 협정을 체결하였다. 당시 일련의 협정은 '방위산업 및 군사기술 분야 협력 협정'을 통해 과거 북한 측에 제공되었던 무기 부품의 공급 및 러시아의 대북한 군사장비 판매에 관한 정도와 규모를 포함하였고, '군사협력 조치안'을 통해서는 북한 군부 인사에 대한 교육 등을 중심으로 하는 북한군 인력양성에 대한 러시아 측의 지원 방안을 담고 있었다(유영철 2006, 123-124). 이후 진행된 러시아와 북한 간 군사협력, 특히 러시아가 북한에 제공한 무기 및 장비는 정확한 실체를 파악하기 힘든 실정이다. 러시아와 북한 모두 군사 분야에 대해 철저하게 폐쇄적인 입장을 취하고 있으며, 이에 따라 자료 공개도 이루어지지 않고 있다. 다만 군사 대표단 회의 같은 양국 간 군사교류 현황은 상대적으로 공개되어 있어 파악이 용이하다.

2019년 2월 푸틴과 김정은 간의 최초의 회담이 개최되고 동시에 북러 간 군사협력도 추진되었다. 2019년 7월 3일에는 포민(Alexander Fomin) 러시아 국방차관이 평양을 방문하여 김형룡 인민무력상 부상과 회담하였다. 고위급 회담 외에 국제안보 포럼 참석 등을 통해 군사 교류가 이루어지고 있다. 2019년 4월 23일 노광철 북한 인민무력상은 모스크바에서 열린 러시아 국방부 주최 연례 국제안보회의에 참석하였다.

양국 간 무기거래 현황은 공식 자료를 통해 접근하기 힘든 분야이다. 러시아가 직접 대금을 받고 북한에 무기를 팔았는지의 여부와 북한에 러시아가 무상 원조 형식으로 제공한 무기 및 장비의 현황에 대해 언급하지 않기 때문에 이를 정확히 파악하는 것은 어렵다. 2001년 김정일의 러시아 방문 시 러시아가 북한에 S-300 지대공미사일을 포함한 단거리 방공시스템 등 일부 무기를 판매할 것이라는 예측이 국내 연구소에서 제기되기도 했다. 북한은 소련해체 이후 중단된 군사위성 및 정찰기가 촬영한 정찰사진의 정기적 제공을 요구했지만, 러시아는 단거리 방공시스템과 무인프첼라(PCHELA)-1 정찰기, 미군과 한국군의 움직임을 모니터할 수 있는 레이더, 소형 해군순찰함정 등 방어용 무기 중 일부를 판매할 것이라고 본 것이다. 북한은 3천t급 이상의 대형 군함과 러시아 측이 이미 개발을 끝낸 것으로 알려진 차세대 신형 T-90전차 구입과 SU-27, 미그-29 전투기의 조립생산도 희망했으나 러시아가 한·미 입장을 고려, 공격용 첨단무기 수출은 자제할 것이라는 분석도 있었다(홍현익 2001). 어쨌든 북한은 1990년대부터 10년 이상 러시아로부터 일체의 무기지원을 받지 못했지만, 2000년대 들어와서 일부 무기와 부품제공이 이루어지기 시작한 것은 분명한 듯하다. 다만 북한의 부족한 현금 지불 능력으로 인해 첨단무기 제공이 이루어지지 않은데다가, 러시아가 전략 무기는 북한에 직접 구매하려 하지 않으려 한다는 사실도 어느 정도 명확하다. 다만 북한군이 모델로 삼은 구소련이나 러시아제 무기를 개발하더라도 무기체계를 현대화하기 위해서는 러시아의 지원이 절대적이다. 이런 점에서 북한은 주력 전차인 폭풍호가 러시아 T-72의 설계를 그대로 따랐고, 이라크와 이집트 등이 운영 중인 러시아제 개량형 T-90도 도입하고 있는 것으로 알려졌다(조상진 2019).

러시아의 무기 수출은 약 100개국을 대상으로 매년 150억 달러 이상이며, 2019년 현재 진행 중인 계약 총액은 약 550억 달러이다. 러시아의 주요 수출 무기는 전투기, 방공무기, 소화기 등이다. 러시아 무기의 최근 주요 수입국은 중국, 인도, 알제리, 베트남 등이며 중동지역 영향력 확대에 따라 터키, 사우디아라비아, 이집트에 대한 수출이 증가하고 있으며 동남아 지역으로도 수출 범위가 확대되고 있다.

러시아는 옛 소련 시절 북한 측에 제공했던 무기들을 현대화하는데 관심을 갖고 있다. 반면에 북한은 탱크와 전투기 등 첨단 군사장비와 원유를 현금이 아닌 무상 또는 차관으로 공급해줄 것을 과거부터 요구해 왔다. 2000~2002년 세 차례의 푸틴-김정일 회담, 2011년 메드베데프-김정일 회담, 2019년 푸틴-김정은 회담 등 여러 차례에 걸친 양국 정상회담에서 북한 측이 러시아에 신형 전투기와 같은 군사무기의 제공을 요청한 것으로 추정된다. 러시아의 입장에서 동북아 전략균형에 변화를 초래할 수 있는 전략무기를 북한에 제공하는 것은 검토하기 힘든 부담으로 작용한다. 대북제재로 핵을 포함한 대량살상무기(WMD) 개발이 힘든 북한이 러시아로부터 재래식 무기 확보에 나설 가능성도 상존하고 있다. 자위적 국방력을 강조하는 북한으로서는 러시아의 군비 지원이 절실한 상황이지만 이를 해결하기는 쉽지 않다.

2019년 2월 김정은의 방러 전에도 일부 서방 언론들은 김정은이 낙후된 방공망을 강화하기 위해 러시아에 S-300 지대공 미사일과 수호이 Su-35 전투기 등의 판매를 요청할 것이라고 전망한 바 있다. 북한은 방공망이 낙후되어 있어 이를 개선하려는 의지를 갖고 있다. 북한의 방공네트워크는 대부분 1960년대부터 수입된 소련 기술에 의존하고 있다. 방공 장비에 있어서도 큰 진전이 없었다. 이런 상태에서 북한이 러시아의 S-400이나 중국의 HQ-9 같은 현대식 SAM 방어체제를 갖춘다면 한국에 큰 위협이 될 수 있다.

북한은 1970년대 초반부터 UAV 기술에 관심을 갖기 시작하여 1990년대에 자신의 드론을 만들기 시작했다. 시간이 지나면서 북한은 수많은 드론을 국제 시장에서 확보하여 자신의 생산 라인에 외국의 기술을 결합하기 시작했다. 북한은 현재 UAV를 운영하기 위한 명령 · 통제 체제와 더불어 감시, 정찰 및 공격이 가능한 드론 소 편대를 보유하고 있다. 북한의 드론 프로그램은 중국이나 러시아 기술과 결합하면 상당한 효과를 발휘할 수 있다. 중국이 국제드론시장에서 성공을 거두고 있지만 러시아의 자문자들도 북한인민군이 사용하는 드론에 지원을 하고 있는 것으로 추정된다(Farley 2017).

북한의 군사력 중에서 가장 낙후한 무기 중 하나인 전투기의 경우, 미사일이나 핵무기보다 디자인하고 제작하기가 훨씬 더 어렵다. 북한의 공군은 Su-27 기종의 보다 개량된 버전을 사용해왔으며, 미그 29, 수호이 25 등을 포함한 200여 대의 러시아 전투기가 북한 공군의 주력을 이루고 있다 방공 시스템은 소련과 러시아의 S-200, S-75 지대공 미사일 시스템으로 구성되어 있다. 전투기와 방공 시스템 모두 러시아에 의존하고 있는 셈이다. 어쨌든 북한의 전투기는 대부분 소련 시대의 구형을 보유하고 있어 신형으로 교체해야 하지만 유엔차원에서 대북제재를 하고 있는 상황에서 안보리 상임이사국인 러시아가 북한에 최신 무기를 제공하기는 힘들다. 다시 말해 북한의 현실적 요구에 대해 러시아가 수용하기 어려운 상황이 지속되고 있다.

2. 러시아의 북한 미사일 지원 가능성

러시아가 북한이 원하는 첨단 무기를 공급하는 데는 한계가 있지만, 북한의 핵 및 미사일 개발과 러시아의 관련성은 여전히 의혹이 제기되고 있다. 특히 거의 모든 북한의 미사일 발사는 소련 기술에서 비롯되었거나 소련 기술을 조합한 것으로 여겨진다. 2012년 "은하 3호"의 첫 발사는 "로동 미사일" 4개의 엔진을 합쳐 놓은 것이었으며, 로동과 스커드 미사일 등도 과거 소련의 전술 미사일과 유사한 것으로 여겨졌다. 2017년 6월 북한이 시험발사에 성공한 무수단 미사일(화성-10형)은 소련의 SLBM인 R-27 Zyb와 같은 엔진을 사용하고 있을 뿐 아니라 디자인도 비슷한 것으로 나타난 바 있다. 북한이 2017년 8월 시험 발사한 SLBM인 북극성-1호도 과거 마카예프(Makaev) 설계국이 만든 R-27미사일을 변형한 것으로 보인다는 의혹이 제기되었다. 이를 통해 과거 북한으로 흘러 들어간 옛 소련 미사일 기술이 20여 년이 지난 현재 성과를 나타내고 있다는 추측도 생겨났다. 2016년 2월 7일 광명성호 발사 직후 한국 국정원은 러시아가 북한에 미사일 기술을 제공했을 가능성이 있다는 의견을 밝혔다. 이에 대해 드미트리 로고진(Dmitry Rogozin) 러시아 부총리는 이러한 주장이 "실소를 불러일으킨다"고 응수했으며, 러시아 연방우주청 대변인 이고리 부렌코프(Igor Byrenkov) 또한 일간 코메르산트(Kommersant)와의 인터뷰에서 한국이 갖고 있는 정보는 사실과 다르다고 강조했다(티모페이체프 2016). 러시아 내에서는 정부 관계자들은 물론 시민사회 내에서도 이와 관련한 언급이 일절 없다.

2019년에는 북한이 7월 25일부터 8월 10일 까지 무려 다섯 차례에 걸쳐 단거리 탄도미사일 등을 연이어 발사했다. 북한 당국은 조선중앙 TV를 통해 자신들의 발사체가 기존 무기체계와는 다른 우월한 전술적 특성을 갖고 있다고 주장했다. 당시 북한의 연이은 미사일 시험발사와 더불어 발사 횟수에 비해 이례적으로 높은 성공률을 두고 일부 전문가들은 러시아가 직접 기술을 지원했을 가능성을 제기하였다. 과거 러시아가 유사한 미사일의 개발부터 실전 배치까지 15년이 걸렸던 것과 달리 북한은 이례적으로 적은 실험 횟수만으로 성공을 거뒀기 때문이었다(조상진 2019). 북한이 2019년 5월 처음 공개한 뒤 단 3차례 만에 비행시험 발사에 성공했기 때문에 러시아가 2000년대 초반 개발한 최신형 이스칸데르(Iskander) 미사일 SS-26을 북한이 제3국에서 수입하여 역설계했을 가능성이 거론되었다. 이스칸데르는 소형의 러시아제 탄두 탑재가 가능하다. 2016년과 2017년에 북한이 발사한 일련의 미사일들이 탄도개발과 관련하여 러시아와 무엇인가 관련성이 있다는 사실을 미국과 일본의 안보 관계자들이 인식하기 시작했다. 특히 북한이 밝혔듯이, 고위도에서 핵폭발이 가능한 능력은 강력한 전자기파로 적의 위성을 우주공간에서 파괴하는 목적을 달성하는 핵폭발을 의미한다. 따라서 북한이 스스로 이 같은 기술을 습득했다기보다는 가장 유사한 원천기술을 갖고 있는 러시아 기술진이 조언을 하고 도움을 주었다는 의심을 하기에 이른 것이다.[22]

반면에 북한이 공개한 신형 무기들이 모두 시험 횟수에 비해 상당한 성공률을 보여주기에 자체 역설계가 아닌 러시아의 직접 기술 제휴 가능성도 제기되었다(Kosaka 2020). 게리 세이모어(Gary Samore) 전 백악관 대량살상무기 담당 조정관 역시 "최근의 신형 미사일을

22) 5월 4일에 이스칸데르와 유사한 미사일과 함께 발사한 다연발 미사일은 중국제 미사일을 카피했다는 의심을 받았다. 이를 통해 북한이 기술이 앞선 러시아 뿐 아니라 중국 미사일에 대한 연구를 진행해왔다는 점을 추측할 수 있다(Corr 2017).

포함해 북한의 미사일이 러시아로부터 왔다는 정황 증거가 여러 차례 포착되었다"고 언급했다. 다만 북한과 러시아 사이에 구체적으로 어느 시점에 어느 정도의 기술 제휴가 이루어졌는지에 대해서는 정보가 없는 것으로 알려졌다.[23)]

러시아의 북한 미사일 지원 가능성에 대한 의혹이 계속 제기되어 왔지만, 이를 밝혀내는 일은 쉽지 않을 뿐 더러, 의혹이 잘못 되었다는 반박도 충분히 가능하다. 실제로 푸틴 집권 이후 러시아는 군사 기술 유출을 철저하게 통제해왔으며, 푸틴이 명령하지 않는 한 불가능한 일이다. 또한 미사일 기술은 특히 우크라이나, 벨라루스, 카자흐스탄 등 러시아가 아닌 다른 구소련 국가들에서 유출이 가능하다. 북한의 정보망을 가동한 불법적인 기술 탈취 시도를 통해서도 가능하다. 북한은 구소련 국가들을 망라하는 주요 기술의 국제적인 네트워크를 구축하고 있으며, 일본 같은 적대 국가 내에서도 스파이활동을 통해 기술 유입을 시도할 수 있다.[24)]

북한의 러시아의 미사일 기술과 북한의 미사일 개발 진척도 간의 상관관계는 직접적으로 규명하는데 한계가 있지만, 러시아와 북한 간에는 적어도 미국의 한국 내 미사일 방어시스템에 대한 반대 및 미국 시스템에 대한 대응태세 구축의 측면에서 공통적인 이해를 갖고 있다는

---

23) 미국과 러시아 등은 탄도미사일 개발 성공까지 최소 10회 이상의 비행실험을 했다. 하지만 북한은 무수단 미사일 등 최신 무기체계 비행이 모두 10회 미만이었고, 이는 "미사일 개발 사상 유례가 없는 통계" 평가가 나왔다(김동현 2019).

24) "Are 'nuclear spies' in japan providing Pyoungyang with weapons technology? DW, April 3, 2017, http://www.dw.com(검색일: 2020. 10. 25).

점은 명확하다.

Ⅳ. 한반도 안보와 러시아의 안보적 이해관계

앞서 러시아의 한반도에 대한 지정학적 목표가 단기적인 것과 장기적인 것이 있다고 언급했다. 러시아의 한반도에 대한 장기적인 이해는 1990년 독일 통일 같은 방식의 시나리오가 한반도에서 재연되지 않는데 있다. 북한은 러시아에게 반미 완충 국가로서 가치가 있으며 미국의 영향력을 한반도에서 축소하게 될 지역안보 체제를 구축함으로써 동북아의 지정학적 질서를 바꿔나가는데 북한을 활용하고자 한다. 물론 이를 통해 한반도에서 러시아의 정치적 영향력과 경제적 이익을 극대화하는데 목적이 있으며 이를 성사시키기 위해서 남북한 모두와 관계를 발전시켜나가야 한다. 러시아는 북한 내 급변사태나 이로 인한 북한 정권의 혹은 체제의 붕괴를 원치 않으며, 현재와 같이 한반도에서 무력을 동반한 갈등이 야기되는 것을 바라지 않는다. 한반도의 현상유지를 위해서 러시아는 한반도 종단 가스 파이프라인과 철도, 전력망 통합 같은 메가 프로젝트를 추진해왔다. 인프라 구조를 재구축하려는 이 같은 시도는 러시아의 경제적 이익은 물론 이를 통한 정치적 영향력을 확대할 수 있는 최적의 방안이기도 하다.

러시아가 북핵 문제에 대해 취해 온 입장과 정책으로 미루어 볼 때, 동북아에서 북핵 같은 한반도 안보 이슈에 러시아가 개입하여 얻고자 하는 효과를 양자적 측면에서 살펴보면 다음과 같다.

우선 미국과의 관계에서 러시아는 북핵 등 한반도 안보 이슈에서 러시아가 차지하고 있는 역할에 기초하여 미국과 대화 혹은 협의할 수 있는 활로를 열 수 있는 수단이 될 수 있다. 다시 말해 러시아가 한반도 이슈에서 소외되는 것을 방지하고 미국과 논의할 수 있는 아젠다로 제기함으로써 미국이 러시아와 관계를 유지할 수 있도록 할 수 있다. 미국이 이 사안을 두고 러시아를 인정한다면, 우크라이나에 대해 미국이 양보하도록 접근할 수 있는 기회도 만들 수 있다. 2018년 7월 헬싱키에서 트럼프 집권 이후 처음으로 열린 미·러 장상회담 후 기자회견에서 푸틴은 러시아를 고립시키는 정책에 대응하여 북한 비핵화에서 협력할 수 있다는 제안을 거론함으로써 실제로 이같은 의사를 표명했다.[25] 그러나 이 같은 의도와 달리 트럼프 대통령 집권 이후 전개된 미·북 정상간 대화 유지와 양 국 직접 접촉 확대는 러시아의 의도를 한층 실현시키기 어렵게 만들었다. 미국은 우크라이나에 대해 지지하는 기본 입장을 변화시키지 않고 있으며, 유럽연합보다 강경하게 우크라이나에 대한 러시아의 개입을 비판해왔다.

대 중국관계에서 러시아는 한반도 문제에서 중국과 공고하게 협력함으로써 러시아가 중국의 전략적 파트너로써 의미가 있음을 각인시키고, 이를 통해 중국과의 관계를 강화하고자 한다. 미국과의 관계가 나빠질수록 러시아의 대 중국 관계는 중요성을 띠게 된다. 러시아는 중국과 협력 관계를 유지해야 한반도를 중심으로 벌어지고 있는 지정학적

25) "В Хельсинки Путин передал Трампу документ о разоружении," https://www.dw.com/ru (검색일: 2020. 11. 20).

게임에서 자신의 중요성이 감소하는 것을 은폐할 수 있다. 모스크바가 북한의 김정은과 만나고, 남북한의 두 지도자와 함께 회의하는 3각 방식을 선호하는 것은 이러한 목적에 부합하기 위해서이다. 트럼프와 김정은 간의 개인적인 관계에 의존하여 미 · 북 간 접촉이 끊어지지 않고 유지되는 상황에서 러시아는 물론 중국도 북핵문제 해결의 기미가 보이고 미 · 북 양자 관계가 공식 제도화되는 수준에 이르게 되는 것을 내심 바라지 않을 것이다. 미국과 북한이 관계가 정상화되면 러시아와 중국이 한반도 문제에서 소외되는 것을 의미하기 때문이다.

일본과의 관계는 미국과 동일한 측면이 있다. 즉, 러시아가 북핵 문제 등 한반도에 영향력을 행사하려는 의도는 미국이 한반도에 영향력을 미치는 것에 대해 균형을 유지하려는 것과 마찬가지로 일본의 한반도에 대한 영향력과 균형을 이루려는 러시아의 의도가 담겨있다고 볼 수 있다. 러시아와 일본 간의 최대 현안인 북방 4도 문제에서 러시아가 실제 소유하고 있는 유리한 입장이기 때문에 급박한 부담이 없는 상태이다. 따라서 미국과 더불어 일본이 한반도에 대해 영향력을 확대하는 데 대해 러시아는 이를 견제하고 예방하는 목적에 충실하려 한다(Buszynski 2009, 809-830). 러시아의 한반도 전문가 콘스탄틴 아스몰로프(Konstantin Asmolov)는 러시아가 북핵 프로그램을 둘러싼 협상 과정을 활성화하는데 노력했던 이유를 한국과 일본과의 관계 차원에서 자신의 역내 입지 강화를 위해 협상 과정을 이용하고자 했기 때문이라고 보았다. 이들 국가와의 긴밀한 관계가 없으면 크렘린에 전략적으로 유리한 '아시아로의 선회'는 중국에만 전적으로 의존할 수밖에 없기 때문이다(몰모프 2020). 여기서 2017년 10월 4일 모스크바 국제에너지 포럼에서의 푸틴의 발언을 실제 상황을 유추할 수 있다. 그는 언급하길, "내가 2001년 일본을 방문하는 길에 북한을 들렀다. 거기서 나는 북한의 현 지도자(김정은)의 부친(김정일)과 만났다. 김정일은 그때 내게 핵폭탄을 갖고 있다고 말했다. 게다가 김정일은(한국의 수도인) 서울이 포격으로도 사정거리 안에 있다고 말했다. 북한은 계속 제재를 견디며 버텨왔다. 당시에는 핵폭탄이었지만 지금 북한은 수소폭탄도 갖고 있다"고 언급했다.[26)]

만일 당시 이 사실을 국제사회와 공유하고 북한 핵 수준에 대해 경각심을 불러일으켰다면 상황이 현재와는 달라졌을 개연성이 높다. 푸틴이 오랫동안 사실을 숨겼던 것은 러시아의 전략적 이익을 충족시키기 위해 시간이 필요했기 때문일 것이며, 푸틴이 김정일의 핵보유 언급에 침묵한 이유는 북한과의 관계를 강화하려는 의도가 작용한 듯하다.

푸틴은 2017년 12월 14일 연말 기자회견에서 미국이 북한을 공격할 경우 엄청난 결과를 초래할 수 있다며 자제를 촉구한 바 있다. 푸틴은 북한의 핵과 미사일 개발과 관련해 미국 책임론을 줄곧 주장했다. 미국이 2005년 발표한 9·19 공동성명을 파기해 북한을 자극했다고 비판하면서 이후 북한이 리비아와 이라크의 정권 붕괴 사태 등을 우려해 대량살상무기와 미사일 기술을 개발하게 되었다고 북한의 핵 개발

---

26) "На энергетическом форуме Путина спросили о КНДР, Трампе и выборах,"
https://www.ng.ru/politics/2017-10-04/100_obzor041017_2.html(검색일: 2020. 10. 20).

동기에 공감을 표시했다.[27)]

러시아 입장에서는, 미국이 러시아에 가하고 있는 대러제재와 북한 핵문제에 대해 미국이 러시아의 협조를 요구하는 사안과 연계시키고 있다. 푸틴의 의도는 '제재' 개념 자체를 약화하기 위해 대북제재 약화를 주장하면서, 러시아가 제재를 받는 상황에서 제재가 비효율적이라는 점을 강조하려 한다.

러시아는 유엔 안보리의 제재를 무력화할 수 있는 북한과의 밀거래에 대해서도 적극적으로 제어하지 않고 있다. 푸틴과 러시아 정부의 북한 옹호는 북한을 지렛대로 한반도에 대한 영향력을 강화하려는 의도에서 비롯된 것으로 보인다. 미국과 북한 사이에서 중재자 역할을 하려는 러시아의 태도와 러시아의 북한 옹호 입장에 대해 미국은 부정적이다. 미국의 전문가들은 북한을 옹호하는 러시아의 태도가 미국을 겨냥한 것이라는 데 대체로 의견을 같이하고 있다. 실제로 대북제재가 시행 중에도 북한과 밀거래를 통해 상당량의 원유와 유류제품을 공급하고 있다는 의혹이 있어 왔다.

Ⅴ. 결론

본 글을 통해 러시아의 대북 안보 이익을 북핵 위주로 살펴보았다. 러시아는 북핵 위기가 처음 발생한 1990년대 초반부터 외무부 차원에서

---

27) "Большая пресс-конференция Владимира Путина," http://kremlin.ru/events/president/news/56378 (검색일: 2020. 10. 20).

북핵에 대한 불용 원칙을 일관되게 천명해왔다. 푸틴 집권 초기 러시아의 북핵 정책에 분명하게 '비핵화' 라는 목표가 있었다고 할 수 있었고, 러시아의 북핵정책이 미국과 일본의 한반도 영향력과 균형을 이루는 데도 동등한 목적이 있었다. 2000년대 푸틴 대통령 집권 이후에도 이 같은 기조는 유지되어 왔으나, 푸틴 대통령이 세 번째로 집권한 2012년 이후 푸틴 대통령이 북핵 개발의 원인과 타당성에 대해 북한의 입장에 동조하면서 핵개발로 인한 대북제재 부과에 조건을 제시하거나 제재 완화를 반복하여 주장함으로써 북핵 불용이라는 기존의 원칙에 상반되는 모습을 노정해 왔다. 이를 통해 북한의 비핵화가 사실상 실패함으로써 러시아가 이를 사실상 용인하는 태도로 전환한 것은 아닌가 하는 추론이 가능하다. 결국 러시아는 이 같은 전환을 통해 북핵 불용보다는 북핵 유지 및 제재완화를 주장함으로써 얻게 될 현실 정치의 이익이 더 크다는 사실을 유추할 수 있다. 러시아는 2014년 우크라이나 사태 이후 대러 제재 강화 국면에서 대미, 대서방 대결 자세를 확고히 하면서 중국은 물론 북한과 공조하는 노선을 선택했다. 그 결과 러시아는 명확한 전략 개념에 입각하여 한반도와 북한에 대한 접근을 체계화한다기보다는 현 상황이 갖고 있는 모순을 활용하여 러시아의 이익을 확대하는 '점진주의적(incremental)' 전략에 기초하고 있다. 이와 같은 러시아의 대북 이익이 갖는 함의를 요약하면 다음과 같다.

첫째, 러시아가 북한의 대변자로 나설수록 국제사회의 지지를 받기는 어려울 것이다. 러시아는 크림 합병과 우크라이나 사태로 인해 미국과 유럽연합으로부터 강력한 경제제재를 받고 있으며, 북한 역시 핵개발과 미사일 발사 등 대량살상무기 개발로 인해 유엔과 미국 등으로부터 제재를 받고 있다. 러시아와 북한은 일종의 '제재동맹'으로서 미국에 공동으로 맞서는 입장이지만, 국제사회에서 더 이상 우방을 확대하기 힘든 상황에 처해 있다. 이 같은 상황에서 양 국이 공통적으로 당면한 과제를 제재를 해제하는 것임은 자명하다. 미국과 유럽 등 서구사회는 제재 해제의 요건을 명확하게 제시하고 있다. 러시아가 코비드-19 사태 확산 이후에 서구에 대한 선전전을 강화하여 코비드-19사태의 원인과 책임이 서구에 있는 것으로 이른바 '가짜 뉴스'를 확산시킬수록 러시아가 원하는 제재해제로부터 멀어질 것이 분명하듯이, 북한이 한국을 통해 미국에 제재해제를 요구하도록 압력을 가하는 방편으로 한국정부를 비난하고 한국에 적대시 정책을 지속하는 정책 역시 장기적으로 득이 될 것이 없는 비효과적인 정책으로 귀결될 것이다.

둘째, 러시아의 의도 못지않게 한편으로 중요한 것은 북한의 의중인데, 북한이 러시아를 얼마만큼 신뢰하는지는 의문으로 남아 있다. 앞서 언급했듯이 북한이 중국보다 러시아를 더 편한 상대로 여기고 있고, 북한에 간섭하거나 요구하는 사항이 중국과 비교될 정도로 적기 때문에 러시아와의 관계에 부담을 느끼지 않고 있다. 그러나 편한 관계가 신뢰로 이어지는 데에는 양자의 노력과 공감이 전제가 되어야 한다. 역으로 러시아는 북한에 영향력을 중국만큼 미칠 수 없기 때문에 양자 관계에서 비중이 덜한 상대가 될 수 있다. 2018년과 2019년 두 차례 미국과 북한 간에 정상회담이 개최될 당시에 중국은 미·북회담에

임하는 북한에 주문을 하기 위해 수차례 시진핑과 김정은 간에 정상회담이 열렸던 데 반해, 러시아와 북한은 2019년 4월에야 2차 미 · 북 회담을 앞두고 처음으로 만났다. 회담 개최 전의 기대와 달리 회담 결과는 특별한 내용이 전혀 없었던 것으로 미루어 양자 간의 이해가 일치하지 못했다는 추론이 가능하다. 이로 미루어 보아 러시아의 북한에 대한 레버리지와 역할이 확대되지 못하고 있다는 반증이 되면서, 북한 역시 러시아에 큰 기대를 하고 있지 않다는 추정이 가능하다.

셋째, 러시아와 북한은 서로를 필요로 하는 만큼만 신뢰하는 "제한된 협조" 관계를 유지할 가능성이 높다. 러시아의 동북아에서의 궁극적 목표인 다자인보협력체제 구축을 위해서는 미국 일국 주도의 패권을 종식시켜야 하고, 이를 위해서는 북한과 러시아의 역할이 보다 확대되어야 한다. 러시아는 미국, 중국과 동등하게 동북아 안보와 한반도 문제에 참여하는 보다 항구적인 구도를 구축하기를 원하며, 이러한 체제가 형성되기 전까지 북한은 러시아에 생존해야 하는 일원이다. 한국도 마찬가지로 북한과 협력하고 미국에 맞서는 역할을 할 때 러시아가 가장 원하는 구도로 틀을 만들 수 있다. 이런 측면에서 북한과 러시아는 서로 완벽하게 만족할 수 없는 상대이며, 서로 제한된 이익을 주고받으면서 협조하는 관계 구조 속에서 당분간 양자관계를 구축해 나갈 것이다.

참고문헌

김동현. 2019. “미사일 전문가 ”북한 발사횟수 비해 성공률 이례적...러시아 기술 제휴 가능성.“ *Voice of Korea*. 8.7.

김, 엘레나, 올레크 예고로프. 2016. “'겉보기 우정'... 이쯤에서 짚고 가는 러·北 관계에 대한 네 가지 사실.” https://kr.rbth.com/politics/2016/02/10/566445(검색일: 2020. 10. 22).

돌모프, 세르게이. 2015. “러시아는 왜 북한을 서방으로부터 보호하는가,” https://kr.rbth.com/politics/2015/06/08/47317(검색일: 2020. 12. 3).

박희석. 2020. “김정은이 주장한 ‘비핵화’의 목표는 주한미군 철수, 한미동맹 해체!” http://monthly.chosun.com/client/news/(검색일: 2020.8.14).

우평균. 2018. “러시아: 서방과의 갈등과 전략적 이익 추구,” 한국국가전략연구원, 『2018 동아시아 전략평가』. 서울: 한국국가전략연구원. pp. 153-168

_____. 2015. “김정은 정권의 신 대러정책과 북-러 관계 전망.” 국방대학교 국가안전보장문제연구소. 『김정은 시대의 신4강 대외정책』. 서울: 국방대학교. pp. 159-212.

_____. 2010. “한국의 대러정책과 러시아의 대한정책: 노무현·푸틴 집권기 고찰.” 『외교안보연구』 제6권 1호. pp. 127-159.

유영철. 2006. “북 · 러 군사관계 평가와 전망.” 『북한』 5월호. pp. 121-129.

이조은. 2020. “북한에게 비핵화는 미국의 핵우산 제거…평화협정, 갈 길 멀어.” https://www.voakorea.com.korea/korea-politics/4374739(검색일: 2020. 8. 14).

정한범 외. 2019. 『2019 동아시아 전략평가』. 서울: 동아시아안보전략연구회.

조상진. 2019. “러시아 군사 자산이 북한 군사력과 기술의 핵심.” *Voice of Korea*. 8.15.

티모페이체프, 알렉세이. 2016. “러 당국, 국정원 "北 미사일 개발 러시아 지원" 주장 부인.” https://kr.rbth.com/news/2016/02/10/566405(검색일: 2020. 10. 22).

홍현익. 2001. “김정일 위원장의 러시아 방문과 한국의 대응전략.” 『세종정책브리프』 7월 1일.

"러시아 "북한 핵 실험, 국제법 무시한 도발행위"." MBC뉴스. 2016. 9. 10., https://imnews.imbc.com/replay/2016/nwtoday/article(검색일: 2020. 8. 7.).

"美와 비핵화 담판 속도 내고 싶은 北… "南 빠지는 게 좋겠다." 『동아일보』, 2019. 7. 5.

"러시아 "美 입장 때문에 북핵 협상 중단." https://www.ytn.co.kr/_ln/(검색일: 2020. 8. 4).

"중국, 러시아 대북제재 한 목소리." 자유아세아방송, 2016. 12. 13.

"중국·러시아 "북한 핵 실험, 강력 규탄". https://www.voakorea.com/korea/korea-politics/(검색일: 2020. 8. 10).

"한·러 공동 언론발표…"北 6차 핵 실험 규탄" - 아시아경제." https://www.asiae.co.kr/article/2017090616141276401(검색일: 2020. 8. 10).

『조선일보』. 2006. 10. 4.

Barannikova, Anastasia. 2019. "What Russia thinks about North Korea's nuclear weapons," *Bulletin of the Atomic Scientists*. April 24. pp. 1-14.

Brezhneva, Anna and Daria Ukhova, 2013. Russia as a Humanitarian Aid Donor, *Oxfam Discussion Paper*. July 15. pp. 1-30

Buszynski, Leszek. 2009. "Russia and North Korea: Dilemmas and Interests," *Asian Survey* . Vol. 49. No. 5. pp. 809-830.

Corr, Anders. 2020. "Chinese Involvement In North Korea's Nuclear Missile Program: From Trucks To Warheads," https://www.forbes.com/sites/anderscorr/2017/07/05(검색일: 2020.10.22).

Farley, Robert. 2017. "World War III: All the Crazy Weapons North Korea Wishes It Could Buy." The National Interest. December 29. https://nationalinterest.org/(검색일: 2020.10.23).

Dyachkov, Ilya, Artyom Lukin, and Andrey Gubin. 2017. "Russian Assessments of North Korea's Conventional and WMD Capabilities," Foreign policy research Institute, Nuclear Weapons and Russian-North Korean relations.

Kosaka, Tetsuro. 2020. "North Korea threat shows Russia's role behind missile program." https://asia.nikkei.com/Spotlight/Comment(검색일: 2020.10.22).

Lukin, Artyom. 2020. "Russia's Policy Toward North Korea: Following China's Lead,"https://www.38north.org/2019/12/alukin122319(검색일: 2020.8.10).

Ramani, Samuel. 2016. "Russia, Japan and North Korea's Nuclear Test," *The Diplomat*, January 25.

Rodkiewicz, Witold. 2018. "China's Junior Partner: Russia's Korean Policy." Centre for Eastern Studies, *Point of View*. No. 72. pp. 1-28.

"Are 'nuclear spies' in japan providing Pyoungyang with weapons technology? DW. April 3. 2017, http://www.dw.com(검색일: 2020.10.25).

"Lavrov: UN SC New resolution On DPRK Should Facilitate Non-proliferation," *ITAR-TASS*, May 27. 2009.

"Speech by V. I. churkin, Russia's permanent representative to the U.N., on motives for voting on the U.N. Security council resolution on the DPRK," New york, June 12. 2009, Ministry of Foreign Affairs of the RF, Department of Press and Information, 945-13, June 2009.

"Russia Condemns Declared N. Korea Nuke Test," *Interfax*, May 25, 2020.

"Russia says no danger to Far East residents over North Korea's nuclear test," http://siberiantimes.com/other/others/news/(검색일: 2020.8.6.)

"Russia Drafts, Ready to Discuss With Partners North Korea Roadmap." https://sputniknews.com/politics/201706271054999083-north-korea-roadmap-draft.(검색일: 2020.8.4).

"Russia, North Korea sign deal on $11 bln debt," https://interfax.com/newsroom/top-stories/54311/(검색일: 2020.11.20).

"Russia wants 'proportionate response' to North Korea nuclear test," https://www.reuters.com/article/us-northkorea-nuclear-un-russia-idUSKBN0UK1ZQ20160106 (검색일: 2020.8.6.).

"Security Council resolution 2397 (2017)." https://www.un.org/undpa/en/speeches-statements/(검색일: 2020.8.10).

United Nations Security Council. “Rosolution 2270(2016), Adopted by the Security Council at its 7638th meeting, on 2 march 2016,” https://www.undocs.org/S/RES/2270(2016)(검색일: 2020.8.5).

Юрьева, Дарья . 2005. “Пхеньяну нужна "Лампочка Ильича",” Российская газета, August 2. http://rg.ru/2005/08/02.kndr.html(검색일: 2020.8.5).

Косырев, Дмитрий. 2018. “Безумный саммит в Сингапуре: что родила гора,” https://ria.ru/20180613/1522592688.html(검색일: 2020.8.10).

Есин, Виктор. 2017. “Северная Корея,” под редакцией Алексея Арбатова и Владимира Дворкина, Полицентричный ядерный мир: ВЫЗОВЫ И НОВЫЕ ВОЗМОЖНОСТИ. Москва: Московский Центр Карнеги,РОССПЭН.

Жебин, А. 2018. “Корейский конандрум,” Проблемы Дального Востоко 2. pp. 44-56.

“ "Особыс отношения" в Сингапуре: дипломатический дебют разыгран.” https://ee.sputniknews.ru/politics/20180612/11141523/(검색일: 2020.8.10.).

“В Хельсинки Путин передал Трампу документ о разоружении.” https://www.dw.com/ru (검색일: 2020.11.20.).

“Большая пресс-конференция Владимира Путина.” http://kremlin.ru/events/president/news/56378(검색일: 2020.10.20).

“На энергетическом форуме Путина спросили о КНДР, Трампе и выборах.” https://www.ng.ru/politics/2017-10-04(검색일: 2020.10.20).

“Пресс-конференция по итогам российско-северокорейских переговоров.” http://www.kremlin.ru/events/president/news/60370(검색일: 2019.7.15).

“Пленарное заседание Восточного экономического форума.” http://kremlin.ru/events/president/news/55552 (검색일: 2020. 11. 15).

“Трамп и Ким Чен Ын: историческая встреча глав США и КНДР состоялась.” https://ee.sputniknews.ru/politics/(검색일: 2020.8.10).

8장

Russia and North Korea: A Real Politik View on the Uneasy Relations of Two Neighbours

Andrei Lankov

(Kookmin University)

In early 2014, Alexander Galushka, then Russia's Minister for Far East Development, attracted international attention and made headlines across the world when he proclaimed trade between Russian and North Korea would increase tenfold by 2020. The South Korean media then ran with the story and busily reported on Russia's alleged willingness to "return" to North Korea and perhaps even replace China as Pyongyang's major great power sponsor and protector. Through the next two years, a multitude of Moscow-Pyongyang joint economic projects and deals was discussed, supposedly ready to be realized in the near future.

Headed now into the last quarter of 2020, the vowed tenfold increase has not happened. In fact, the current trade volume between Russia and North Korea is merely half of what it was in 2014 when Galushka issued his much heralded predictions. All joint projects -- not merely discussed, but often formally inaugurated with great fanfare -- have withered away and are now completely forgotten by the once enthusiastic media.

The failure of the 2014 trade initiative is often attributed to the nuclear crisis between North Korea and the United States that started in 2017 and drew sectoral sanctions from the United Nations, but that explanation is an oversimplification.

This article offers a decidedly unsentimental view of the relations between North Korea and Russia. It will be explained why these two countries, in spite of sharing some notable concerns and interests, are unlikely to ever become close, and why Russia in the foreseeable future will remain a secondary player in regard to the 'North Korean issue.'

The article will start with a short introduction to the history of relations between two countries, with particular attention given to the factors that have contributed to Russia's institutional memory of North Korea and will continue to influence the relationship between the two governments.

This piece will review events that spanned the 2010s and demonstrate why expectations of any type of relational boom between Moscow and Pyongyang, so widely discussed around 2015, were unfounded. It will dwell on the deep structural problems that represent insurmountable obstacles on the path towards greater economic interaction between two countries, such as highly-touted joint infrastructure development projects(railway link and gas pipeline construction) that for a time dominated public dialogue, but, ultimately, appeared to be overrated.

This article will ultimately consider the most likely scenarios in the future development of relations between the two countries.

I. The Soviet Legacy

The North Korean state was created by military forces of the former Soviet Union and, throughout its first few years of its existence, between 1945 and 1950, it could be best described as a pro-Soviet puppet regime. All political decisions at the time were directed by Soviet officials and military officers and then left to local Korean officials to implement those policies.

However, even then, leaders in North Korea were by no means enthusiastic pawns, ever ready to serve their masters in Moscow. Despite the oft-repeated statements of the South Korean conservatives, Kim Il Sung and other early North Korean leaders were both communist and nationalist in their world view -- with nationalism, probably, being more important for them than communism. So, while the Soviet leadership did its best to use the North Korean state to serve its own strategic interests, the North Korean leaders, including Kim Il Sung himself, likewise did what they could to use the

Soviet Union to meet their own distinct goals. In spite of their dearth of power next to their Soviet counterparts, the North Koreans often managed to succeed and prevail over their mighty patron.

North Korean leaders did their best in the late 1940s to secure Soviet support for a military strike against South Korea, an operation seen as a necessary step towards the eventual realization of what the North saw as its great national dream – that is, the creation of a unified communist state which would control the entire Korean Peninsula. While the Soviet leaders were initially quite skeptical about Pyongyang's designs, and even hostile to North Korea's bellicose proposals, Kim Il Sung eventually managed to skillfully manipulate the intelligence and persuade Stalin that victory would be easy and swift because the "toiling masses" in South Korea were ready to rise against Syngman Rhee's regime(Torkunov 2000, 55-59).

Those calculations proved wrong, of course. However, the Soviet Union managed to get some indirect benefits from the Korean War – largely because the conflict allowed Moscow to reduce the chances of a possible reconciliation between Beijing and Washington. The hostilities in Korea also helped to distract U.S. forces from the far more important European theatre of operations. These, along with other key reasons, prompted Stalin to sabotage the armistice talks in Kaesong, thus prolonging military operations between the North and South forces long after it became clear to all that chances of a full victory for either side were very slim.

The Korean War left both the Soviet and North Korean sides bitter towards each other. As declassified Soviet documents from the 1960s and 70s reveal, Soviet leaders in the late 1940s in some ways felt victimized by North Korea's excessive optimism, an apparent effort to deliberately maneuver developments in its favor. The entire debacle that was the Korean War left the Soviets even more inclined to see Kim Il Sung and his government as unpredictable, prone to risky acts and irresponsible. At the same time, Kim Il Sung was clearly disappointed he did not receive full and unconditional Soviet support, fully understanding how Moscow did what it could to advance its own interests by prolonging the bloody and unwinnable war and that, after 1953, it was highly unlikely Soviet authorities would tolerate another similar operation in Korea.

Relations between North Korea and the Soviets quickly deteriorated after the death of Joseph Stalin in 1953 and the subsequent de-Stalinization campaign that swept through the Soviet Union.

A group of reform-minded North Korean high-level officials tried to emulate the Soviets' new de-Stalinization and policies in August 1956 they attempted to replace Kim Il Sung with a different leader who would be less Stalinist in his outlook and politics. The opposition group consisted largely of those top officials who had arrived in North Korea from China and the USSR, respectively, and maintained close relations with the Chinese and Russians. The planned overthrow attempt ended in complete failure, with most of the opposition leaders and sympathizers purged soon after(Lankov 2004).

Facing the crisis, the Soviet and Chinese governments, together tried to intervene in North Korea's struggles by dispatching a joint delegation presided by Peng Dehuai, the former commander of the Chinese forces in Korean during the 1950-53 war, and Anastas Mikoyan. The delegation reportedly persuaded Kim to reverse his decision to purge the opposition officials who tried to oust him -- and also leave them alone. The Peng and Mikoyan team also got Kim to accept a mild version of de-Stalinization. However, all the promises procured by the delegation were broken almost immediately(Lankov 2004).

In 1961, the Soviet Union and North Korea signed the Treaty of Friendship, Cooperation and Mutual Assistance, which, perhaps most importantly, established a formal military alliance between the two countries. According to Article 1 of the treaty, each of the nations would be obliged to "extend military and other assistance with all means at its disposal" if the other side were attacked(Treaty 1962, 156).

However, by the time the treaty was signed, relations between the two countries were plummeting, with the Kim Il Sung regime stepping up their efforts to distance their country from Moscow and reduce potential Soviet influence inside their country.

Indeed, after August 1956, Kim and his immediate entourage, who had always been deeply nationalistic, eyed the Soviet Union as a serious potential threat to their power. The accelerating speed of de-Stalinization had a significant impact on Kim's attitude toward the Soviets. Numerous Soviet citizens of Korean extraction, who, since the mid- to late-1940s worked in North Korea as advisors and officials, were purged, sent back to the Soviet Union, imprisoned, exiled, and in some cases, executed. North Korean citizens who had married Soviet women were forced to divorce their foreign spouses. The North Korean students who studied in the Soviet Union and other pro-Soviet socialist countries in Eastern Europe were all recalled and academic exchanges remained largely frozen for two decades.

North Korea's push to distance itself from the Soviet Bloc was mirrored by the Soviet Union's own moves away from the North Koreans. In the early 1960s, not only the leaders of the Soviet Communist Party, but a majority of the Soviet public – at least those who had interest in foreign policy and/or ideology – regarded North Korea as an embodiment of everything they themselves disliked about their own country. Later that same decade, sympathy towards North Korea, which evolved after the 1945 Liberation and during the Korean War, largely evaporated inside the Soviet Union. North Korea came to be seen as an unreliable and manipulative ally, as well as a rigid, repressive and grotesquely inefficient Stalinist dictatorship. The North Korean model of tightly controlled, state-centered socialism might have enjoyed significant support in North Korea itself, but by that time was decisively unpopular in the Soviet Union and Eastern Europe(Lankov 2011).

Yet, the mounting tensions between Moscow and Pyongyang didn't mean Soviet aid was completely withdrawn from North Korea. In spite of its rather critical attitude to Kim Il Sung and his regime, the Soviet Union continued to provide North Korea with significant aid, as it had continued to do even though in the late 1950s, when the scale of its support dropped considerably.

An accurate measure of Soviet aid to the North Koreans cannot be independently assessed, since a significant part of the aid was provided indirectly; trade between the Soviet Union and North Korea was largely conducted as barter exchanges and the state-determined artificial prices used in these transactions were manipulated to be favorable for North Korea -- a form of indirect subsidies for Pyongyang.

Soviet aid was decisive in keeping the North Korean economy above water. In 1985, about 65% of electric power generation, 33% of steel production, 42% of iron ore mining and 40% of petrochemical development in the DPRK originated from plants and factories built with Soviet help(Sinitsyn 1985, 57).

Then again, given the corrosive state of relations between the two countries, it's questionable why any aid was provided at all, with the Soviets between 1960-90 spending not an insignificant amount of its resources North Korea afloat, even though, as stated before, they had little if any sympathy for the Kim family regime. However, few reasons why the USSR never completely wrote North Korea off.

Firstly, during the Cold War, North Korea served as a useful strategic buffer that, helped keep U.S. forces a bit further away from Vladivostok and other vital urban centers and military bases in the Soviet Far East.

Secondly, the overall geo-political environment in East Asia during that period was, to a large extent, determined by the intense Sino-Soviet feud. After being allied with China from 1961 until 1965, Pyongyang opted to take a neutral position in the conflict even though, the North Korean domestic system was in many ways remarkably close to the Chinese system under Mao's rule. The Soviet Union badly wanted to drag North Korea to its side of the confrontation, although it was also willing to grudgingly accept Pyongyang's neutral stance as a second-best option. So, in essence, Moscow paid North Korea to stay out of the fight.

Thirdly, the Soviet Union believed it would serve its own state interest if it protected the countries that ostensibly claimed membership in the world's community of Marxist-Leninist regimes, no matter how suspicious their actual ideological credentials were, as compared to Soviet standards(Kunadze 2010, 12-13).

Regardless the aforementioned benefits, however, the drawn-out period of uneasy relations, thinly disguised mistrust and bubbling hostility left in the Soviet political elite a remarkably unfavorable impression of North Korea, which, to a lesser extent, lasts to this day, albeit in a much softened form.

The collapse of the Soviet communist government in 1991 did not in any way result in a personnel replacement within Russia's agencies responsible for conducting foreign policy: nearly all Soviet-era diplomats, spies and analysts hold their old jobs. That allowed Russia's foreign policy institutions to maintain a high level of continuity with their practices during Soviet times. So, memories of their interactions with North Korea through the 1990s were not lost. By the end of the Soviet era, North Korea had been branded not only an anachronistic dictatorship and ungracious ally, but also a formidable political player highly skilled at extracting money from the Soviet budget and, equally, dodging its obligations. That perception persists today.

II. The New Era

The late 1980s marked the beginning of a new period in the relationship between North Korea and Russia. Earlier that decade, it was widely expected the North Korean regime would collapse in the near future. The Soviet Union was joined by the U.S. and South Korea in writing off the Kim family regime as irrational and incapable of adjusting to the new, emerging world.

The Soviets dispatched their athletes to in 1988 to participate in the Olympic Games in Seoul -- a critical diplomatic event for South Korea, which, in the wake of the successful games, was formally accepted as a member state of the United Nations in 1991. The Soviet Union established diplomatic ties with South Korea -- otherwise known as the Republic of Korea -- in September 1991, shortly before its own collapse.

The leadership of the post-Soviet Russian Federation leaders decided to stop subsidizing North Korea, both directly and indirectly. That meant the North Koreans were still free to buy what they wanted from the Russian producers, but were hence required to pay regular international market prices. That said, North Koreans had no hard currency to pay those realistic prices for Russian goods.

Companies from the Russian Federation had little incentives to buy products from North Korea, since the general quality and prices of products produced there fell short of the demands of trhe the new Russian economy, increasingly driven by market-oriented rationalism. The newly-imposed restrictions resulted led to a drastic decline in the volume of trade between Russia and North Korea: from $2.2 billion in 1992 to a mere $83 million in 1995, a 25-fold decrease in just three years(Zakharova 2016, 152).

Unsurprisingly, in the new situation the 1961 friendship treaty with North Korea became a worrisome burden for post-Soviet diplomats, who did not want to find themselves fighting a war as a result of reckless actions by Pyongyang. So, the Russian government officially declared the Treaty null and void. A new version of the treaty was negotiated and signed in 2000, but it, predictably, did not include a mutual defense clause.

The current period in the history of relations between North Korea and the Russian Federation began around 2000 and reflected marked changes in Russia's evolving attitude toward the world. Russia's transition away from socialism was all but complete by 2000; a remarkable, if short-lived, economic recovery followed. This growth made Russia both significantly more powerful economically and more assertive politically.

The naive expectations of the perestroika era began to fade in the mid-1990s. It gradually dawned on Russian decision-makers that the West, despite all its lofty liberal rhetoric, was actually conducting a foreign policy rooted in realism. There was a growing understanding in Moscow that Russia would not likely to be accepted as an equal member of the 'developed nations club' in the emerging international order. Yet, while tensions with the West were rising, the strain between Russia and North Korea showed signs of easing.

A major turning point came in 2014 when the Russian government backed irredentist movements in the eastern provinces of Ukraine, as well as in the Crimean Peninsula. The annexation of Crimea led to a major confrontation between Russia and the West. Of course, by that time Russia's relations with the West were already quite bad. Amid the new global reorganization, which started around 2000, the Russian political class began to reconsider its longstanding negative attitudes toward North Korea.

That change of heart among the Russian decision-makers was spurred by the fact that, contrary to the mainstream view in the West, the Kim family regime had proven to be a relative success. It survived that disastrous famine and economic chaos of the 1990s and had survived its first dynastic transition in 1994. It was increasingly clear by 2000 that North Korea's Kim dynasty was likely to stay in place for the foreseeable future.

The hostile and condescending attitude with which Soviet/Russian society perceived North Korea for decades, but since around 2000 it began to shift toward a more modified stance, Amidst the steadily growing tensions between Russia and the West, North Korea was increasingly regarded not as an anachronistic and bizarre dictatorship on the verge of collapse, but as a brave David who had the courage to challenge the American Goliath. Given that the U.S. was increasingly perceived as Russia's major rival, North Korea was cast as a worthy-of-sympathy underdog in the minds of a notable(but still relatively small) contingent of the Russian public.

Russian leaders once again reached out to improve relations with North Korea and in July 2000, Russian President Vladimir Putin became the first Russian leader to visit Pyongyang in person. a truly historic step forward for both countries, since none of the leaders during the Soviet era found the time or reason to appear in North Korea personally.

The first summit between Putin and Kim Jong Il was followed by a series of similar meetings. Kim visited Moscow for the first time the following year, and in 2002 another summit was held in Vladivostok. In 2011, Kim, who literally had just a few months to live, met with the then Russian President Dmitry Medvedev. In the wake of his father's death and after seizing solidifying his control as North Korea's new leader, Kim Jong Un held his first summit in 2019 with Russian President Vladimir Putin.

The Time of Great Expectations

There was a burst of diplomatic exchanges between North Korea and the Russian Federation in 2014 and 2015. Pyongyang was visited in 2014 by Minister for Far East Development Galushka, Rustam Minnikhanov, president of the Republic of Tatarstan, Russian Vice-Premier Yuri Trutnev and the governors of Russia's Primorsky and Khabarovsk regions. The intensity of such diplomatic exchanges had not been seen since the 1980s(Lankov 2015).

North Korea authorities declared that Russian companies operating in North Korea would enjoy a number of unprecedented privileges going forward, including being allowed to use the internet without restriction and obtaining visas under greatly simplified regulations. it was also declared that Russian rubles, and not U.S. dollars, would be used for transactions between the two countries.

Russia and North Korea began talks in 2015 about constructing a floating bridge across the Tuman River, as well as discussions over opening Russian fast-food outlets in North Korea. Russia-based developer NPO Mostovik announced plans to carry out phased reconstruction of the North Korean railroad network, and, as compensation, the company was reportedly on track to receive the right to develop subsoil deposits, including rare earth metals. The project was valued at $25 billion(Toloraya 2013).

Most of aforementioned plans, as we will further discuss, never reached fruition and remained on the list of good intentions -- although there were a few substantial developments, that rose from the flurry of diplomacy. For example, in November 2014, Rason Con Trans, a joint railroad transportation project between Russia and North Korea, became operational with the first shipment of coal to North Korea dispatched from a state-of-the-art Russian-owned pier dubbed the Rason special economic zone, where freight is delivered to the pier along a modernized railroad that links the port with Russia's Khasan border post.

The RasonConTrans project was launched in 2008 and became the largest Russian investment into the North Korean economy since the end of the Soviet Union, with: Russian railways investing an estimated $300 million into the venture(Kiriyanov 2016).

The Russian government in 2012 settled the painful issue of North Korea's outstanding debt left over from the Soviet era. With little hope the North Koreans would ever pay the $11 billion bill, Russia agreed to write off 90% of the amount, with the expectation the remaining 10% of the money(about $1 billion) would be applied toward supporting Russian-North Korean humanitarian and energy projects(Zakharova 2013, 142-143).

All this much-publicized activity was interpreted by outside observers as a sign of Russia's alleged willingness to "return" to North Korea and perhaps even replace China as its major overseas sponsor and patron. A quick look through the publications of the period, shows there was indeed a strong belief Russia under Putin was going to regain the position in was believed the Soviet Union once had in North Korea(Choi 2015).

This was the point when Minister for Far East Development Galushka, who also served as co-chair of Russia-North Korea's intergovernmental commission on trade, economic, scientific and technical cooperation, made his comment about boosting trade with the North Koreans tenfold by 2020, which, equaling about $1 billion, represented but one-seventh of North Korea's 2014 trade with China(Galushka 2015).

In other words, North Korean trade with China in 2014 approximated reached upwards of $6.9 billion level, while the officially registered trade between Russia and North Korea was merely $93 million. Moreover, trade with China was skyrocketing, while trade with Russia had been slowly but steadily declining for two decades.

Of course, Russia's official declarations about its trade statistics provide an incomplete picture of what was really transpiring . Since the 1990s, many Russian companies traded with North Korea via China, so their sales were recorded as 'imports from Russia to China' in Russian trade statistics and as 'imports from China to North Korea' in China's official trade logs. As such, there truly is no way to know the actual amount of trade between Russia and North Korea during that span, but a majority of experts believe that it was significantly larger than what was officially reported, and might have even exceeded half a billion dollars in the early 2010s. On the contrary, officially reported trade with China did not include smuggling, an important aspect of commerce on the border since the 1990s. That means the actual gap in North Korea's trade volumes with Russia and China was somewhat smaller than officially declared, but still considerable.

Examined in this context, Galushka's "ten-fold promise" seems unfounded, as some have even accused him of improvising the pledge on his own with little preparation, even though, as previously stated, this statement was widely, though wrongly, viewed as added proof of the Russian government's interest in improving relations with North Korea.

For a brief time, Russian companies entertained hopes for reciprocity-based -- in other words, commercial -- cooperation with North Korea, but that was before they met the realities of the North Korean economy and the ideas North Korean officials had of conducting business.

Surprisingly, even officials in North Korea, who should have known better, apparently accepted Galushka's optimistic remarks at face value.

Classified documents smuggled out of North Korea show that around 2015-16 the economic authorities in the Kim family regime seriously counted on the dramatic increase vowed by Galushka, but the bluster surrounding Galushka's proclamation produced little if any genuine results. All projects reported with such enthusiasm in 2014-15 either faded from the public eye after a prolonged period of inactivity or were officially cancelled in the next year or two. No Russia fast food outlets appeared in Pyongyang, and the Mostovik, instead of investing billions into the North Korean railway network, quietly withdrew its small office from Pyongyang after occupying it for only merely a few months of its presence there. A majority of the "Galushka projects", in fact, were cancelled well before the UN Security Council unveiled its harshest ever sanctions against the North Korean regime.

Even against the backdrop of the hyper-optimistic rhetoric in 2014-15, the volume of trade between Russia and North Korea did not show signs of increase -- $77 million in 2016, $78 million in 2017 and then dropping to a low of $34 million, with imports from North Korea to Russia equaling a paltry $2 million. That same year, Russia imported $117 million in goods from the distant island of Jamaica(Russian Foreign Trade 2020). Once again, it's believed the official data underestimate the scale of Russia-North Korea trade significantly, but even if the actual trade were closer to $300-400 million, as some experts have since privately suggested, it was still lagging much behind China.

Though the post-2017 collapse in trade between Russia and North Korea largely reflects the introduction of the UN sanctions against the regime, it cannot be ignored there were no signs of trade growth in the three years prior to the sanctions. Clearly, the economic relationship between North Korea and Russian Federation is deeply flawed and rooted in the system of each government. While it would be naive to expect any significant advancement of economic cooperation could be possible between the two countries under the current UN sanctions, even the complete removal of the sanctions, a highly unlikely scenario in the foreseeable future, still wouldn't usher in a trade exchange moderately close to the $1 billion mark this year, 2020. It is unlikely to happen by 2030 and probably even by 2040.

In any event, in 2017 North Korea plunged into another deep economic crisis and the so-called 'Moscow Spring' in Pyongyang was withered and soon was forgotten. It was against this background that the most recent summit between the leaders of Russia and North Korea took place: in April 2019, Vladimir Putin met Kim Jong Un for the first time in Vladivostok.

By that time, the young North Korean leader, who was initially unwilling to meet with his foreign peers, had met the U.S. president three times, China's leader, Xi Jinping, five times and Moon Jae-In of South Korea four times. The 2019 Vladivostok meeting did not produce any formal Joint statement. Unlike earlier Russia-DPRK summits one could not even hear the obligatory, if meaningless statements about the need to "increase the volume of trade." Only large joint investment projects – railway, to be more precise – were covered mentioned in Vladivostok.

That lack of substantial exchange reflected the low priority both sides attached to their relations at that time. Simply, Moscow and Pyongyang were and still are willing to talk when it serves their respective needs, but neither sees little, if any, reason to offer the other more. Relations between the two countries have remained much more constrained than often assumed – and there are significant reasons why.

III. The Trade Problems: The Deep Incompatibility of Two Economics

The greatest stumbling block on the way towards reviving economic relations between Russian and North Korea continues to be the UNSC sanctions. Alexander Matsegora, Russia's ambassador to Pyongyang, recently stated, "Under sanctions normal trade is impossible, mainly because legal payment settlement flows are blocked. This is exactly why Russian-North Korean trade is almost at the zero level now… As long as the DPRK is under such severe sanctions, any substantial development of trade and economic relations…has to be postponed."(Matsegora 2017). No doubt, the sanctions constitute the major problem, but their removal will hardly lead to a dramatic change of the situation: the trade between two countries face a number of equally formidable obstracles.

Another problem is North Korea's deeply entrenched attitudes about doing business with the outside world. Russian leaders have been aware of these issues since the 1960s and according to Georgy Toloraya and Alexander Vorontsov, two highly-regarded experts on North Korea, "Russian businessmen are experiencing the same old hurdles, familiar for decades of cooperation under the Soviet Union: North Koreans seem to pursue short-term individual gains; unilaterally modify agreements; one-sidedly introduce new rules(sometimes retroactively) unfavorable to investors; break obligations; and deliver goods late. Decision-making mechanisms in North Korea are still opaque, decisions are often based on the spontaneous impulses of higher authorities that cannot be contacted, and there is general lack of coordination between different branches of the state system and economic organizations. Problems with communication persist."(Toloraya and Vorontsov 2015)

However, the continued incompatibility the two countries' economies remains their most significant trade barrier. The North Korean economy in its current state is still not capable of producing items of significant interest to Russian buyers. On the contrary, the Russian economy offers a number of goods and services of interest to North Koreans, but which are typically priced well beyond the ability of North Korean consumers to buy them.

The North Korean economy currently claims competitive advantages in four international markets: mineral resources, particularly coal, seafood, labor for export and garments and textiles (Brown 2018; Huang 2017). However, of these four production lines, three are of little or no interest to the Russians.

Russia has little, if any, interest in importing mineral resources from North Korea. Russia itself has the mineral riches of Siberia at its disposal and, for that alone, it should see North Korea not as a useful partner, but as a competitor, since Russia exports large quantities of similar mineral resources, including coal, which over the has been North Korea's the major export for the last two decades.

Similarly, there are at least two reasons why Russia is not particularly interested in buying North Korean seafood products. First, Russia has a large and efficient fishing fleet whose catch, in many cases, far exceeds Russia's domestic demand for seafood. Second, Russians are not large-scale consumers of seafood to begin with. In Russia's traditional culinary culture, seafood is not highly rated. Consumption statistics confirm Russians are not (and have never been) great eaters of fish or squid, and the overall seafood consumption rate has been declining in recent years. In 2015, fish consumption in Russia was less than 20 kg per capita (Van Eynde 2017).

Russian buyers show occasional interest in North Korean textile and garments, which, in the hierarchy of exports, are not particularly important to the North Korean economy. In most cases, Russian buyers have established and tested relations with Chinese suppliers of similar items. Unless the cost-quality ratio is unusually high, there is little chance Russia will be interested in importing garments from North Korea.

Labor is basically the only resource in which North Korea holds a competitive advantage and Russian interest. Indeed, since 1946, North Korean workers have represented an appreciable percentage of the labor force in Russia, through all the relational ups and downs between the two countries, even during the mid- and late 1990s, when relations between Moscow and Pyongyang were virtually hostile. Until 2018-19, when the UN sanction resolutions made it illegal for UN member states to employ North Korean workers, there were an estimated 30-35,000 North Koreans working in Russia. Historically, North Koreans working in Russia were first employed in seafood processing, then in the timber industry and, since the mid-1990s, mostly in the construction sector. There were 31,500 North Korean workers in the country in 2016 – the second largest group of foreign migrant workers in Russia at the time(Shcherbakova 2016).

Even now, Russian companies relying on the tacit support of the Russian authorities as they try to maneuver around the UN sanctions. So, a certain number of North Korean workers remain in Russia, even though the UN resolutions called for their complete withdrawal back to North Korea by the end of 2019. However, one should not overestimate the scale of demand for North Korean labor: the level of 30-35,000 workers is by no means the upper limit, but the general capacity of Russia's domestic market is still relatively small(perhaps, close to 80-90 thousand maximum).

The flow of laborers from North Korea benefits both Russia and North Korea, irrespective of the ongoing political climate. Remittances from both forced and voluntary workers maintain a flow of cash headed into North Korea, while Russian businesses can satisfy their demand for cheap, docile and reliable labor through the lingering arrangement.

Expectations for the future development of other joint projects are, probably, unfounded because North Korea companies and their products are of little value for Russian operations. That fact will not likely change in the near future.

An overview of the evolution of relations between Russia and North Korea reveals trade between only really flourished when the Russian government was willing to generously subsidize the program, for whatever reason it claimed. As such, Russia's trade with North Korea existed only when the Russian government was willing to turn a blind eye to the stark truth trading with the North Korean regime has been and will no doubt always be grossly inefficient when judged on purely economic criteria. That was perhaps the ultimate lesson demonstrated by the 2014-15 'trade revival' campaign. In today's world, it appears unlikely that the Russian government will return to the policy it followed from 1945-1990, when, despite all the political problems and diplomatic friction, it accepted otherwise unprofitable economic exchanges with Pyongyang.

IV. The Pipeline and Railway Issue

Two topics intrinsically connected with relations between Russia and North Korea are the natural gas pipeline and rail line linking Russia with South Korea via North Korean territory. The projects are promoted as a possible bonanza for all parties. However, it is often seemingly ignored that the pipeline and railway have been discussed for decades, with little or no actual progress made by the chosen building companies. The concept of a trans-Korean railway(TKR) has been discussed since the late 1990s, and the on the proposed gas pipeline began even earlier, around 1990. Both projects have one primary similarity: they are presented in the media as examples of economic cooperation with North Korea, even though North Korea is important only as the space that needs to be traversed. Beyond that, the pipeline and railway have nothing to do with the North Korean economy.

On paper, both plans look attractive and viable. It's often argued the TKR would significantly cut the cost of shipping goods from South Korea to Europe and also prove extremely for the transit interests involved For example, in 2001, while visiting Seoul at the height of media frenzy about coming railway construction, Alexander Tselko, Russian vice minister of railways, explained, "So far, it costs $1,344 to send a 20-foot container from Busan to Hamburg, Germany, via the Trans-China Railway. However, it only costs $889 from Khasan to Hamburg, thus saving about $400."(Tselko 2001). Accounting for the source of the data, the estimates should be taken with a grain of salt. Nevertheless, there is little doubt that the connected railway network could potentially become profitable.

It is instructive that talks about the railway began in the early years of the Kim Dae Jung administration and in 2001 the project got an official endorsement during the summit meeting between Putin and Kim Jong Il. Back then, media accounts suggested proposed railway was a miracle-in-waiting that would somehow solve a lot of the economic and political problems facing Northeast Asia. But, as we know, nothing emerged in the subsequent decade.

The sorry fates of the TKR and natural gas pipeline projects illustrate major problems in the economic cooperation between Russia and the two Koreas.

The TKR project is bound to be expensive. The North Korean railway network remains largely unchanged from the colonial era, and therefore needs to be all but completely rebuilt, requiring a large investment into bolstering the needed infrastructure. In 2018, estimates from the Russian railway company set the likely cost of the rail project at $3-4 billion (Ria-Novosti 2018). In private, however, experts said the project's accumulate cost would be close to $10 billion, if not more. The pipeline would be costly as well. Studies in the early 2010s estimated the price for the pipeline at about $6 billion (Kang 2013, 204). Who will pay this kind of money while taking the associated risks that we shall see below, are quite large?

Assuming construction somehow begins on one or both of the projects, whomever is the principle Russian investor would immediately become the hostage of a variety of political forces at work on the Korean peninsula.

What if the North Korean government decides to shell another South Korean island or is finally successful in testing a long-range missile, splashing the waters off the California coast?

What if hard liners assume power in the United States(or for that matter in Seoul) and then announce all interactions with the regime in Pyongyang amount to funding mass murders and human rights violators?

If any of these scenarios actually happens, Russian investors would be seriously hurt and all construction work on the project(s) would have to be halted overnight, with no way to recover the invested money.

In the Soviet era of generously subsidized global ambitions, the Politburo might have decided to proceed with the project anyway - after all, such an undertaking has some geostrategic benefits. But those days are gone. The Russian railways company might well be a state-owned enterprise, but it would still be hard to justify sinking $10 billion in North Korea, just for some nebulous strategies dreamed up in Moscow.

For Russia's railway company, it would make far more sense to invest that type of money elsewhere, where returns are safer and political risks are absent. The same could be said about the pipeline project. That is not to say the railway link or pipeline projects have no political future. Sooner or later, the railway and/or pipeline may indeed be built. But that won't happen until Russian and other investors are certain about stability on the Korean peninsula. Given to recent history, that type of progress isn't going to happen any time soon.

V. The Political Goals of Russia

As we have mentioned above, relations between North Korea and Russia have always been determined by political considerations, with economics taking a definite backseat.

Russia can be described as a status quo power in regard to North Korea, since Moscow has good reasons to believe any conceivable change in and around Korea is likely to be detrimental to Russia's long-term strategic interests. However, even though Russia is a status quo power, it's not going to invest very many resources or effort in maintaining the status quo, however desirable.

There is a big and important, if often overlooked, difference between the present-day Russian state and the Soviet Union. For most of its history, spanning 1917-1991, the Soviet state was willing to generously spend money and other resources to buy foreign influence. The attitude of today's Russia is quite the opposite: the government sees foreign policy, above all, as a way to maximize its economic revenues. Dmitry T renin, a lifelong and perceptive observer of Russian foreign policy, noted, "Nowadays Russia's approach [to the foreign policy] is in many regards opposite to the traditional Soviet approach. It is believed that one should not waste money for foreign policy purposes, not to help everybody, but to make money instead"(Trenin 2010).

An exception to the current rule is when Russia is willing to engage in costly activities for the sake of political and strategic gains when the target or targets comprise territories of the former Soviet Union, still seen by Russians as part of their "natural" sphere of influence. The country reverts to being more fiscally conservative farther from home. Thus when Russia engages in diplomatic or military actions far away from its borders, like in Syria, it's always careful not to overspend on such activities. In other words, Russian foreign policy activism under Putin, which attracts so much unfavorable attention in the West, tends to be economical and actually quite limited in scale.

North Korea, obviously, is not seen as a country that belongs to the Russian sphere of influence. Furthermore, the surviving memory of troubled relations with North Korea during Soviet times continues to influence decision making. While the staunch, if not necessarily sincere, anti-Americanism of the North Korean leaders sometimes attracts favorable attention from both the Russian elite and segments of the Russian public, North Korea is still seen in general as a rather bizarre place still likely to make an unreliable and troublesome partner.

So, what are the Russian strategic goals in North Korea? They are remarkably similar to those of China. In order of significance, they are:

a) Status quo and stability maintenance;

b) North-South Division maintenance;

c) Denuclearization (a distant third on the list).

The need to maintain the status quo is important because Russia doesn't want to see the collapse of the North Korean regime. To start with, chaos near the Russian border is likely to have a negative impact on both the country's security and its economic growth. Therefore, a Syria-like situation of implosion followed by internal conflict is a nightmare for Russian foreign policy planners.

Furthermore, if North Korea plunges into a crisis followed by implosion, such a crisis is likely to lead either to a German-style unification of the Korean Peninsula under Seoul domination, or a Chinese intervention and emergence of a pro-Chinese puppet state in the northern part of the peninsula. Neither scenario is seen by Russia as favorable.

Russia would like to see the status quo maintained. However, as we have mentioned above, North Korea remains a marginal issue for the Russian foreign policy, so, this preference for status quo is unlikely to lead to any kind of significant investment of resources. Russia is a status quo power, but unlike China, it's a very passive status quo power.

The unification of Korea is not a desirable outcome for Russia, even though such a scenario has some mild advantages which can be exploited if such unification is going to happen.

Few people in the Russian leadership take the obligatory Seoul/Pyongyang rhetoric of, "peaceful, negotiated, and gradual unification" as anything but shallow lip service paid to the domestic ideological constructs of both Korean states. There is an understanding in Moscow that such unification, if it is going to be ever achieved, is likely to follow the German scenario. So, in practice, it will mean essentially a conquest of the impoverished North by the affluent and pro-American South.

Such an outcome is not desirable for Russia since it will result in the emergence of a unified Korean state, which is likely to remain a close ally of the United States - a country Russia now sees as its long-term strategic rival. On top of that, there are expectations that the ruling elite of a unified Korean state, in order to establish better control over the common populace, will greatly encourage the development of Korean nationalism. Such a nationalism-driven unified Korean state might create a number of minor but annoying problems for Russia, including territorial claims of some parts of the Russian territory(the absurd statements about Noktun island, from time to time uttered by the South Korean activists and officials, might be just a sign of things to come).

Denuclearization is, of course, a desirable goal for Russia. After all, Russia is one of the five officially recognized nuclear states and such a unique position gives it tremendous strategic advantages. Therefore, Russia is bound to see the proliferation of nuclear weapons highly unfavorably. Such proliferation both creates a number of threats for Russia's own security and undermines Russia's unique position as an officially recognized nuclear arms state.

However, in the world of real politics, these concerns about the North Korean nuclear project are now seen as rather tertiary. As most of the Russian observers understand, there are very few, if any, chances that North Korea will ever surrender its nuclear weapons. The only conceivable way to force denuclearization on North Korea is to subject it to unprecedented levels of economic and even military pressure, pushing the North Korean elite to the brink of extinction.

However, such a scenario is highly risky and by no means seen as desirable. A high-intensity pressure campaign against North Korea is likely to jeopardize the status quo, which is Russia's most important goal to maintain, and might also provoke a regime collapse followed by North Korea's unification with South Korea on South Korean terms – another highly unfavorable scenario.

Therefore, the Russian attitude to denuclearization is quite simple. On one hand, it's seen as a desirable goal, but it's also understood that now, as well as in the foreseeable future, that goal is likely to remain unachievable. Thus, Russia is unlikely to actively encourage North Korea's efforts to strengthen its nuclear and missile potential, but it's not going to participate in any rigorous policy of pressure against North Korea.

Though its goals are remarkably similar to those of China, the difference between Russian and Chinese attitudes is largely the value each country attaches to the "North Korean question." It's of relatively high significance for China and of quite low significance for Russia. The relative size of trade and aid, mentioned above, might serve as a good indicator of the relative importance each country attaches to its relations with North Korea. As we remember, in the 2010s, North Korea's trade with China exceeded its trade with Russia by the factor of sixty or so.

Also given the rather friendly and sometimes quasi-allied relations between

Moscow and Beijing, it seems relatively natural that recently Russia has farmed out its Korean policy to Beijing. In other words, Moscow assumes that North Korean matters are, above all, a Chinese concern. Unless some important reasons to act differently, it's expected Russia will generally follow China on issues surrounding North Korea.

VI. Conclusion

Thus, the oft-repeated statements which portray Russia as a major supporter and sponsor of North Korea are wrong. Russia can occasionally use North Korea as a useful buffer state in dealing with the US and/or China, but it remains deeply skeptical and distrustful about the country and its regime. The Russian foreign policy goals in regard to North Korea are generally similar with those of China, but the value attached to these goals is far lower.

The bitter experience of the Soviet period, partially reinforced by more recent impressions, have made Russian elites suspicious of North Korean promises. While the Russian public's attitude to the North Korean regime, once uniformly negative, has been softened considerably, it still remains rather bad.

The economic cooperation between the two countries is not sustainable, unless systematically and generously subsidized by the Russian budget. However, given the general situation, it seems unlikely that such subsidies are forthcoming. Therefore, with the possible exception of labor export projects, the trade and other economic interactions between Russia and North Korea will remain insignificant.

The periodical waves of the media talks about the infrastructure projects (railway link and/or gas pipeline) should not hide the fact that interested Russian parties have little if any interest in actually engaging in such projects. The infrastructure projects can become reality only if the major investment will be done not by Russian companies, but by some other interested parties, such as the ROK government. For Russian businesses, the political risks associated with investing in the Korean Peninsula are prohibitively high, and this is not going to change in the foreseeable future – unless, of course, a North Korean revolution leads to a regime collapse and unification of Korea under Seoul control (a scenario which Russia clearly would not welcome in general but which is possible nevertheless).

There is a probability that further deterioration of relations between Russia and the West and/or further deepening of Sino-American confrontations will lead to a more active role of Russia as North Korea's protector and sponsor, a re-run of the scenario of the1970s. Nonetheless, such a turn of events does not appear likely. Even in case of such confrontations, it seems more possible that Russia would farm out its North Korean policy to China, a semi-ally which has very similar goals and concerns, but much higher stakes in regard to North Korea.

The most likely scenario is, however, what can be best described as 'broad smiles policy." Russia will express some sympathy towards North Korea and occasionally support it diplomatically – but never to a point of justifying Pyongyang's nuclear ambitions. There will be some positive, warm rhetoric emanating from Moscow, talks about the need to understand North Korea's peculiar position, as well as references to the humanitarian problems, allegedly created by the excessive pressure on Pyongyang. As long as the UN sanctions remain in place, the economic exchanges will remain insignificant. Even though the Russian authorities will likely turn a blind eye to sanctions infringement, they are unlikely to openly endorse it, let alone subsidize it. However, even the removal of sanctions, if it is going to happen in the foreseeable future, will not see the situation change dramatically; North Korea's trade with Russia will be lagging well behind its trade with China.

References

Brown, William. 2018. *North Korea's Shackled Economy, Special Report 2018*. Washington: The National Committee on North Korea.

Choi, Gene. 2015. "The China-North Korea Bridge to Nowhere: Kim Jong-un's Pivot to Russia." *CSIS Cogit ASIA*. September 14.

Galushka, Alexandr. 2014. "Rossiisko-Severokoreiskie otnosheniia natseleny na kachestvenno novyi uroven′ i proryv v torgovo-ekonomicheskoi sfere (The relations between Russia and North Korea are aimed at a qualitively new level and breakthrough in the trade and economic cooperation field)." Minvostokrazavitiia. http://minvostokrazvitia.ru/press-center/news_minvostok/?ELEMENT_ID=1905.

Huang, Kristin. 2017. "The North Korean export industry that's making the most of China's coal ban." *South China Morning Post*. August 21.

Kang Hae-seung. 2013. "Postavki rossiiskogo gaza na Koreiskii poluostrov: perspektivy, ogranicheniia, konflikty (Shipment of the Russian natural gas to the Korean Peninsula: prospects, limits, conflicts)." *Konfliktologiia*. Issue 4.

Kiriyanov, Oleg. 2016. "An Uncertain Future for the Russia-DPRK "Rajin-Khasan" Project." *International Journal of Korean Unification Studies*. 25(1).

Kunadze, Georgy. 2010. "Normalizattsiia otnoshenii SSSR s Respublikoi Koreiia (Normalization of the relations between the USSR and Republic of Korea)." In Rezul′aty iI perspektivy rossiisko- iuzhnokoreiskogo sotrudnichestva (Results and Prospects of the cooperation between Russia and South Korea). Moscow: MEMO.

Lankov, Andrei. 2004. *Crisis in North Korea: The Failure of De-Stalinization, 1956*. Honolulu: Hawai'i University Press.

Lankov, Andrei. 2011. "Imagining Korea: Images of Korea in Russian/Soviet culture." *Eurasian Review*. issue4(November).

Lankov, Andrei. 2015. "Moscow-Pyongyang: One Year of a New Friendship." Carnegie Moscow. July 7.

Matsegora, Alexander. 2017. Interview of Russian Ambassador to the DPRK Alexander Matsegora to Rossiya Segodnya Information Agency. April 14.

Ria-Novosti. 2018. "V RZHD podschitali stoimost′ soedineniia Transsiba s Transkoreiskoi dorogoi (The Russian Railway Company calculated the costs of connecting Transsiberian and Transkorean railways)." *Ria Novosti*. June 22.

Russian Foreign Trade. 2020. Trade with the DPRK. https://en.russian-trade.com/.

Shcherbakova, Ekaterina. 2016. "Chislo inostrannykh grazhdan, imevshikh deistvuiushchee razreshenie na rabotu v Rossii, snizilos′ do 174 tysiach chelovek." Demoskop697-698, September 19.

Sinitsyn Boris. 1985. Koreiskaia Narodno-Demokraticheskaia Respublika (Democr atic People's Republic of Korea). Moscow: Znanie.

Toloraya, Georgy, and Vorontsov, Alexander. 2015. "Russia's 'Turn to the East' Policy: Role of Northeast Asia and the Korean Peninsula." *International Journal of Korean Unification Studies*. 24(3).

Toloraya, Georgy. 2013. "Russia-North Korea Economic Ties Gain Traction." *38th North*. November 6.

Torkunov, Anatoly. 2000. Zagadochnaia voina: koreiskii konflikt 1950—1953 godov (Mysterious War: the Korean Conflict of 1950-53). Moscow: Rossiiskaia politicheskaia entsiklopedia(ROSSPEN).

Treaty. 1961. "The Treaty of Friendship, Cooperation and Mutual Assistance Between the Union of the Soviet Socialist Republics and the Democratic People's Republic of Korea." United Nations Treaty Series. V420, No.6035-6047. New York. United Nations. 1962. pp. 154-158.

Trenin, Dmitri. 2010. "Modernizatsiia vneshnei politiki Rossii (Modernization of Russia's foreign policy)." Lecture delivered on March 3.

Tselko, Alexander. 2001. Alexander Tselko. "The Transkorean railway." *Korea Times*. February 12.

Van Eynde, Frank. 2017. *Russian and North-West Region Fishery Sector Overview 2017*. St. Petersburg: Flanders Investment & Trade.

Zakharova, Liudmila. 2013. "North Korea's International Economic Ties in the 21st Century and Prospects for Their Development under Kim Jong Un." *Far Eastern Affairs*. Issue 3.

Zakharova, Liudmila. 2016. "Economic cooperation between Russia and North Korea: New goals and new approaches." *Journal of Eurasian Studies* 7(2).

9장
유엔 의제로서의 북한인권 문제

오준
(경희대학교 평화복지대학원)

I. 유엔과 인권

1945년 제2차 세계대전이 종식되었을 때 국제사회는 세계 평화와 안보를 유지하기 위한 목적으로 국제연합(이하 유엔)을 창설하였다. 그해 6월 미국 샌프란시스코에서 51개 창립 회원국 간에 합의된 유엔 헌장의 서문은 “우리 연합국 국민들은 우리 일생 중에 두 번이나 말할 수 없는 슬픔을 인류에 가져온 전쟁의 불행에서 다음 세대를 구하기로 결심했다”로 시작한다(Preamble of the Charter of the United Nations, “We the peoples of the United Nations determined to save succeeding generations from the scourge of war, which twice in our lifetime has brought untold sorrow to mankind,”). 유엔 헌장에는 유엔의 3대 핵심 분야(pillars)로 평화, 개발, 인권이 구현되어 있다는 것이 일반적인 해석이다. 국제 평화와 안보를 수호하기 위하여 설립된 유엔에 개발과 인권이 핵심 분야로 포함된 이유는 무엇일까? 그것은 국제사회가 제1차 세계대전 이후 제2차 세계대전의 발발을 막지 못하는 과정에서, 개발을 통한 기본적인 삶의 질과 인권을 통한 최소한의 인간 존엄성이 보장되지 못하면 평화가 유지될 수 없음을 값비싼 대가를 치루고 알게 되었기 때문이었다.

인권 문제의 중요성을 처음부터 인식한 유엔은 1946년 최초의 산하기관으로 인권위원회(Commission on Human Rights)를 설립하였다. 그 의장에는 유엔 창설에 결정적인 기여를 한 고 프랭클린 루스벨트 미국 대통령의 미망인 엘리노어 루스벨트 여사를 선임하였다. 인권위원회가 부여받은 임무는 사상 처음으로 인권협약을 만들어 내는 것이었다. 그러나 국가 간에 법적 구속력을 가진 국제협약에 합의하기 위해서는 상당 기간의 협상이 필요함을 깨달은 위원회는 인권협약은 장기적 과제로 남기고 우선 1948년 세계 인권선언을 채택하였다. 채택 시 루스벨트 의장은 “이 선언은 인류의 평화를 향한 열망이 뒷받침하고 있다. 나치독일 등 전체주의 국가들의 심각한 인권침해가 2차 세계대전의 씨를 뿌렸다는 깨달음이 오늘의 세계 인권선언 채택을 위한 동력을 제공한 것이다”(“Man’s desire for peace lies behind this Declaration. The realization that the flagrant violation of human rights by Nazi and Fascist countries sowed the seeds of the last world war has supplied the impetus for the work which brings us to the moment of achievement here today”)라고 말했다.

세계 인권선언 제1조는 "모든 인간은 태어날 때부터 자유롭고 존엄성과 권리에 있어서 평등하다"(All human beings are born free and equal in dignity and rights)고 규정하였는데, 이 짧은 문장은 인권의 역사에 있어서 가장 중요한 문장이 되었다.

현대적 개념의 인권은 유럽에서 르네상스 인본주의 이후 싹을 피워 18세기 계몽주의 사상과 함께 발전하였다. 학문과 사상의 영역을 넘어 1776년 미국 독립선언과 1789년 프랑스혁명 인권선언에 구체적으로 반영됨으로써 실제 국가의 이념으로 구현되었다. 그 후 인권 개념은 세계 각지에서 민주화의 기반이 되었고 20세기 민주주의 확산에 기여하였다. 그렇다고 민주주의가 반드시 인권의 보장을 가져오는 것은 아니지만, 양자 간의 밀접한 상관관계는 대체로 인정된다. 인권학자 도넬리는 "민주국가는 비민주국가보다 평균적인 인권 보장에 월등히 나은 기록을 갖고 있지만... 주권을 가진 국민이 인권을 존중하고 그에 따라 자신들의 이해관계와 행동을 절제할 때만 민주주의가 인권 실현에 기여하게 된다"고 하였다(Jack Donnelly 2013). 오늘 날 세계 대부분의 국가는 민주주의 발전 수준과 무관하게 자국이 인권을 존중한다고 주장하고 있으며, 인권은 세계적인 보편적 가치로서 자리 잡고 있다고 할 수 있다.

인권은 또한 사회적 개념이기 때문에 인간과 인간의 관계에서만 의미를 갖는다. 사회의 어느 곳에서든 인권의 침해와 차별행위가 일어날 수 있다. 가정폭력, 학교에서의 집단 괴롭힘, 직장 내 성희롱 등이 좋은 예다. 그러나 가장 심각한 인권 침해는 국가에 의하여 자행된다.

국민의 인권을 보장할 의무를 갖고 있는 국가는 합법적인 폭력 사용권한도 독점하고 있기 때문에 대규모 인권 침해를 저지를 수 있다. 2차 세계대전 중 나치 독일의 유태인 대학살(Holocaust)이나 1970년대 캄보디아 크메르루즈 정부의 민간인 대학살 같은 사례가 이를 극명히 보여준다.

앞에 언급한 바와 같이, 1948년의 세계 인권선언은 그 역사적 중요성에도 불구하고, 당사국에 대한 구속력을 가진 국제조약이나 협약이 아닌 정치적 선언이었다. 따라서 유엔 회원국들은 세계 인권선언 채택 이후 인권협약 체결을 위한 장기간의 협상에 들어갔다. 그 결과로 1966년 2개의 인권협약을 체결하였다. '시민적 · 정치적 권리 규약'(International Covenant on Civil and Political Rights)과 '경제적 · 사회적 · 문화적 권리 규약'(International Covenant on Economic, Social and Cultural Rights)이 그것이다. 하나가 아닌 두 개의 인권협약이 체결된 것은 당시 서방국가들과 공산국가들 간의 이념적 대립 등 정치적 상황 때문이었다. 흔히 사회권이라고 불리는 경제적 · 사회적 · 문화적 권리는 공산권 국가들이 사회주의 가치관에 따라 강력히 주장하였고, 서방국가들은 시민적 · 정치적 권리 즉, 자유권에 중점을 부여함에 따라 두 개의 인권규약을 각각 체결하게 된 것이다. 오늘날에도 사회권의 실현에는 국가의 공공재정 능력이, 자유권의 실현에는 민주적 정체가 더욱 중요하다는 점을 고려하면 이해가 된다.

세계 인권선언과 2개의 기본 인권규약을 합쳐서 국제인권장전(International Bill of Human Rights)으로 부르기도 한다. 유엔을 중심으로 한 국제사회는 그 외에도 인권 분야에서 인종차별철폐협약(1965), 여성차별철폐협약(1979), 고문방지협약(1984), 아동권리협약(1989), 이주노동자권리협약(1990), 장애인권리협약(2006), 강제실종협약(2006)이라는 7개의 협약을 더 채택하여서 오늘 날 국제 인권법의 근간이 마련되었다(외교부 주요 국제인권협약 현황). 7개 협약의 대부분은 사회적 약자와 취약계층의 인권 보호에 관한 규정을 담고 있다. 이러한 국제 인권법의 발전 과정에서도 볼 수 있듯이, 유엔의 인권증진 노력은 크게 보아 국가의 인권 침해로부터의 시민 보호와 사회적 약자의 인권 보호라는 두 가지 분야에 집중되어 있다고 할 수 있다.

II. 유엔에서 북한인권 문제

오늘 날 특정 국가의 국민에 대한 인권 침해를 국제사회 차원에서 다루는 데 있어서 3가지 정도의 대응방안이 있다고 할 수 있다. 첫째, 해당 국가 정부와의 인권 대화 또는 기술적 협력을 통해 관여하는 방안 둘째, 국별 인권 결의안 채택 등을 통한 국제적 압박(naming and shaming) 셋째, 보호책임 원용, 국제형사재판소 회부 등을 통한 보다 새로운 강압적 방안이다. 이러한 대응방안들이 북한의 경우에 어떻게 적용되었는지 살펴보기로 한다.

북한 내의 인권 상황은 1990년 이전에는 국제앰네스티 등 일부 인권단체들의 간헐적 보고가 있긴 했지만, 북한 사회의 폐쇄성으로 인하여 외부에 거의 알려지지 않았다.[1)] 그러나 1994년 북한 내 식량난 등 인도적 위기상황으로 인해 대규모 탈북자가 발생함에 따라, 북한 내 인권 상황에 대한 증언이 이루어지기 시작했다. 2020년 북한인권백서(북한인권정보센터 발간)에 의하면 북한이탈주민이 제공한 정보는 경험 41%, 목격 40%, 득문 19% 정도의 비율로 되어 있다(2020년 북한인권백서 2020). 조직적 인권침해 상황에 관한 탈북자들의 증언으로 북한인권 문제는 인권 단체들의 관심 대상을 넘어서 유엔 등 국제기구의 주목을 받게 되었다. 이에 따라 북한인권 문제는 2003년부터 유엔 인권위원회(2006년 인권이사회로 개편), 2005년부터 유엔 총회의 의제로 각각 상정되기 시작했다.

1. 인권 대화 (Human Rights Dialogue)

북한이 외국 또는 국제기구와 의미 있는 수준의 양자적 인권 대화를 가진 사례는 한 번밖에 없다. 2001년과 2002년에 열린 EU-북한 간 인권대화가 그것이다. 이 대화를 통해 EU 측은 정치범 수용소, 고문, 표현의 자유와 정치적 자유의 침해 등 인권 관련 우려 사항을 제기한 것으로 알려졌다. EU측은 당초 1998년 이후 북한과의 고위급 대화, EU 회원국들의 대북 수교 등으로 대화 분위기가 고조된 것을 활용하여

---

1) 국제앰네스티는 1977년부터 북한 인권 상황에 관한 기초적인 보고서를 발간하기 시작하였다.
https://www.amnesty.org/download/Documents/POL100061977ENGLISH.PDF.

제안한 인권대화에 북한 측이 응한 것 자체를 긍정적으로 평가하고 대화를 계속 이어나가기를 희망하였다. 북한 측도 미국보다는 EU가 비핵화 압박 등에 있어서 온건하고 중립적 역할을 할 수 있을 것으로 기대하였으나, EU 측의 인권 문제 제기에는 강하게 반발하였다. 북한은 2003년 EU측이 유엔 인권위원회에서 북한 인권 결의안의 상정을 주도하자 EU와의 인권대화를 종식시켰다. 그간의 여타 교류와 대화도 크게 후퇴하게 되었다. 이후, EU 측은 유엔에서의 모든 북한인권 결의안을 주도하는 역할을 수행하고 있으며, 대북정책 전반에 있어서도 소위 '비판적 관여(critical engagement)' 정책을 취하고 있다. 이러한 정책 변화가 북한 문제에 있어서 EU의 건설직 역할을 제약한다는 주장도 있다(Iordanka Alexandrova 2019).

다자 차원에서의 대북 인권 대화는 인권이사회의 보편적 정례검토(UPR: Universal Periodic Review) 차원에서 이루어진다고 할 수 있다. 유엔 인권이사회는 2006년 인권위원회를 대체하여 창설되었는데, 그때 새로이 도입된 중요한 제도가 모든 회원국이 정례적으로 인권상황의 검토를 받는 UPR이다. UPR은 오랫동안 지적되어 온 인권 문제의 정치화를 피하면서 모든 회원국이 동등한 조건으로 동료심의를 받도록 한다는 취지로 도입되었다. 북한도 유엔 회원국으로서 4-5년에 한 번씩 정례 검토를 받고 있으며, 여태까지 세 차례 받았다.

북한이 UPR 동료심의에서 보인 태도는 비교적 긍정적이라고 할 수 있다. 가장 최근인 2019년 UPR에서 북한은 여타 회원국들로부터 262개의 권고를 받았다. 그중 132개를 수용하고 74개를 거부하였으며

56개는 유의하겠다는 반응을 보였다.[2)] 북한이 수용한 권고 중에는 아직까지 미가입한 국제 인권협약 가입 등이 포함되어 있다. 북한이 거부한 권고는 정치범 수용소 폐쇄 권고 등이다. 그간 대부분의 북한인권 결의에 정치범 수용소를 폐쇄하고 8만-12만 명으로 추정되는 정치범들을 석방하라는 내용이 포함되어 왔으나, 북한 정부는 이를 거짓 선전으로 비난하고 수용소의 존재를 부인하고 있다.

이밖에 북한과의 다자적 인권대화는 9개 인권협약의 전문가 위원회 심의의 일환으로 진행되기도 한다. 흔히 조약기구(treaty body)라고 불리는 인권협약 위원회들은 당사국들로부터 약 4년마다 정기적으로 이행 현황에 관한 보고서를 받고 심의를 하게 된다. 심의 후에는 해당 국가가 협약 상의 의무를 보다 원활히 이행할 수 있는 방안에 대하여 권고를 한다.[3)] 북한은 현재까지 아동권리협약, 여성차별철폐협약, 장애인권리협약, 시민적· 정치적 권리규약, 경제적·사회적·문화적 권리규약 등 5개의 인권협약을 비준하였는데, 이중 시민적·정치적 권리규약과 경제적. 사회적. 문화적 권리규약의 경우 위원회 보고와 심의를 10년 이상 미루고 있다.

2. 국제적 압박: 거론해서 망신주기(Naming and Shaming)

유엔 헌장 2조 7항에는 "이 헌장의 어떠한 규정도 본질상 어떤 국가의

2) 2019 북한의 유엔 인권이사회 UPR 관련 문서, https://www.ohchr.org/EN/HRBodies/UPR/Pages/KPindex.aspx.
3) 인권협약 위원회들은 정부가 제출하는 보고서 이외에도 민간단체나 인권위원회가 제출하는 그림자 보고서(shadow report)를 심의에 참고하기도 한다.

국내 관할권 안에 있는 사항에 간섭할 권한을 국제연합에 부여하지 아니하며"라고 한 후 "다만, 이 원칙은 제7장에 의한 강제조치의 적용을 해하지 아니 한다"고 되어 있다(1991년 외교부 번역 국제연합 헌장). 다시 말하면, 국내문제 불간섭의 원칙이 유엔헌장 7장에 의한 집단안보를 위한 강제조치를 제외한 모든 사항에 국내문제 불간섭의 원칙이 적용된다는 뜻이다. 이에 따라, 어느 국가가 자기 국민의 인권을 침해하였을 때 유엔이 사용할 수 있는 대응 수단은 소위 '거론해서 망신주기(naming and shaming)'라고 불리는 국제적 압박밖에 없었다. 이러한 압박은 주로 유엔 총회와 인권이사회(과거 인권위원회)의 국별 인권 결의의 형태로 이루어져 왔다.

국제적 압박이 인권 증진에 얼마나 효과가 있는지에 대한 평가는 관점에 따라 일치하지 않는다. 하지만, 자국의 국제적 평판에 대하여 완전히 무감각한 국가는 없기 때문에, 특정 국가의 인권위반 상황에 관한 정보를 취합하고 전파하는 행위만으로도 영향을 주게 된다. 최악의 인권유린 국가도 상황에 따라서는 국제여론을 고려하여 행동하지 않을 수 없게 된다. 인권 침해 사례로 국가의 국제적 지위와 평판에 영향을 받게 될 것을 우려하여, 인권 존중까지는 아니더라도 침해의 정도와 범위를 조절하려는 태도를 보이는 것이 일반적이다. 어느 특정한 형태의 인권 침해가 국제적 조명을 받게 되면 그러한 침해는 감소하고 대신에 다른 방식의 인권 침해 사례가 증대한다는 유엔 인권이사회의 연구 결과도 있다.

북한의 경우 독특한 폐쇄성과 이에 따른 외부 비판의 전면 거부

행태로 인하여, 2003년 인권위원회 결의로 시작된 국제적 압박 방식은 다른 대상 국가의 경우보다는 효과를 보지 못했다고 할 수 있다.[4] 그러나 앞에 언급한 것처럼, 북한도 2003년 EU의 인권 결의안 주도에 민감하게 반응하였으며, 이후의 국제적 압박을 무시하는 반응도 2104년을 계기로 달라진 점에 주목할 필요가 있다. 유엔 인권이사회의 결정에 따라 2013년 수립된 북한인권조사위원회(COI: UN Commission of Inquiry on Human Rights in the DPRK)는 200명이 넘는 탈북자들로부터 증언을 청취한 후 2014년 2월 조사결과 보고서를 제출하였다.[5] 이 보고서는 결론 부분에 북한의 인권침해 사례들이 인류에 대한 범죄를 구성한다고 규정하고 유엔 안보리가 북한 건을 국제형사재판소에 회부하기 위하여 심의할 것을 권고하였다. '인류에 대한 범죄(crimes against humanity)'는 뒤에 설명하는 바와 같이, 보호책임의 원용이나 국제형사재판소 회부가 가능한 4대 국제범죄 중 하나다.

COI보고서에 따라서, 유엔 총회는 2014년 12월 결의안을 채택하여, 북한인권 문제의 국제형사재판소 회부, 범죄 책임자에 대한 제재 등 안보리가 적절한 조치를 취할 것을 권고하였다. 이 결의의 채택 과정에서 북한은 과거와 태도를 달리하여 결의안 채택에 영향력을 행사하려고 하였으나, 성공하지 못했다. 북한인권조사위원 3명 중의 한 사람인 마르주키 다루스만[6]은, 북한 측이 김정은 위원장이 국제형사재판소

4) 2013년 유엔 인권위원회의 최초 북한 인권 결의, https://ap.ohchr.org/documents/sdpage_e.aspx?b=1&c=50&t=11.
5) COI 보고서 원문, https://www.ohchr.org/EN/HRBodies/HRC/CoIDPRK/Pages/CommissionInquiryonHRinDPRK.aspx.
6) Marzuki Darusman은 인도네시아 검찰총장을 역임하였고 2010-16년간

회부 대상으로 거명될 가능성에 극도로 우려한 나머지 다루스만을 방북 초청할 테니 그러한 상황이 일어나지 않도록 협조해 달라고 하였다고 훗날 증언하였다. 이는 북한인권 조사관에 대한 최초의 방북 초청이었지만 다루스만은 이를 수락하지 않았다고 말했다.[7] 유엔 안보리는 총회의 권고에 따라 2014년 12월 22일 사상 최초로 북한인권 문제를 의제에 상정하고 토의를 개최하였다. 당시 회의는 한국의 안보리 비상임이사국 2013-14년 임기의 마지막 공식회의였으며, 필자는 주유엔대사로서 동 회의에 참석하여 발언하였다.[8]

그 이후, 국제사회는 북한이 COI 보고서를 수용하고 제기된 조치를 취하면서 유엔 인권기구와 협력하도록 압박을 계속하였다. 유엔 인권이사회의 2018년 결의는 인류에 대한 범죄에 책임이 있는 북한 당국자들을 처벌하기 위한 장치를 마련할 필요성을 강조하였다. 하지만 북한 측은 현재의 토마스 킨타나를 포함한 역대 유엔 북한인권보고관들과의 협조를 거부해 왔다. 킨타나 보고관은 2019년 10월 언론 인터뷰에서 그때까지 자신의 3년 임기 중에 북한의 인권상황에 아무런 개선이 없었다고 평가했다.[9] 한편, 유엔 안보리는 2014년 이후 4년 연속 북한인권

유엔 북한인권 특별보고관으로 활동하였다.

7) 2015년 1월 23일자 워싱턴포스트 "U.N. point man on North Korea urges continued focus on Kim Jong Un" 제하 기사 참조, https://www.washingtonpost.com/world/asia_pacific/un-point-man-on-north-korea-urges-continued-focus-on-kim-jong-un/2015/01/23/dc922c32-cc5d-471a-8986-7f613392479b_story.html.

8) 2014년 12월 22일 유엔 안전보장이사회 제7353차 회의 공식기록, http://www.securitycouncilreport.org/atf/cf/%7B65BFCF9B-6D27-4E9C-8CD3-CF6E4FF96FF9%7D/s_pv_7353.pdf.

9) 2019년 10월 23일 알자지라(Al Jazeera) 인터뷰 참조, https://www.aljazeera.com/news/2019/10/investigator-11-million-n

문제를 상정, 토의하였으나, 2018년-2020년 간은 안보리 구성이 불리하다는 점과[10] 북한과의 대화 지속을 위한 미국 트럼프행정부의 정치적 고려 등을 이유로 안보리의 북한인권 토의가 열리지 않았다.

2. 새로운 대응수단: 보호책임과 국제형사재판소

국제사회에서는 지난 약 20년 동안 심각한 인권 침해를 국제적으로 다루기 위해서 국제적 압박(거론해서 망신주기)을 넘어서는 새로운 대응방안을 마련하려는 노력이 계속되어 왔다. 그 결과 새로운 대응수단으로 떠오른 것이 보호책임(R2P: Responsibility to Protect)과 국제형사재판소(ICC: International Criminal Court)다. 또한 아직 미확립된 개념이지만 인도적 개입(humanitarian intervention)을 보다 효과적인 대응방안으로 간주하는 견해도 있다.

1) 보호책임 (R2P)

보호책임은 4대 범죄(집단학살, 전쟁범죄, 인종청소, 인류에 대한 범죄)를 다루기 위해 2005년 유엔 창설 60주년 정상회의 최종문서에 합의된 개념이다. 보호책임에 의하면, 4대 범죄가 자행되었을 때 일차적으로 국민을 보호할 책임은 해당 국가의 정부에게 있지만, 만일 그러한 보호가 제공되지 못할 경우 국제사회가 나서서 보호할 책임을 갖게

---

orth-koreans-undernourished-191023005305009.html.

10) 유엔 안보리의 의사규칙에 의하면, 의제 채택을 위해서는 15개 이사국 중 9개국의 찬성이 필요하며 (거부권 미적용), 안보리 구성은 10개 비상임이사국 중 매년 5개국이 교체된다.

된다. 보호책임을 적용하기 위하여 무력의 사용이 필요한 경우에는 유엔 안보리에 의한 무력사용 승인이 필수적이다. 실제로 안보리는 2011년 리비아 사태에 대한 집단안보 무력사용 승인 등 몇 차례에 걸쳐 보호책임을 원용하였나.

북한의 인권침해 상황은 이미 수차의 유엔 결의에서 4대 범죄의 하나인 '인류에 대한 범죄'를 구성한다고 확인되었으므로, 기술적으로만 본다면 보호책임 적용이 가능하다. 그러나 현실적으로는, 무력사용 승인 권한을 가진 유엔안보리에서 중국과 러시아가 거부권을 갖고 있다는 점과 핵무장을 한 북한에 대한 강제적 보호책임 집행이 군사적 충돌의 위험성을 수반한다는 점을 고려할 때, 실현 가능성이 낮다고 할 수 있다.

2) 국제형사재판소 (ICC)

국제형사재판소는 2002년 네덜란드 헤이그에 창설되었다. 재판소는 집단학살, 인류에 대한 범죄, 전쟁범죄, 침략범죄라는 4대 범죄에 대한 관할권을 갖는데, 이 중 침략범죄에 대하여는 아직 정의가 합의되지 않아서 적용되지 않고 있다. 재판소는 해당 국가의 국내 사법체제를 보완하는 역할을 하며, 개별 국가 또는 유엔 안보리의 결정으로 제소가 가능하다. 여태까지 실제로 세계 각지에서 중대한 인권 침해가 일어난 국가들의 국가원수를 포함한 고위 관리들이 ICC에 제소되어 유죄 판결을 받은 경우가 여러 건 있다. 북한은 ICC 설립 협약인 로마규정에 가입하지 않았으므로 안보리의 결정에 의해서만 ICC에 회부될 수 있다.

2014년 북한 인권 문제의 ICC 회부 가능성을 다룬 안보리 토의에 대해 북한이 민감하게 반응한 것도 그러한 이유 때문이다. 그러나 보호책임에 관한 무력 사용과 마찬가지로 안보리의 ICC 회부 결정도 북한의 우방국들이 거부권을 사용하지 않아야만 가능하다.

3) 인도적 개입 (Humanitarian Intervention)

일반적으로 인도적 개입은 특정 국가에서 중대한 인권 침해로 인도적 위기가 초래되는 것을 막기 위해서 제3자가 국제적으로 인정된 절차를 거치지 않고 무력으로 개입하는 상황을 뜻한다. 이는 인도주의적 목적으로 긴급 지원을 하는 '인도적 지원(humanitarian assistance)'과는 구별되며, 아직 국제법적으로 확립된 개념이 아니다. 인도적 개입의 지지자들은 세계 어느 곳에서든 무고한 민간인들을 위기상황에서 누군가는 보호해야 할 의무가 있기 때문에 이러한 비상 개입의 필요성이 인정되어야 한다고 주장한다. 반대자들은 강대국의 군사적 개입은 서방국가들의 제국주의적 간섭 행위가 될 수 있으며 따라서 국가 주권에 대한 침해가 일어난다고 반박한다. 인도적 개입 행위가 관습적으로 반복될 경우에는 언젠가 국제법에 수용될 가능성도 배제할 수 없다. 그렇게 될 경우 인도적 개입이라는 개념이 장기적으로 북한을 포함한 세계 각지의 인권침해 상황에 보다 큰 영향을 미칠 수도 있을 것이다.

III. 유엔의 북한인권 문제 토의와 관련한 한국의 입장

1990년대 중반부터 탈북자들의 증언으로 북한인권 문제가 국제적으로 대두되자 한국 내에서도 관심이 커졌다. 1995년 5월 김영삼 대통령 정부는 북한인권대책 실무조정위원회를 설립하고, 민주평화통일자문회의 차원에서도 북한인권 문제를 다루기 시작했다. 1996년 9월 공로명 외무부장관은 유엔 총회 연설에서 한국대표로는 최초로 북한 인권 문제를 언급하여, 북한의 반발을 초래하였다. 그러나 아직 북한인권 문제가 유엔 의제로 상정되지 않은 상황에서 한국 측이 북한의 인권상황 개선을 위해서 할 수 있는 조치는 별로 없었다.

1998년 집권한 김대중 대통령은 북한과의 대화와 교류를 추구하는 햇볕정책을 펼쳤다. 이에 따라 김대중 정부는 북한의 인권상황과 관련한 공개적인 압박에 소극적이었고, '조용한 외교'를 추구하였다. 김대중 정부의 뒤를 이은 노무현 정부도 남북관계에 있어서 평화번영정책을 추진하였다. 북한인권 문제에 대하여는, 2005년 국가안전보장회의 상임위원회에서 결정한 '북한인권 관련 정부입장'에 따라, 북한 인권상황에 대해 우려와 관심을 갖되 남북 간 긴장완화와 화해협력을 추구하면서 북한인권의 실질적 개선을 도모한다는 입장을 견지하였다. 북한주민의 정치적 · 시민적 권리 증진도 북한을 개혁 · 개방으로 이끌어 전반적인 상황개선을 추구하는 방향으로 노력하고, 남북대화를 통해 국제사회의 우려를 전달하면서 인권관련 기술협력을 유도한다는 방침으로 대처하였다.

이와 같이 김대중 정부와 노무현 정부는 북한 인권 문제와 관련한 국제적 압박 보다는 북한과의 대화와 대북 인도 지원에 중점을 부여하였다. 특히 노무현 정부는 기본적으로 생존 가능한 삶의 상황에서만 인권문제가 논의될 수 있다는 점을 지적하면서 인도적 지원의 필요성을 역설하고 정부 차원에서 쌀, 비료 등을 북한 측에 지원했다. 이러한 두 정부의 북한 인권 문제에 관한 접근방식에 관하여, 학자들은 북한 인권문제를 한국 정부가 직접 제기할 경우 남북관계 개선에 미칠 부정적 영향을 우려하고, 한반도 분단의 특수성이라는 관점에서 남북 접촉의 확대와 평화를 우선적으로 고려한 결과라는 평가가 많았다(경남대 극동문제연구소 이무철, 2009. 10. 14. 제6차 북한인권 심포지엄).

북한인권 문제가 유엔 인권위원회의 의제로 처음 상정된 2003년은 한국에서는 노무현 정부가 출범한 해였다. 한국 정부는 이 첫 번째 북한 인권 결의안의 표결에 불참하였다. 불참은 기권과 비교할 때 어떤 특정 입장의 표명이 아니므로, 다음 번 표결이 있을 경우 기존 입장에 기속되지 않고 보다 자유롭게 투표에 임할 수 있을 것이라는 고려에서였다. 하지만, 2004년과 2005년 북한 인권 결의안에 대하여 한국은 기권 투표를 하였다. 2006년에는 찬성투표를 했으나, 2007년 다시 기권 입장으로 회귀했다.[11] 기권투표를 행사하였을 때 한국 대표단은 한국 정부가 북한인권 상황에 대한 국제사회의 우려를 함께 하지만 남북관계의 특수성을 고려해서 기권한다는 취지의 투표입장설명(EOV: Explanation of Vote) 발언을 하였다. 2008년 이후 한국은 정권 교체와

11) 2003-2004년은 인권위원회 결의안, 2005-2007년은 유엔 총회 결의안에 대한 투표 결과다.

무관하게 유엔에서의 북한인권 결의안에 대한 찬성 입장을 견지하고 있다.

2008-2016년간 집권한 이명박 정부와 박근혜 정부는 북한인권 문제를 보다 적극적인 태도로 다루었다. 이 시기는 또한 북한의 핵, 미사일 개발로 인한 긴장이 고조되어, 한국 내에서나 국제사회에서나 북한에 대한 부정적 인식이 확산되던 때다. 박근혜 정부와 동일한 시기 미국의 오바마행정부도 북한인권 문제에 관한 국제적 인식과 관심 제고에 적극적인 역할을 수행하였다. 한미 양국은 모두 북한인권 담당 대사를 임명하여 활동하도록 하였다. 또한, 앞에 설명한 바와 같이 2014년 유엔 북한인권조사위원회(COI) 보고서가 나와서 북한인권 문제에 새로운 전기를 마련하였다. 한국 국내에서의 주목할 진전은 정치권에서 10년 가까이 논의해 온 북한인권법이 2016년 국회를 통과하였다는 데 있었다.[12]

2017년 집권한 문재인 정부는 북한과의 관계에서 평화와 협력에 중점을 둔다는 정책으로 다시 선회하였다. 국제적 압박이나 책임규명을 통한 북한 인권 상황의 변화 추구보다는 경제협력이나 인도적 지원을 통해 상황 개선을 도모한다는 입장이다. 2016년 북한인권법이 제정된 이후 한국 정부는 3년 단위로 북한인권증진 기본계획을 수립, 시행하고 있는데, 문재인 정부는 2020년 4월 발표된 제2차 기본계획(2020-2022년)에서 "북한 인권 문제는 상대방이 있는 만큼, 실질적 개선을 위해

---

12) 북한인권법 전문,
https://www.law.go.kr/%EB%B2%95%EB%A0%B9/%EB%B6%81%ED%95%9C%EC%9D%B8%EA%B6%8C%EB%B2%95/(14070,20160303).

북한의 수용 가능성, 남북관계 상황 등을 종합적으로 고려"한다고 밝혔다. 한국 정부의 북한인권 담당 대사직도 2017년 9월 이후 임명되지 않고 있다. 또한 2019년에는 한국 해상에서 체포된 2명의 북한 어부를 북한에 송환하는 사건이 일어나 인권 위반 문제가 제기되기도 하였다.[13] 이 시기에는 마침 미국의 트럼프행정부도 과거 민주당 정부에 비하면 국제적인 인권 문제에 낮은 우선순위를 부여함으로써, 결과적으로 북한 인권 문제와 관련하여 한.미 간의 공조를 통한 국제적 압박은 추동력이 약해졌다.

Ⅳ. 남북화해 시대의 북한인권 문제 접근방식 제언

북한의 인권 상황은 현재 국제사회의 중요한 관심사 중의 하나가 되고 있다. 국제인권단체 프리덤하우스(Freedom House)의 2020년 세계자유지수(Global Freedom Score)에 의하면 북한은 시민적 · 정치적 권리(자유권)에 있어서 세계에서 여섯 번째로 나쁜 점수를 받았다.[14] 한반도 내의 분단국가로서 한국은 북한의 인권 문제에 대하여 큰 우려를

13) 2019년 12월 18자 "Two North Koreans Tried to Defect. Did Seoul Send Them to Their Deaths?" 제하의 뉴욕타임스 기사, https://www.nytimes.com/2019/12/18/world/asia/north-korea-fishermen-defectors.html.

14) 북한보다 낮은 점수를 받은 국가는 남수단, 시리아, 티벳, 투르크메니스탄, 에리트리아뿐이다. https://freedomhouse.org/countries/freedom-world/scores?sort=asc&order=Total%20Score%20and%20Status.

가질 수밖에 없다. 분단된 민족으로서의 감수성뿐 아니고 북한의 심각한 인권 상황이 한반도의 평화와 안보에도 부정적인 영향을 준다는 실리적인 고려에서도 그렇다. 2018년 이후 한반도 상황과 남북한 관계에는 긍정적 변화가 있었다. 2018년 2월 한국에서 열린 평창 동계올림픽 대회를 계기로 남북 교류가 재개되고, 남북, 북미 정상회의가 여러 차례 개최되었다. 한국의 문재인 정부는 한반도 평화 정착에 정책적 우선순위를 부여하고 있다. 이러한 남북 대화와 화해의 시대에 북한 인권 문제는 어떻게 다루어야 할까? 남북 관계나 북미 관계가 좋아진다고 해서 북한의 인권상황이 저절로 개선되는 것은 아니므로, 물론 인권 문제를 도외시할 수 없다. 그러나 한편, 인권 문제를 적극 제기하는 것이 북한 정권을 자극해서 대화와 협력에 장애를 조성할 수 있다는 우려도 일리가 있다. 그러한 고려에서 비정치적 접근방식, 제도적 접근방식, 민간 차원의 접근방식이라는 세 가지 접근방식을 제안하고자 한다.

1. 비정치적 접근방식

인권문제는 민주적 통치와의 연관성이 크기 때문에 쉽게 정치적 이슈가 된다. 북한인권 문제는 한국 내에서 오랫동안 정치화되어 왔다. 하지만, 인권문제를 정치와 분리시키고 전문적 접근을 할수록 일관된 노력이 가능하고 인권 향상을 가져올 수 있다는 점에 주목할 필요가 있다. 인권 문제를 김정은 정권 때리기에 활용하는 것이 정치적 접근이라면, 북한 정권을 자극하지 않으려고 인권 문제를 외면하는 것도 정치적 접근이다.

앞에 설명한 유엔 인권이사회의 보편적 정례검토(UPR)를 통해 모든 회원국은 약 4년마다 동료심의를 받는다. 여태까지 UPR 심의에서 받은 권고사항의 누계를 보면, 미국은 668개, 북한은 436개, 한국은 222개다. 물론 한국이나 미국이 사형제도, 경찰의 과잉 대응 등에 관한 권고를 받은 것과 북한의 정치범 수용소, 공개처형 등에 관한 지적은 그 심각성에 있어서 비교가 안 되므로, 숫자가 중요한 건 아니다. 하지만, 우리가 북한을 포함한 다른 국가의 열악한 인권상황을 지적할 때, 인권에 완벽한 국가는 없으며 서로가 서로를 감시하고 도와줘서 인권을 개선해야 한다는 비정치적 접근방식은 매우 유용하다.

독재국가의 입장에서 볼 때도 시민적 · 정치적 권리(자유권)는 민주화와 밀접하게 연계될 수밖에 없지만, 경제적 · 사회적 권리(사회권)는 정치체제의 급격한 변화 없이도 개선이 가능하다. 따라서 북한에서 의미 있는 수준의 민주화가 이루어지기 전까지는 기술협력과 인도적 지원을 통해 북한주민의 경제적. 사회적 권리 실현을 지원할 수 있다. 물론, 이러한 지원과 협력은 북한핵문제로 인한 대북 국제제재에 저촉되지 않는 범위 내에서 실행되어야 한다. 그렇게 볼 때 유일한 선택지는 인도적 지원이라고 할 수 있다.

이와 동시에, 한국은 유엔 등 국제사회에서 북한 인권과 관련한 국제적 압박(naming and shaming)에 대한 적극적 참여를 계속할 필요가 있다. 2019년부터 한국 정부는 유엔 총회와 인권이사회의 북한 인권 결의안 채택 시 공동제안국 참여를 중지하였다. 이에 대하여 국제 인권단체들은 공동서한을 통해 한국의 입장 변화를 비판하였다.[15] 한국 외교부는 공동제안국 참여 중지에 대하여 "북한 주민들의 인권이 실질적으로 개선될 수 있도록 국제사회와 함께 노력한다는 기본 입장에 따라 결의안의 컨센서스 채택에 동참했다. 나만 현재의 한반도 정세 등 제반 상황을 종합적으로 감안해 이번에는 공동제안국에 참여하지 않았다"고 설명했다.[16] 하지만, 이러한 정치적 접근방식은 한국의 인권 문제에 관한 원칙을 약화시켜서 국제적으로나 대북 관계에 있어서나 입지를 좁히기 때문에 바람직하지 않다. 향후 인권 결의안의 대상이 되는 다른 국가들이 한국의 입장 변화를 요구할 때 한국 정부가 인권문제에 정치적 고려를 하지 않는다는 원칙을 내세우기가 어려워질 수 있다. 또한 북한 측에 대해서도 비정치적 접근방식을 적용시키는데 있어서 부정적인 선례로 작용할 수 있다.

2. 제도적 접근방식

한국에서는 2016년 북한인권법이 제정된 후, 2017년 북한인권증진 1차 기본계획, 2020년 2차 기본계획이 수립되었다. 북한인권법은 북한

---

15) 국제인권단체 Human Rights Watch 웹사이트에 게재된 2019년 12월 16일자 67개 국제인권단체와 10명의 인권관련 인사들의 한국 대통령에 대한 공동서한 전문, https://www.hrw.org/news/2019/12/16/letter-president-moon-jae-re-roks-stance-human-rights-north-korea

16) 2019년 12월 15일자 "유엔, 북 인권결의안 채택…한국은 공동제안국서 빠져" 제하 기사, http://www.hani.co.kr/arti/politics/diplomacy/917183.html.

인권 기록센터와 북한인권재단의 설치, 여야 동수 추천 북한인권증진 자문위원회 설치, 남북 인권대화 추진, 국제적 기준에 맞는 대북 인도적 지원 등을 규정하고 있다. 이 중 대부분의 조치들은 부분적으로라도 이행되고 있으나, 북한인권재단의 설립에는 진전이 없는 상황이다. 한국의 국내외에서 이러한 지연에 대한 비판이 제기되고 있다. 미국 국무부의 2019년 인권보고서는 한국정부가 북한인권재단을 조속히 설립하려는 정치적 의지가 없는 것 같다고 지적하였다.[17)]

한국 정부는 남북대화에 대한 부정적 영향을 최소화하면서 이러한 우려를 해소하기 위해서, 북한인권법에 구체적으로 규정된 조치들을 이행하고 동법에 의해 설립되었거나 설립될 기구들을 활용할 수 있다. 이 같은 법적, 제도적 접근방식을 취함으로써 한국 정부의 조치에 정당성이 부여될 뿐 아니라 북한의 반발이 있을 경우 국내법의 규정을 이행할 의무가 있음을 북 측에 설명하고 납득시킬 수 있을 것이다. 한국 정부는 또한 국내적으로 북한인권법 제정 당시의 정치적 컨센서스를 되살리는 한편, 대외적으로 인권과 민주주의의 선도적 수호 국가로서 한국의 대외 위상을 다시 한 번 제고하는 효과를 볼 수 있다.

3. 민간 차원의 접근방식

남북한 정부가 대화와 교류에 중점을 부여할 때, 인권 문제와 같이 민감한 이슈를 제기하기 어려운 것은 사실이다. 이럴 때 한국 정부는

---

17) 미국 국무부 2019년 인권보고서 중 한국 관련 부분, https://www.state.gov/reports/2019-country-reports-on-human-rights-practices/south-korea/.

국내에서 활동 중인 북한인권 관련 시민단체와 비정부기구들을 활용할 수 있다고 본다. 이들이 북한인권과 관련한 정부의 역할을 보완할 수 있는 것이다. 정부의 입장에서는 인권 문제를 북한 측에 직접 제기하는 대신에 한국 내 관련 단체들을 지원하는 간접적인 방법으로 북한인권 증진에 기여할 수 있다. 또한 남북 당국 간의 협의에 한계가 있는 부분도 민간 차원에서 제기하고 협조할 수 있다. 국제적으로 인권 문제를 다룰 때 기술협력의 개념이 원용된다. 즉, 모든 인권 문제가 정치적 탄압 때문에만 비롯되는 것은 아니며, 경험이나 재원이 부족해서 실현되지 못하는 인권도 있는 것이다. 북한이 2016년 가입한 장애인권리협약이 좋은 예다. 장애인 인권을 개선하려면 국제기구와 회의에 참여하고, 그 분야에 앞서가고 있는 다른 나라의 예에서 배우면서, 필요한 재원이나 기술도 지원받을 수 있다.

이러한 정부와 민간분야의 업무 분담과 협력을 통한 북한인권 문제에 관한 일관된 입장 표명과 메시지 전달은 긍정적인 효과를 도출할 수 있다. 앞에서 말한 2019년 12월 국제 인권단체들의 공동 서한이 "장기적으로 북한 인권 문제에 진전을 이룰 수 있는 방법은 북한 정부로 하여금 변화를 요구하는 동일한 메시지를 계속 듣도록 하는 것이다. 즉, 북한이 인권 상황을 개선하지 않는 한 국제사회가 북한을 결코 환영하지 않을 것이라는 분명한 메시지가 필요하다"고 지적한 점에 주목할 필요가 있다.

V. 맺는 말

현 시점에서 인권 문제를 포함하여 북한과 관련된 모든 국제적 현안 문제들은 북한 핵문제가 앞으로 어떻게 해결될 것인지와 연계되어 있다고 할 수 있다. 거의 30년이 되어가는 북한 핵문제와 그에 따른 대북 제재는 북한의 변화와 미래에 가장 큰 장애요인이 되고 있다. 특히 북한 주민의 삶을 개선하기 위해서 반드시 필요한 경제 발전을 가로막고 있다. 한국 정부로서도 북한과 의미 있는 수준의 대화와 협력을 하려면 북핵 문제에 돌파구가 마련되어야 한다. 현 상황에서도 한국의 대북 인적 교류나 인도적 지원이 어느 정도는 진행될 수 있겠지만, 실질적인 지원을 통한 경제협력이 가능하려면 국제사회의 북한에 대한 제재가 해제되거나 완화되어야 한다. 이를 위해서는 북핵 문제가 해결되는 이외에 아무런 대안이 없다. 남북한이 하루 속히 대화 · 협력과 평화 통일의 길로 나아가기 위해서는, 하루 속히 북핵 문제가 해결될 필요가 있는 것이다.

북한은 미래를 향한 진로를 놓고 현재 중대한 기로에 처해 있다. 김정은 정권이 원하는 안보가 국가의 안보라기보다 정권의 안보라면 핵무기가 그것을 담보해 줄 수 없음이 점점 더 분명해지고 있다. 북한의 지배층이 계속 정권을 유지하기 위해 필요한 것은 무기가 아니고, 국민들로 하여금 식량, 의복, 휴대전화, 자동차를 갖게 해주고 이들을 사용할 자유를 주는 것이다. 북한 정권도 이를 깨닫고 있을 가능성이 높으며, 변화를 강요당하기 전에 스스로 변화를 선택할 때가 되었다.

북한 정권이 올바른 선택을 함으로써 북한 주민들이 인간의 존엄성과 권리를 누리고 살 수 있게 되면 북한 인권 문제도 유엔 의제에서 자동적으로 삭제되는 날이 올 것이다. 그때까지는 북한인권 문제를 제대로 다루는 것이 북한을 포함한 모두에게 중요하다.

참고문헌

2020년 북한인권백서, 2020. 북한인권정보센터 북한인권기록보존소.

대한민국 정부. 2016. 북한인권법 (법률 제14070호, 2016. 3. 3 제정, 2016. 9. 4. 시행).

이무철. 2009. "한국정부의 대북 인권정책," 경남대 극동문제연구소 제6차 북한인권 심포지엄 발표 자료(10. 14).

Choe, Sang-Hun. 2019. "Two North Koreans Tried to Defect. Did Seoul Send Them to Their Deaths?." *New York Times*. 18 December.

Donnelly, Jack. 2013. *Universal Human Rights in Theory and Practice*. Ithaca: Cornell University Press.

Freedom House. 2020. Freedom in the World 2020.

Human Rights Watch. 2020. "North Korea" (Country Summary). January.

Iordanka Alexandrova. 2019. "The European Union's Policy Toward North Korea: Abandoning Engagement. *International Journal of Korean Unification Studies*. Vol. 28.

The Charter of the United Nations and Stature of the International Court of Justice. 1945. New York: United Nations Department of Public Information.

The Universal Declaration of Human Rights. 1948. New York: United Nations

Department of Public Information.

The United Nations General Assembly, 2014. “Conclusions and Recommendations,” Report of the commission of inquiry on human rights in the Democratic People’s Republic of Korea (A/HRC/25/63). 7 February.

The 43rd Session of the Human Rights Council of the United Nations. 2020. “Situation of human rights in the Democratic People’s Republic of Korea, Report of the Special Rapporteur on the situation of human rights in the Democratic People’s Republic of Korea.” A/HRC/43/58. 1 May.

U.S. Department of State. 2019. “2019 Country Reports on Human Rights Practices: Republic of Korea,”

10장
결어

남광규
(고려대학교)

Ⅰ. 19세기 말의 대외노선 반추와 동북아 4국에 대한 현실적 인식

한말 조선이 처한 국제환경과 이에 대한 조언의 시작은 청의 일본 외교관이었던 황준헌이 『조선책략』(朝鮮策略)을 저술해 고종에게 바치면서 본격적으로 공론화되었다. 『조선책략』의 주요 내용은 조선이 친중결일연미(親中結日聯美)해 조선 자체의 자강을 도모해야 한다는 것이다(황준헌 1977). 이는 러시아경계론을 바탕으로 하고 있는데 개항 시기 조선 지식인들에게도 러시아경계론이 상당히 자리 잡고 있었다. 러시아를 경계하기 위해서는 일본과 협력해야 한다고 해 러시아경계론이 강할수록 일본협력론이 강세를 보였다. 이와 함께 당시 조선 지식인과 정치인의 대외인식을 보면 민영환은 『천일책』(千一策)에서 청국과 협력해 러시아와 일본을 경계하자는 친청노선을(민영환 1958; 이민원 2002), 김옥균과 윤치호는 일본과 협력해 청의 간섭으로부터 독립하자는 친일노선을, 민영익은 러시아와 협력해 일본을 경계하자는 친러노선을 주장했다. 한편으로 전봉준과 이만손은 반외세자주노선을 주장하면서 일본에 저항하자며 내수자강(內修自彊)을 내세웠으며 유길준은 청국 주도하에 중립화를 통해 러시아를 경계하자는 중립화론을 주장했다(이호재 1994, 21-62).

그때로 부터 대략 140여 년이 지난 현재 우리는 분단 상황에서 동북아 국제질서의 변화 속에 냉전적 유산과 한계를 극복하는 새로운 창조적 도전이 필요한 시기에 살고 있다. 현재 남북한은 남과 북이 추구하는 국가이익과 미국을 중심한 주변 4강들의 국가이익이라는 두 개의 상황적 구조가 한반도를 중심으로 동시에 진행되고 있다. 이러한 입체적 구조 속에서 한반도가 주변 국가들의 국제적 힘의 작용에서 벗어날 수 없기때문에 한반도 평화체제의 논의도 동북아 주변 강대국들의 이해관계의 조정이 전제되지 않는 한 정립되기 어려운 것이 현실이다. 특히, 한국은 미중대립 속에서 미국이냐 중국이냐 하는 양자택일의 상황에 처하는 딜레마가 자주 발생하고 있다.

2장에서 살펴본 것처럼 한미관계가 동맹국이지만 서로의 국가이익에 따라 우선순위와 강조점이 다를 수 있는데 핵문제만 하더라도 현재 한국은 평화체제 구축과정으로 북핵문제에 접근하고 있는 반면에 미국에 있어 북핵문제는 북한의 비핵화가 우선 필요한 것이다. 미국의 대북 국가이익은 내용 면에서 한국과 일치하는 부분이 많지만 한국과 미국의 국제정치적 위상이 다르기 때문에 강조점과 우선순위가 다를 수밖에 없는 것이다. 따라서 한국은 미국의 세계적 차원과 아시아 차원의 대외전략 이익을 상세히 분석하고 미국의 눈으로 북한 문제를 바라보는 시각도 지녀야 한다. 즉, 미국이 한반도 문제의 복잡성을 이해하고 평화체제의 중요성을 공감하게 하기 위해서는 보다 적극적인 대미 전략대화가 필요하다는 것이다(전재성 2020).

따라서 우리의 의도만으로 북한문제에 접근하다가는 한미 간에 오해가 발생하거나 미국의 불신을 살 수 있는데 예로, 후쿠야마(F. Fukuyama)는 북한의 핵개발이 자위용이라는 노무현대통령의 2004년 11월의 LA발언은 한국, 중국과 미국, 일본의 두 세력으로 북핵 대결구도를 분열시킬 가능성이 있다는 점을 지적한 적이 있다(후쿠야마 2004년 11월 24일) 브레진스키(Z. Brzezinski)도 한미동맹관계의 약화 원인에 대해 미국보다 한국의 여론이 동맹이 부정적인 것 같다며 그렇다면 동맹관계는 실패할 수밖에 없다며 한미동맹관계의 유지는 한국민들 스스로가 결정할 문제임을 지적한 적이 있다(브레진스키 2005년 1월 1일). 동맹관계는 공통의 위협과 인식에 의해 유지되는데 현재 북핵문제를 둘러싼 한미관계는 기본적으로 이러한 인식적 합의가 약하다는 점이 북핵문제를 둘러싼 한미관계 문제의 본질이다.

북핵문제에 대한 중국과의 협력에 있어서도 4장에서 밝히고 있듯이 북한 및 북핵문제와 관련한 중국의 정책적 선택의 마지노선을 분명히 인식함으로써, 북한 및 북핵문제에 관한 중국의 협력 범위와 한계를 명확히 알 필요가 있다. 한국과 중국은 동맹관계도 아니고 협력관계로 국가관계에서 협력관계와 동맹관계는 분명한 차이가 있다. 따라서 중국의 '온정'에 기초한 과도한 기대는 금물인데 중국은 미중세력경쟁 구도에서 북한이 지닌 전략적 완충지대로서의 가치를 포기하지 않을 것이기 때문이다. 따라서 동북아질서에 대한 장기적인 비전을 한미동맹, 한일관계 및 동아시아 중견국들과의 연대 등의 다층적인 구상을 통하여 대중정책을 수립해 나갈 필요가 있다(이정남 2020).

그런 점에서 지금처럼 한일관계가 계속 냉각된 상태로 멈추어 있어서는 안 된다. 한미동맹을 안정적으로 관리하며 합리적으로 활용하기 위해서라도 한일 간 안보협력의 가능성을 열어나가야 한다(木宮正史 2016, 1515). 그렇지 않고 지금처럼 한미동맹에 비해 상대적으로 미일동맹이 확대되면 한국은 동북아국제관계에서 소외될 수 있다. 6장에서 지적한 것처럼 한일 갈등이 심화되면 미국은 동북아에서 한일 양국 중 어느 한 국가를 선택해야 하는 외교적 딜레마에 처할 수 있다. 그럴 경우 한일 갈등의 심화도 동북아 지역질서의 변화를 촉발하는 요인으로 작용할 가능성이 높다(이기완 2020). 한미동맹은 물론이고 한일 양국은 자유민주주의체제와 시장경제를 바탕으로 아시아와 세계의 미래를 이끌어 나갈 주요 국가다. 현실적으로도 일본의 보통국가화와 군사 역할의 확대에 대한 냉정한 이해도 필요한데 국제사회에서 일본이 지닌 객관적인 역할과 영향력을 인정할 필요가 있다. 북핵문제 및 한·미·일 대북공조체제 강화를 위해서도 일본과의 협력은 중요하기 때문에 대일정책이 성과를 거두려면 외교정책의 초점을 안보, 경제, 자원, 국제적 지위확보라는 구체적인 국가 이익 추구에 분명히 맞출 필요가 있다(조경근 2008, 101-128).

러시아에 대한 우리의 접근도 북핵문제를 해결하기 위한 러시아의 지원을 이끌어 내기 위해 유용한 수단으로 남 · 북 · 러 경제협력에 초점을 맞추고 있지만 8장에서 말하고 있듯이 러시아는 경세직 이익계산에 있어서 남 · 북 · 러경제협력은 실익이 없는 것으로 판단하고 있다(Lankov 2020). 오히려 현재로서는 7장에서 말하고 있는 것처럼 러시아가 북한에 대해 갖는 무기수입이 보다 더 현실적인 러시아의 경제적 이익이 되고 있다는 점을 알아야 할 것이다(우평균 2020).

Ⅱ. 한반도평화체제구축 방향과 동북아안보협력의 모색

현재 한국 정부는 북핵문제와 관련해서 비핵화와 한반도평화체제구축을 동시에 추구하면서도 비핵화를 평화체제구축의 결과물로 인식하는 접근을 보이고 있기 때문에 현실에 있어서는 비핵화보다는 한반도평화체제구축을 우선하고 있다. 그러나 비핵화는 평화체제를 구축하기 위한 우선시되는 필수조건이기 때문에 우선순위에서 딜레마가 발생할 수밖에 없다. 2018년 이후 두 번의 공식적인 남북정상회담과 북미정상회담이 있었지만 아무런 결과물이 없는 것은 평화체제 구축이든 비핵화이든 그 모든 것이 북미관계의 진전 여하에 구속받을 수밖에 없기 때문이다. 북핵문제에 있어서 한국의 독자적 역할이 매우 제한적인 것은 1994년의 1차 핵위기와 '제네바합의', 2002년의 2차 핵위기,

2005년의 6자회담에서 '9 · 19공동성명', 2007년의 '2 · 13합의', 2012년 북미 간에 이루어진 '2 · 29합의' 등의 주 당사자가 북한과 미국이었다는(하상식 2016, 3) 점에서도 잘 드러난다. 북핵문제 해결과 평화체제구축의 본질은 북미관계의 정상화에 달려있으며 현실적으로 비핵화와 평화체제 구축은 북미관계를 축으로 남북관계와 한미관계의 변화가 병행되는 양상으로 진행될 수밖에 없다. 비핵화 진전과 관련해서는 북한이 주장하는 미국과의 평화협정 체결이 보다 더 현실적일 수도 있다. 그런 점에서 북미협상이 재개될 경우 북한은 핵폐기의 전단계로 현재의 핵능력에서 더 이상의 핵개발을 동결한 상태에서 미국과의 협상을 통해 우선 평화협정을 요구할 수도 있다.

그러나 북미 간 평화협정은 평화체제의 국제적 환경 조성을 촉발할 수 있을지는 몰라도 그 자체가 평화체제 구축에 필요한 실질적인 내용을 담는 것은 아니다. 오히려 평화체제 구축에 필요한 합의내용은 이미 충분히 갖추어져 있고 실천이 필요할 뿐이다. 그런 점에서 1991년 12월 31일 합의된 남북 기본합의서에서 밝힌 '한반도 비핵화 원칙'과 1992년 1월 20일 합의, 발표된 '한반도 비핵화 공동선언'은 북핵문제 해결과 평화체제 구축에 들어가야 할 내용물로 남북한이 추구해야 할 모범 답안이라 할 수 있다. 여기에다 1994년 1차 북핵 위기를 진정시키면서 북미 간 합의결과물인 제네바합의를 시작으로 2차 북핵위기 이후 구성되었던 다자협상인 6자회담에서 도출되었던 각종 합의문과 공동선언만으로도 정전체제를 대신할 수 있는 평화체제구축을 위한 내용들은 이미 상당 부분 축적되어 있다. 구체적으로 1991년 남북기본합의서,

1992년 한반도비핵화에 관한 공동선언, 1994년 제네바 북미합의, 1990년대 후반의 4자회담, 2000년의 북미 공동성명을 비롯하여 2005년 '9 · 19공동선언' 등은 사실상의 평화체제로의 전환을 위한 시도로 볼 수 있다. 특히 북미 간에 합의된 '9 · 19공동선언'의 내용은 6자회담 당사자들이 별도의 포럼을 통해 한반도에서의 영구 평화체제를 위한 협상을 하기로 약속한바 있는데 이것이 2007년의 '2 · 13합의'의 동북아 안보평화체제 워킹그룹으로 현실화되었다. 따라서 한반도 관련 평화체제의 구상은 구체적인 실천과정에 진입할 전 단계에 이미 와 있다고 볼 수 있다. 이와 함께 정전체제에서는 유엔사의 역할이 절대적으로 중요하기 때문에 2장에서 말하고 있듯이 유엔 차원에서 다자적 보장을 통한 북한의 체제안전보장도 생각할 수 있다(전재성 2020).

기본적으로 한반도평화체제 논의는 다시는 한반도에서 전쟁이 발생하지 않도록 남북한과 동북아 관련 국가들이 만들어 나가는 평화구축과정을 의미한다. 그런 점에서 현재 한반도와 동북아 평화를 저해하는 요인인 북핵문제 해결과정을 바탕으로 평화체제의 구체적인 장치들을 모색해 나가는 것이 더 중요하다. 따라서 한반도평화체제의 구축은 길게 보면 동북아 평화협력체의 모색으로 이어질 수 있도록 점진적, 단계적 과정으로 진행되어야 한다. 북핵문제의 일시적 타결이나 남북한 분단체제를 관리하는 평화체제의 구축만으로는 한반도에 불안전한 평화가 지속될 뿐이고 언제든 안보위기가 재현될 수 있다. 따라서 북핵문제를 해결하기 위해 형성된 국제사회의 공조는 동북아 냉전구조의 해소를 위한 동북아 안보협력의 모색으로 이어져야 할 것이다.

장기적 관점에서 보면 한반도평화체제는 6자회담에 참여하는 동북아 국가들 간 동북아안보의 제도화와 북미관계, 북일관계의 정상화와 함께 진행되어야 한다. 따라서 비핵화, 평화체제논의, 북한의 대미, 대일관계 변화는 동시에 진행될 수 있으며 장기적으로는 한미동맹의 조정도 불가피할 수 있다. 한반도평화체제에 대한 논의가 본격화되면 주한미군 주둔문제를 포함한 한미동맹 전반에 대한 논의가 재검토될 수 있다. 나아가 만약 북한이 약속한 비핵화가 완료되고 북미관계가 정상적인 국가관계가 된다면 남북한에 대한 미국의 입장은 중립적이 될 가능성이 높다. 비핵화 과정이 한반도평화체제구축과 동북아국제관계의 변화로 진행되면 비핵화 이후 한반도문제는 남북한이 당사자가 되는 구조로 변화될 가능성이 높다.

동북아 관련 국가들 간에 일종의 동북아 안보의 제도화와 북미관계, 미일관계 정상화를 의미하는 관련 국가 간 관계정상화 과정과 함께 하기 때문에 기존에 북한이 주장하는 북미 간 평화체제의 구도와는 구조적으로 다른 평화체제로의 전환이 될 가능성이 있다. 이 경우 한반도 평화를 더욱 공고하게 하기 위해 주변국의 협조, 지원을 얻어 국제적 보장체제를 통한 한반도 평화보장을 모색해야 한다는 입장에 더 가깝게 수렴하는 것을 의미할 수도 있다. 북핵문제 해결의 과정이 결국 한반도를 중심한 평화체제로의 연속성을 갖게 된다면 장차 핵문제 해결 이후 남북관계는 군사안보적 보증 역할을 주변 강대국들이 하고 정치적 역할은 남북한 당사자에 달려있는 구조로 변환될 가능성이 높다.

물론 유럽의 공동안보를 가능케 했던 유럽안보협력회의(CSCE)와 같은 평화체제의 구축이 동북아에서는 매우 요원한 것이 현실이다. 그런 점에서 북한의 비핵화와 한반도평화체제의 모색은 동북아 안보협력의 초보적 접근이 될 수 있다. 이 과정은 냉전체제 하에서 동북아의 지역적 평화유지를 가능케 했던 힘의 균형이나 패권체제에 기반하는 (신)현실주의적 국제관계 (Muller 2005, 66)에서 평화레짐(peace regime) 구축을 통한 제도주의적 국제관계로 나가는 과정으로 볼 수 있다.

Ⅲ. 국제협력을 바탕한 실질적인 남북협력의 추구

한말 이후 역사적 사례들을 볼 때, 강대국들로 하여금 어느 일방이 한반도에 대한 패권적 지배권을 허용하지 않는 것이 동북아의 안정유지의 중요한 조건이 되어 왔다. 이를 통해 미래의 한반도는 대륙세력과 해양세력의 '평화적 완충국가'의 역할로 동북아 지역의 안정적, 항구적 평화보장을 가능케 할 수 있다. 이를 위해 동북아 지역 내 다자협력체 구축에 한국이 앞장서고 지역 내 국가들이 공동 가치와 규범을 공유해 나가도록 기회를 마련하는 것도 중요하다. 한반도평화와 동북아지역안보와 밀접하게 연관되어 있기때문에 장기적으로 동북아평화공동체의 형성과도 연결될 수 있다.

그런 점에서 한반도는 대륙과 해양이 연해있는 지정학적 요인으로 인해 외세를 배격하는 과도한 자주를 고집하는 것은 국제적 고립을 의미한다. 또한 지나치게 한 국가만 편중해 친선관계를 유지하는 것은 그 국가가 약해졌을 때 유사시 누구의 도움도 받지 못하는 상황을 초래할 가능성이 있다. 역사적으로 중국 대륙에 강력한 통일국가가 성장할 때마다 우리는 국가적 안보위기를 겪었다. 19세기 말에는 중국의 보호에 안주하고 있다가 해양세력인 일본에게 침략을 당한 경우가 된다. 냉전 시기도 마찬가지로 한반도는 대륙세력과 해양세력이 노골적으로 대결하는 전장이었다. 냉전이 무너진 이후에는 중국이 욱일승천의 기세로 성장하면서 미국과 경쟁하는 유력한 국가로 부상하고 있고, 일본도 동북아에서 중국과의 경쟁에서 지지 않으려 애쓰고 있는 상황이다.

이처럼 근현대사 속에서 끊임없는 영향을 미쳤던 외세에 대한 우리의 대응방식은 19세기 이후 폐쇄적인 성향이 강했다. 한말 조선의 자주와 독립을 지켜야 한다는 절박한 현실 속에서 주변 국제세력을 경원하고 배격하는 성향이 강하게 나타났다. 예로, 지도층에서는 대원군의 척화정책(斥和政策)과 유생들의 양이론(洋夷論)이 일반 민중 부분에서는 동학과 같이 외세를 거부하는 정책이나 대중운동을 통해 국권을 지키려 했다. 그러나 이런 폐쇄적인 민족주의노선으로는 내부의 발전은 물론이고 외부의 도전으로부터 국가를 지키지도 못했다. 이런 대응이 모두 실패로 귀결될 수밖에 없었던 것은 기본적으로 우리를 둘러싼 국제환경을 무시했기 때문이다. 그렇기 때문에 현실의 국제환경을 무시한 감성적 민족주의나 세계적 보편 기준과 충돌하는 민족주의는 바람직하지 않다. 한반도와 같이 강대국의 이해가 직접 얽혀있는 상대적 약소국에서 지나치게 민족자결의 형식논리에 치우치면 현실을 외면한 공허한 이상주의에 빠지기 쉽다.

또한 한반도 문제는 국제적 조정 혹은 중재가 오히려 객관성 있는 해결을 가져다줄 가능성이 있음에도 불구하고 지나친 민족주의는 외세의 건설적인 역할도 배격할 소지가 많다(이호재 1982, 73). 나아가 장기적으로 남북통일은 주변 외세의 긍정적인 역할을 인정하면서 남과 북이 평화적이고 합법적인 통일방법을 모색해 나가는 것이 올바른 통일노선이 될 수 있다. 감성적, 당위적 접근으로는 높아진 일반의 수준도 따라가기 어렵고 자칫 국내정치용으로 전락할 수도 있다. 따라서 통일이나 민족의 용어는 평화와 관련해 전후 맥락이 이어지는 선에서 사용하면서 절제할 필요가 있다.

당연히 한반도 평화체제도 남북 간 신뢰 구축 장치와 동북아 관련 국가 간 평화체제 구축의 이중적 구조가 서로 맞물려 진행될 수밖에 없다. 본질적으로 북핵문제는 한반도를 둘러싼 국제정치적 역학 관계와 민족 관계가 상호 입체적으로 맞물려 전개되는 현실적 성격을 갖고 있다. 여기서 우리는 어느 형태든 국제적 절충의 전제 조건을 거쳐야만 남북한 간의 실질적인 협력이 가능하다는 현실적 구조를 먼저 이해할 필요가 있다. 따라서 국제세력과 남북한의 민족적 입장을 대립적으로 보지 말고 상호 보완적으로 활용할 지혜가 필요한데 현실은 민족적 자주 역량보다 국제세력의 긍정적 역할을 유도하는 것이 더 중요하다. 감성적 민족주의나 국제사회의 합리적 조정을 무시하는 것은 남북한의 미래에 바람직하지 않다. 국제사회 속에서 남북한 한민족의 좌표를 설정하고 한민족이 긍정적인 역할을 할 수 있도록 노력하는 '열린 민족주의'를 지향하는 것이 바람직한 민족 자주와 자존의 길이다.

참고문헌

민영환. 1958. 『민충정공유고』. 서울: 국사편찬위원회.

브레진스키 인터뷰. 2005. 『조선일보』(1월 1일).

이기완. 2020. "일본의 국가이익과 북일관계." 고려대 아세아문제연구원 학술회의 발표문. 서울. 8월.

이민원. 2002. "민영환의 모스코바 외교와 『천일책(天一策)』." 『淸溪史學』 제16·17집. pp. 879-901.

이정남. 2020. "중국의 국가이익과 북중관계." 고려대 아세아문제연구원 학술회의 발표문. 서울. 8월.

이호재. 1994. 『한국인의 국제정치관』. 서울: 법문사.

______. 1982. 『냉전시대의 극복』. 서울: 동아일보사.

우평균. 2020. "러시아의 국가이익과 북러관계." 고려대 아세아문제연구원 학술회의 발표문. 서울. 8월.

조경근. 2008. "국가 이익 추구의 수단으로서의 대일 외교." 『통일전략』. Vol . 8. No. 2. pp. 101-128.

전재성. 2020. "미국의 국가이익과 미북관계." 고려대 아세아문제연구원 학술회의 발표문. 서울. 8월.

프랜시스 후쿠야마의 인터뷰. 2004. 『조선일보』(11월 24일).

하상식. 2016. "미국의 북한 비핵화 정책 실패와 한미공조과제." 『국제정치연구』. 제19집 2호.

황준헌 저. 조일문 역저. 1977. 『조선책략』. 서울: 건국대학교출판부.

木宮正史. 2016. “한반도의 평화와 통일과 일본의 역할.” 『한국행정학회 학술발표논문집』. 서울.

Lankov, Andrei. 2020. “Pipeline 2020.” 고려대 아세아문제연구원 학술회의 발표문. 서울. 8월.

Muller Herald. 2005. "Theories of peace." in Matthew Evangelista ed.. *Peace Studies: Critical Concepts in Political Science.* London & New York: Routledge.

저자소개 About Contributors

전재성: 서울대학교 정치외교학부 교수로 미국 노스웨스턴대학에서 정치학 박사학위를 받았으며 주요 연구분야는 국제정치사상 및 이론, 국제관계사, 동아시아안보관계, 한국외교안보정책이다. 한국국제정치학회 회장이며 동아시아연구원 국가안보연구센터 소장을 맡고 있다. 최근 저서로는『동북아 국제정치이론: 불완전국가들의 국제정치』(한울출판사, 2020),『주권과 국제정치: 근대주권국가체제의 제국적 성격』(서울대출판부, 2019)과 편저『동아시아 지역질서 이론 : 불안전 주권과 지역갈등』(편저, 사회평론아카데미, 2018) 등이 있다.

Sue Mi Terry: 미국 전략문제연구소(CSIS) 선임 연구위원으로 전 백악관 NSC 한반도 담당 보좌관과 전 CIA 한국 담당관을 역임했다. 터프츠 대학교(Tufts University) 플래처 스쿨(Fletcher School)에서 국제관계학 박사학위를 받았으며 주요 연구 분야는 미국의 대외정책, 동북아 및 북한연구이다. MSNBC News와 NBC News를 통해 북한문제를 분석하고 있으며 각종 국내외 언론매체에 북한 관련 내용을 기고하고 있다. 최근 연구논문으로는 "South Korea Minimized the Damage From Covid-19, North Korea Maximized It," (*CSIS Beyond Parallel*, October 1, 2020), "The Unraveling of the U.S.-South Korean Alliance: Trump Allows a Cornerstone of U.S. Defense Strategy in Asia to Wither,"(*Foreign Affairs*, July 3, 2020), "Can North Korea Cope with the Coronavirus: Kim Jong Un Face His Greatest Test Yet,"(*Foreign Affairs*, March 3, 2020) 등이 있다.

이정남: 고려대학교 아세아문제연구원 교수 및 중국연구센터장으로 주요 연구방향은 당대 중국의 정치외교이고, 최근 주요 논저로는『세력 전환 시대 중국의 대외정책』(고려대학교 출판부, 2021), "시진핑 '신시대' 중국의 정치체제: 당국가체제의 '진화'와 새로운 패러다임의 권위주의체제의 등장,"(『중소연구』 44권 3호, 2020), "5.4운동 100주년을 통해서 본 중국 정치체제의 변화: 당국가체제의 승급인가? 민주주의체제로의 전환인가?,"(『현대중국연구』제21집 제2호, 2019),『중국의 민주주의: 민주 관념의 생성과 변천』(공역, 아연출판부, 2019),『중국의 꿈: 중국이 지향하는 강대국 초상』(편저, 아연출판부, 2018), "시진핑의 중국몽(中國夢): 중국주도의 세계질서(Pax-Sinica) 구상과 그 한계,"(『아세아연구』 61권 4호, 2018) 외 다수가 있다.

Jian Cai: 푸단대학교 한국학센터 교수로 중국 푸단대학교에서 국제관계학 박사학위를 받았으며 주요 연구분야는 중국의 대외정책, 한반도연구이다. 저서 및 논문으로는 *Korean Studies in Past 20 Years(History)*(Co-edit, Social Science Academic Press, 2012), *Korean Studies in Past 20 Years(Diplomacy)*(Co-edit, Social Science Academic Press, 2012), "The noe-nationalism and the Sino Rok relations,"(Colleceted papers of Korean Studies, 2015), "Docking of "The Belt and Road Initiative with "Eurasia Initiative"-Development pathway for Win-Win cooperation, Korea's Strategies toward Eurasian Integration(2017)등이 있다.

이기완: 창원대학교 국제관계학과 교수로 일본 주오대학교(中央大學) 법학연구과에서 정치학 박사학위를 받았으며 주요 연구 분야는 일본정치, 일본의 대외정책이다. 최근 저서 및 연구논문으로는 『미래사회의 이해』(공저, 창원대 출판부, 2021), 『현대사회의 가치와 미래사회의 이해』(『사림』, 2017), "일본의 수출규제 조치와 한일관계"(『평화학연구』 제31권 3호, 2020), "한반도 정세와 남북교류협력"(『세계지역연구논총』 제37집 4호, 2019), "일본 선거제도 변화와 정당 간 정치동학"(『선거연구』 제10호, 2019) 등이 있다.

우평균: 한국학중앙연구원 선임연구원으로 고려대학교에서 정치학 박사학위를 받았으며 주요 연구분야는 러시아정치, 한러관계 및 북러관계이다. 최근 저서 및 연구논문으로는 『조선노동당의 당원 통제』(공저, 한국학중앙연구원출판부, 2020), 『RINSA 세계안보정세분석과 전망』(공저, 국방대학교 국가안전보장문제연구소, 2020), 팬데믹 위기와 푸틴체제의 안정성(『국제정치논총』제60권 4호, 2020), Russia's Policy for the Railway Construction and Development Strategies: A Comparison of the Imperial Russia and the Soviet Union(『평화학연구』 제21권 3호, 2020) 등이 있다.

Andrei Lankov: 국민대학교 교양대학 교수로 레닌그라드국립대학교에서 한국사로 박사학위를 받았으며 김일성대학에서 수학했다. 주요 연구 분야는 북한역사, 북한사회, 북한경제이다. *From Stalin to Kim Il Sung: The Formation of North Korea, 1945-1960* (Rutgers University Press, 2003), *Crisis in North Korea: The Failure of De-Stalinization, 1956* (University of Hawaii Press, 2004), *North of the DMZ: Essays on Daily Life in North Korea* (McFarland and Company, 2007), *The Real North Korea* (Oxford University Press, 2013) 등의 저서가 있으며 뉴욕타임스, 워싱턴 포스트, 가디언 등 많은 신문에 북한 관련 칼럼을 기고하고 있다.

오준: 경희대학교 평화복지대학원 교수 겸 KDI 대학원 초빙교수이며, 주유엔대사와 유엔경제사회이사회 71대 의장을 역임했다. 스탠퍼드대학교에서 국제정책학 석사를 받았고, 저서『생각하는 미카를 위하여』(2015)와 "한국 신정부의 다자외교" (영문, 2017), "북한과의 외교 전망" (영문, 2018) 등의 발표 논문이 있다.

남광규: 고려대학교 아세아문제연구원 북한연구센터장으로 고려대학교에서 정치학 박사학위를 받았으며 주요 연구분야는 통일 및 북한문제, 한국외교정책이다. 최근 저서 및 연구논문으로는 *North Korea and South Korea* (Co-Authors, nova sciences publisher, New York, 2020),『한국 근대 공화주의자 6인의 리더십』(공저, 한국학중앙연구원출판부, 2019), "U.S. Strategy and Role in Cross-Strait Relations: Focusing on U.S.-Taiwan Relations,"(*The Journal of East Asian Affairs*, Vol. 33 Spring/Summer, 2020), ""The North Korea Policy of Moon Jae-in administration and the relations of South Korea-U.S.,""(*The Asian Education and Development Studies,* Vol. 8, No. 1, 2019) 등이 있다.

아연 협동연구 시리즈 2

미국·중국·일본·러시아의 대북 국가이익

1판1쇄 | 2021년 2월 26일

지은이 | 남광규 편저
펴낸이 | 김익수
펴낸 곳 | 아연출판부
등록 | 2000년 5월 24일 제6-376호
주소 | 02841 서울특별시 성북구 안암로 145 고려대학교 아세아문제연구원
전화 | 02-3290-1600
팩스 | 02-923-4661
홈페이지 | www.asiaticresearch.org

값 16,000원

ISBN 979-11-89273-19-4 [04300]
세트 ISBN 979-11-89273-17-0